刑事程序分流机制的中国模式及构建研究

XINGSHI CHENGXU FENLIU JIZHI DE ZHONGGUO MOSHI JI GOUJIAN YANJIU

马啸晨 ◎ 著

中国政法大学出版社

2019·北京

声　明　　1. 版权所有，侵权必究。

　　　　　2. 如有缺页、倒装问题，由出版社负责退换。

图书在版编目（CIP）数据

刑事程序分流机制的中国模式及构建研究/马啸晨著. —北京：中国政法大学出版社，2019.11
　ISBN 978-7-5620-9285-8

　Ⅰ.①刑… Ⅱ.①马… Ⅲ.①刑事诉讼－诉讼程序－研究－中国
Ⅳ.①D925.218.4

　中国版本图书馆CIP数据核字(2019)第248735号

出 版 者	中国政法大学出版社
地　　址	北京市海淀区西土城路25号
邮寄地址	北京100088信箱8034分箱　邮编100088
网　　址	http://www.cuplpress.com（网络实名：中国政法大学出版社）
电　　话	010-58908285(总编室) 58908433（编辑部）58908334(邮购部)
承　　印	北京中科印刷有限公司
开　　本	880mm×1230mm　1/32
印　　张	8.375
字　　数	220千字
版　　次	2019年11月第1版
印　　次	2019年11月第1次印刷
定　　价	35.00元

CONTENTS 目 录

引　言 …………………………………………………… | 001
　一、选题背景 ………………………………………… | 001
　二、研究现状 ………………………………………… | 002
　三、研究方法 ………………………………………… | 002
　四、本书的创新点 …………………………………… | 003
　五、特别说明 ………………………………………… | 003

第一章　导　论 ……………………………………… | 005
　第一节　程序分流的基本概念 ……………………… | 005
　第二节　程序分流机制的内涵 ……………………… | 007
　第三节　我国程序分流机制构建的基本思路 ……… | 010

第二章　价值论：中国程序分流机制的理论基础 …… | 014
　第一节　刑罚目的观的转变与重构 ………………… | 014
　第二节　司法上的非犯罪化：解决轻微罪行的理性选择 …… | 023
　第三节　恢复性司法模式：程序分流机制构建的
　　　　　重要载体 …………………………………… | 031

第四节　程序分流机制：程序的工具价值和独立价值的
　　　　有机统一 ………………………………………… | 041

第三章　目的论：中国刑事程序分流机制构建的
　　　　目标及理念 ………………………………………… | 048

第一节　中国刑事程序分流机制的目标：去中心化 …… | 048

一、去中心化的概念及适用范围 ………………………… | 049

二、去中心化的特征 ……………………………………… | 051

三、去中心化在我国刑事程序分流机制中的体现 ……… | 054

第二节　去中心化在我国刑事程序分流机制中
　　　　存在的必要性 ……………………………………… | 056

第三节　中国刑事诉讼程序去中心化的可行性 ………… | 064

第四节　刑事程序分流机制构建的理念和要素 ………… | 071

一、程序分流机制构建应当遵循的理念 ………………… | 071

二、程序分流机制构建应当具备的要素 ………………… | 076

第五节　程序分流机制构建应当避免的误区 …………… | 079

第四章　经验论：域外刑事程序分流机制现状及简评 … | 084

第一节　纠纷解决型代表性国家的程序分流机制 ……… | 084

一、美国的分流机制 ……………………………………… | 084

二、加拿大的分流机制 …………………………………… | 089

三、英国的分流机制 ……………………………………… | 092

第二节　政策实施型代表性国家的程序分流机制简述 … | 096

一、法国的分流机制 ……………………………………… | 096

二、德国的分流机制 ……………………………………… | 100

第三节 联合国刑事司法准则中有关程序分流的指引 … | 104
第四节 域外分流实践的总体特征以及对我国的启示 … | 106

第五章 本体论：中国程序分流机制的现状及评析 …… | 111
第一节 中国程序分流理念的历史演进 ………………… | 111
一、德主刑辅思想与程序分流机制的感化教育功能…… | 111
二、约法省刑思想与程序分流机制的流程简化 ……… | 112
三、宽严相济的刑事政策与程序分流机制的
多元构建 ………………………………………… | 114
第二节 我国改革开放以来推进程序分流的制度探索 … | 119
一、简易程序的设立与分流机制的初步构建 ……… | 119
二、简化审模式评析以及对完善审判阶段程序
分流的启示 ……………………………………… | 125
三、刑事速裁程序试点与程序分流机制实践探索的
深化 ……………………………………………… | 133
四、认罪认罚从宽试点与程序分流机制的功能定位…… | 140
五、刑拘直诉模式的评价与程序分流机制构建的
实践样态 ………………………………………… | 146
六、小结 …………………………………………… | 153
第三节 中国刑事诉讼普通程序的分流功能潜力及分流
现状 ……………………………………………… | 159
一、审前程序中各个诉讼阶段的分流潜力没有得到
充分发挥 ………………………………………… | 160
二、审判阶段的分流功效仍然存在提升空间 ……… | 166
三、特别程序的分流功能有待进一步整合 ………… | 170

第四节　影响我国程序分流机制的制约因素 ……………… | 178
一、程序分流机制的内部制约因素：撤回起诉与程序倒流 ……………………………………………… | 178
二、程序分流机制的外部制约因素：案件流入机制的模糊与案件流出机制的局限 ……………………… | 182

第六章　构造论：完善中国刑事程序分流机制的构想 … | 192
第一节　中国刑事程序分流机制构建的基本要求 ……… | 192
第二节　程序分流机制证明标准的重建 ………………… | 197
一、证明标准差异化的必要性 ………………………… | 197
二、对客观真实和法律真实之争的反思 ……………… | 198
三、证明标准差异化的实现路径 ……………………… | 200
第三节　程序分流机制构建的实体法要件
　　　　——轻罪概念的重构与轻刑内涵的明确 … | 204
一、轻罪概念的重构 …………………………………… | 205
二、刑罚种类及量刑层级的轻刑化改造 ……………… | 209
第四节　重建普通程序内部制度的分流潜能 …………… | 210
一、挖掘侦查阶段程序分流的基础性功能 …………… | 210
二、发挥审查起诉阶段程序分流的核心职能 ………… | 218
三、探索缺席审判和中国的处罚令制度，提升审判阶段的分流职能 ………………………………… | 225
四、以认罪认罚从宽法制化常态化为中心，推进诉讼流程的全程简化 ………………………………… | 230

第五节　构建完善的普通程序外部分流模式 ……………… | 234
　一、以非刑事司法化为核心，通过社会力量强化分流
　　　机制运行 ……………………………………………… | 234
　二、从互联网法院到在线司法平台：刑事案件的线上与
　　　线下分流 ……………………………………………… | 240
结　论 ……………………………………………………… | 245
参考文献 …………………………………………………… | 247

引 言
INTRODUCTION

一、选题背景

刑事诉讼发展的潮流必须符合社会进步的方向，因此除了大案要案以外的普通刑事案件的诉讼程序能否科学顺畅运行，是检验一个诉讼程序是否多元、灵活且符合国家利益及当事人需求的重要标志，也是法治国家刑事诉讼程序的必备要素。中国作为当前世界第二大经济体，在国际社会掌控越来越多经济话语权的同时，也应尽到提升国内刑事司法水平这一负责任大国所必须肩负的义务。提升刑事司法水平不能仅仅停留于少数大案和要案的实体正当和程序公正，更应该让先进的刑事司法制度为每一个民众所受益，这也是衡量一个国家刑事司法水平的重要参考依据。而刑事案件的类型往往千差万别，单一的诉讼程序无法满足刑事案件办理差异化的需求，因此构建差异化的程序，组成灵活的纠纷解决方式是当前我国刑事诉讼面临的重要课题，刑事诉讼中的程序分流问题成了应对该项改革必须深入研究的方面。而刑事诉讼分流作为20世纪90年代末被世界各国普遍关注的一项重要改革举措，其理论生命和根源可以追溯到对国家控制权和刑罚功能的最原始的思辨中，刑事诉讼分流机制真正形成体系并且大规模运用到实践不过才几十年，是世界各国面临有限司法资源、解决数量激增的案件争议作出的实践探索，中国刑事司法实践也在刑事诉讼程序分流问题上做出了有益的尝试并且取得了一定的成效，结合中国的国情和现状,针对刑事诉讼的程序分流问题进行理论上的系统分析就显得十分必要。

二、研究现状

我国《刑事诉讼法》已经进入创新与改革发展的攻坚阶段,理论界对于刑事诉讼的某一诉讼阶段或者某一个具体制度的优化往往比较重视,但是一定程度上忽视了对诉讼程序整体的分流设计以及程序分流机制的研究和探讨。通过对刑事程序分流机制的有关文献和书籍资料的整理和收集,与基层公检法等办案人员以及律师的交流和访谈,以及对法学专业学生的问卷发现,理论界对刑事程序分流机制的系统性研究的数量和深度还存在较大的提升空间,司法实务人员对程序分流有着较强的司法实践需求,但是往往疲于应付日常工作,难以进行理论提炼。因此对刑事程序分流机制构建问题的研究存在较强的研究空间和研究潜力,尤其是刑事程序分流机制的构建目标以及刑事程序分流机制构建的具体策略方面,还需要法学研究工作者继续努力。

三、研究方法

(一)系统研究方法

系统研究方法是指对程序分流的研究不能就事论事、孤立研究,而是把它放在刑事诉讼程序的整体体系中来研究,通过系统方法的研究,解决我国刑事程序分流机制的构建存在的理论和实践争议。

(二)比较研究方法

比较研究方法是指对各国、各地区的刑事程序分流的理论和实践进行比较研究,从中找出各国或各地区共性的、反映司法规律性的、进而对我国具有借鉴意义的立法经验和成果。

(三) 实证研究方法

实证研究方法则是指对本问题的研究不能只停留在理论上探讨，而是在前面系统研究、比较研究的基础上，针对我国程序分流机制的现状进行实证研究。对此要聆听基层公安司法从业人员对于程序分流机制问题的声音，通过走访、调查、访谈等方法收集必要的信息，在此基础上提出并论证我国程序分流机制的构建方案。

四、本书的创新点

针对国内以及国外的研究成果进行梳理和分析，本书主要从三个角度在创新问题上进行尝试。首先是研究内容层面的创新。我国的刑事程序分流虽然有一定数量的研究成果，但是往往局限于某具体制度的分流功能或者某一个诉讼阶段的分流问题，分流机制并未成为研究主导。而本书的研究围绕构建分流机制，将研究重点放在了如何结合各种具体制度搭建合理的分流机制，是一种研究内容层面的创新。其次是研究方法创新。本书并不拘泥于我国现有的刑事分流机制的研究，而是通过国内外进行综合比较，从而形成自己的见解。在研究的过程中，还试图挖掘我国古代在刑事程序分流问题上的传统做法，同时在研究方法上，结合工作便利将基层对刑事程序分流机制的看法和观点进行提炼，使得研究成果更加符合实践需求。最后是研究结果创新。本书预期成果会试图将程序分流机制的构建从刑事诉讼程序内部扩大到诉讼以外，将刑事司法程序内部分流与非刑事司法分流方式相结合，适度扩大研究成果的受众范围。

五、特别说明

关于本书题目中刑事程序分流机制的内涵，与国内的程序分流的概念以及英美法系"diversion"的翻译都存在一定的差异，刑事程序分流机制的内涵一方面包括部分国内研究中涉及的程序分流的成果和内容，比如侦查阶段的案件分流、审查起诉阶段通过不起诉制度的程序分流、审判阶段通过处罚令程序分流等，但是刑事程序分流机制除了前面的一些做法以外，部分纠纷解决的替代措施客观上起到分流的效果，也可以囊括到刑事程序分流机制的体系之中。我国司法实践中存在的刑拘直诉的办案模式客观上起到了案件分流的效果。"diversion"翻译成分流符合语言学的规范，但是从本书的研究内涵来看，"diversion"主要强调的是英美法系国家通过某种项目或者计划将犯罪嫌疑人通过非正式的程序达到刑事司法的目的，但是并没有涉及分流机制的概念，因此该翻译具有合理性，但是在程序分流机制的构建问题上，需要客观看待。此外，关于监察委员会的设立、认罪认罚从宽试点以及《刑事诉讼法》的最新立法修改动态，在本书中基本上都有所提及，但考虑到以上问题在我国刑事司法领域尚存在一些没有解决的理论争议，故本书的正文部分在论述过程中仅针对达成共识的部分进行阐述和探讨。

第一章 导 论

第一节 程序分流的基本概念

"分流"一词的含义较为广泛,运用的范围也贯穿多个学科,我们可以从"分流"在不同领域的内涵概括出该词在刑事诉讼中的定位。分流的概念在中国最早被定义为水分道而流[1],如《汉书·西域传·车师前国》中有着"河水分流绕城下"这样的记载;此外,分流一词还被用作比喻分为不同流派[2],其中汉朝班固在其《幽通赋》一文中有着"道混成而自然分,术同原而分流"的描述,也从不同的角度体现出分流概念的另外一种含义;此外,分流还具有"不同,异势"的含义,在曹植《王仲宣诔》[3]序中"存亡分流,夭遂同期"的说法就是该含义的重要表现,体现了分流这一词汇也具有差异性的内涵。到了现代,分流一词在多个学科和领域有着明确的定义:其中在

---

[1] 参见(东汉)班固著,顾延龙、王煦华选注:《汉书》,中华书局1962年版,第1461页。

[2] 参见(东汉)班固著,顾延龙、王煦华选注:《汉书》,中华书局1962年版,第1127页。

[3] 参见庄适:《汉魏六朝文》,(魏晋)曹植:《王仲宣诔》,"存亡分流,夭遂同期",崇文书局2014年版,第138页。

交通层面，分流可以指为用作疏导交通的道路或天桥；水文学上，分流指一条河分成多条河的情况；医学层面，分流可以指疏导血流和事物的管道；教育层面，分流又指将不同学生按照能力分成不同班级教育；网络层面，分流指一种数据共享方法，为了避免因用户数量过多而使服务器超负荷运转，速度降低，网站将软件分成多个，分别放在不同的网站或者另外的服务器之中，以便于用户能在多个服务器上使用或者下载，给用户多种选择。总的来看，分流的概念具有多元化、普适性的特征，并且已经在多个领域形成了自己的独立内涵。

从"分流"一词在不同领域体现出的定义我们可以归纳出"分流"一词本身所涵盖的内容。首先，"分流"应当具备为主要通道设置新的出口和路径的功能；其次，"分流"的定位应当立足于资源的优化配置；再次，"分流"的目标应当是提高效率；最后，"分流"目的的实现应当以一个特定的载体为前提。刑事司法在逐步演进并且追求司法公正和司法效率的过程中，除了构建单一、普适的普通程序以外，也应当结合刑事普通程序的自身特性，进行多元化的发展和演进。刑事普通程序的适用过程本身就具有一定的惩罚性，即所谓"程序即惩罚"[1]。狭义的程序分流（英文翻译为 diversion），又称"非刑事程序化"，是指对特定的构成犯罪的案件，在侦查或起诉环节中即作终止诉讼进程的处理，并施以非刑罚性的处罚，而不再提交法庭审判的制度和做法。[2]广义的程序分流包括国家构建的多元、差异化的司法程序，赋予当事人更多参与权和选择权的要素。

---

[1] 参见［南］布里舍里奇：《社会学原理》，贾春增等译，东方出版社 1986 年版，第 135 页。

[2] 参见贾学胜：《司法上的非犯罪化研究》，暨南大学出版社 2014 年版，第 36 页。

因此程序分流应当具备以下几个特征：第一，程序分流首先以一个完整的刑事司法程序为基本前提，并且该司法程序作为一国司法机关运行的必备要素，必须处于一种灵活运转且持续发展的状态，对普通程序的正当化改造必须不间断进行，进而保障程序的独立价值和功能，通过完善的普通程序才能衍化出符合不同案件特征，且有利于案件差异化处理的特别程序。第二，程序分流应当关注到刑事司法和民事司法之间的差异性以及相似性。民事司法具有较强的当事人意思自治特征，其主要派生的原则包括当事人进行原则和当事人处分原则，因此构建程序分流机制应当充分考量当事人的意愿；而我国刑事诉讼中必须坚持"国家追诉"原则，因此构建刑事诉讼中的程序分流更应当关注国家专门机关职权行使的便利性和当事人意愿的平衡。第三，程序分流体现在诉讼程序的各个阶段。除了传统的起诉阶段的不起诉制度和审判阶段的简易程序具备较强的程序分流特征以外，诉讼启动、案件侦查以及刑罚的执行都具备程序分流的潜力，有待从理论层面的进一步发掘和论证。第四，程序分流应当以尊重当事人意愿为基础和前提。程序分流不能简单理解为缓解司法资源紧张的权宜之计，更应当从当事人参与和利益诉求体现的角度进行理解，从而提升司法的公信力。

第二节　程序分流机制的内涵

刑事诉讼中的程序分流作为一种现象抑或是一种方法，已经逐步渗透到司法的进程中，程序分流机制的内涵也更应当从广义的角度进行解读和梳理。即一方面，在刑事诉讼中设立多元化的诉讼程序和纠纷解决路径，为案件的处理提供多元化、差异性的选择，在尊重当事人意愿的前提下，更好地达到司法的目标；另一方面，多元化、差异性的诉讼程序为顺利解决纠纷提供制度保障，更重要的是要建立相关的制度，使分流的案件根据其特性得到妥善的解决。刑事诉讼程序分流机制的构建必须紧紧围绕以上两方面的目标，基于刑事诉讼程序的差异性，国家机关作为刑罚权的主要行使者，在制度设计的层面应当发挥更为重要的功效。分流机制的构建应当结合现有制度进行妥善的改良，在发挥程序功效的同时，将对现行刑事司法体制的冲击和影响降到最低。

刑事程序分流机制主要包含了诉讼过程中各项具有分流功能制度的集合体，刑事诉讼中案件根据不同类型进行分流处理作为一种运行机制，需要稳定且完善的制度体系作为保障和支撑。刑事诉讼中的程序分流机制主要依靠诉讼过程中的各项制度构成，这些制度不仅仅包括刑事诉讼内部的制度改良和革新，也包括广义层面国家政策、司法解释等文件推进。程序分流机制必须通过相关制度进行互动与协调，才能将程序分流机制的功效发挥到最大。从刑事诉讼程序运行的角度来看，传统的以公安机关、检察机关、审判机关为代表的国家专门机关主导的运行机制，起到了较为重要的功能，但是随着案件数量的日益增长，国家权力需要进行重新调整进而判定其介入个案处理的程度和方式。从程序分流机制的形成层面来看，对具体诉讼制度的改良将会起到更加直观的功效。其中对当事人参与程度的保障机制，对提升案件效率的激励机制可以为程序分流机制的运行提供巨大的促进作用；此外，为了防止分流过程中对诉讼效率的过分关注进而影响案件的公正价值，相应的监督和约束机制也应当进一步增强。[1] 此外，刑事诉讼中的程序分流机制

---

〔1〕 参见卞建林等：《中国司法制度基础理论研究》，中国人民公安大学出版社2013年版，第108页。

是一项复杂的系统工程，各项制度的改革和完善不能各自为政、孤立存在，要确保在不同层次不同角度互相呼应和补充，尤其是刑事诉讼的程序涉及众多国家专门机关，必须做好权力运行中的协调机制。在重视国家权力运行的同时，也应当关注人的要素，其中既包括公检法机关的办案人员，也包括当事人。只有该制度的参与者理解制度设置的初衷以及享受到分流机制的利好，才会提升相关人员的获得感，进而更好地保障制度的落实。总的来看，刑事诉讼中的程序分流机制应当关注价值、流程、组织、能力、激励等五大要素。其中价值要素需要明确程序分流机制的设立在刑事诉讼中需要强化哪一方面的价值，以及程序分流机制的设立对刑事诉讼价值观的影响；流程要素是程序分流机制的核心，包括程序分流的主体，程序分流的标准和规则，程序分流的阶段和方式，程序分流的监督和救济等，这是刑事诉讼中的程序分流机制的核心内涵，除了构建以上这些内涵以外，如何协调好这几大要素的互动也是一个重要的议题；程序分流机制的组织要素主要强调的是在刑事诉讼普通程序背景下，程序分流需要依托新的诉讼程序，如何处理好普通程序与分流程序的关系是保障分流效果的重要因素；能力要素主要包括程序分流机制可能达到的效果，既包括法律效果，又包括社会效果，因此在进行程序分流机制构建的过程中，应当处理好创新和稳定之间的关系，保障程序分流机制构建的有序化；激励要素主要是指从当事人的角度，接受程序分流可能获得的程序以及实体层面的优待，由于程序分流机制最终的受益者是刑事诉讼中的当事人，当事人的激励效益能够成为检验程序分流机制运行效果的重要标准。

第三节 我国程序分流机制构建的基本思路

第一,我国刑事诉讼中的程序分流机制的构建过程中,需要从权威型司法转变为合作型司法,从而重新调整国家权力在程序分流机制中的定位。我国刑事司法的转变可以划分为两个阶段,第一个阶段可以界定为从强制型司法转变为权威型司法。所谓权威型司法是指司法过程需要具备基本的三大要素,即权威性、目的性、专业性。[1]而与权威型司法相对应的是强制型司法,强制型司法主要体现在新中国的司法制度成立的初级阶段,由于在新中国成立初期,我国的刑事司法制度大量借鉴苏联,因此在刑事司法过程之中体现了较强的强制型司法的特征。首先体现在强制性,即刑事司法以国家权力为基本保障,国家权力的强势也直接决定了司法权力的强制性,在这样的前提下,个体的基本权利属于一种从属地位;其次,强制型司法还体现了较强的工具性。司法作为无产阶级实施专政的工具,司法权可以由多个主体承担,这些主体有着较强的彼此合作的关系;最后,强制性司法具有较强的阶级性。突出工人阶级的领导地位和人民与敌人的对立。随着社会的进一步发展,强制型司法逐步转变,以突出国家权力的主导地位的权威性为显著标志,司法的权威性体现在司法机关的专属性,同时权威型司法强调其目的始终以公平正义为出发点;最后在司法的运作模式上,强调司法适用的专业性。第二个阶段可以界定为从权威型司法

---

[1] 参见田夫:"从强制型到权威型:中国司法的范式转变——以法理学教材为主线",载《法商研究》2017年第6期。

转变为合作型司法。[1]合作型司法主要具有平等性、高效性、协作性。首先,在合作型司法的背景下,国家机关与公民之间不再处于一种失衡地位,可以针对案件的进程进行沟通和协商,案件进程的推进不再是国家权力运作的结果,而取决于公民与国家机关之间的合意;其次,合作型司法一定程度上摆脱了传统诉讼程序的约束,更加灵活高效,体现了较强的效率价值;最后,合作型司法追求各方利益的权衡,因此不同诉讼主体之间的合作是必不可少的要素。刑事诉讼中的程序分流机制构建的核心在于利用多元化的制度和方法,将符合条件的案件从传统诉讼程序中分离开来,通过更加灵活、多元以及高效的方式实现国家刑罚权,进而体现刑事司法的差异化特征。为了满足这一基本需求,我国刑事司法应该在一定范围内转变其权威运作的模式,让渡部分国家权力,让更多社会主体参与,在分流机制的运作过程中,也应该吸收诉讼参与人的意见,进行综合考量,从而达到多方互动的结果,在这样的进程中,需要我国刑事司法的理念朝着合作型司法转变。

第二,在刑事诉讼程序分流机制运作的过程中,应当注意协调法律效果与社会效果之间的关系,必要时可以通过分流机制让渡法律效果,进而满足案件的社会效果。刑事司法作为一个专业性较强的领域,必然应当以法律效果为基础,但是刑事司法的内涵不仅仅是法律运作,作为与社会紧密结合的刑事司法,还应当关注其社会效果。刑事程序分流机制同样面临如何协调法律效果与社会效果关系的问题,如果不能处理好程序分流过程中的法律效果与社会效果的关系,将直接影响到该项制度的运行和发展。首先,刑事程序分流机制的法律效果主要强

---

[1] 参见张勤、彭文浩:《比较视野下的多元纠纷解决——理论与实践》,中国政法大学出版社2013年版,第126页。

调在刑事诉讼程序中，通过法律规范以及双方当事人的协商，使得分流决定的作出符合法律适用的准确性以及当事人的意思自治，在此过程中，法律的权威得到体现和遵守，当事人的意愿也基本得以实现，进而促使该项制度被普遍遵守。除了法律效果，刑事诉讼中的程序分流机制的社会效果是指通过程序分流机制的法律运作对社会活动产生的综合效应，一方面要求程序分流机制运作的结果得到社会以及当事人的认可，强调程序分流机制的目标实现。程序分流机制能否被认同和遵守，程序分流机制设立的目的能否真正实现，主要取决于该机制运行的社会效果以及当事人对该项制度的内心认可度。如果在程序分流机制运作的过程中，法律效果的基础价值没有体现，则很难达到让社会以及当事人认可的效果；如果社会效果不理想，法律效果也无法真正的实现和保障。总之，在刑事程序分流机制的运作过程中，法律效果与社会效果相辅相成，相互促进。但是，由于刑事程序分流机制的发展还不够成熟，并且在程序分流机制的推进和运作过程中，基于部门立法的不完善、司法人员对法律的理解适用、刑事政策等原因，该项制度的运作如何处理好法律效果与社会效果之间的关系成了一个关键性的问题。

  刑事诉讼中的程序分流机制的运作是以转移一部分公正价值换取案件的效率价值。因此在程序分流机制的运作过程中，对社会效果的理解应当重视个案的差异性。由于程序分流机制的设置主要是缓解案件数量激增的程序应对措施，因此应当重视程序分流机制的社会效果，但是不能过分牺牲法律效果。由于立法过程就已经包含了对个人以及个案在内的社会利益，因此严格执行法律，社会效果已经可以达到一个相对较好的状态。而刑事程序分流机制并不是对两者关系的重构，而是微调。因此在刑事程序分流机制的运作过程中也不能一味追求当事人的满意度而过分牺牲司法的中立性和公正属性，并且诉讼主体中的加害人与被害人之间往往存在一方当事人满意则另一方当事人有被剥夺感的现象，如果为了当事人双方都满意而将相应的代价转移给社会，则会带来更大的司法不公。因此程序分流机制的运作过程中，在协调法律效果和社会效果的关系问题上，应当严格控制其范围和比例。在刑事程序分流机制的运作过程中，法律效果和社会效果虽然在具体内涵上存在一定差异，但是两者在维护社会公平正义、促进社会和谐发展上是一致的。[1] 这种目标的一致性使得刑事程序分流机制的运作可以兼顾两者之间的差异。一方面，在程序分流机制的运作过程中，司法机关应当通过严格遵守分流规则保护当事人的合法的程序性权益，通过程序分流权的法定化体现法律的严肃性和权威性。另一方面，又要考虑到个案的差异性，尤其是轻微刑事案件，重视个体的诉求，尊重当事人的意思自治，通过个案的差异化处理起到维护社会基本秩序，促进和谐发展的功能，进而达到体现良好社会效果的目标。在程序分流机制的运作过程中，要始终明确法律效果是社会效果的基本保障，社会效果是法律效果的最终目标，两者相互依存，密不可分。

---

[1] 参见江必新：《良善司法的制度逻辑与理性构建》，中国法制出版社2014年版，第50页。

价值论：中国程序分流机制的理论基础

第二章

第一节　刑罚目的观的转变与重构

刑罚目的是统治阶级设立、适用刑罚的目标、政策和理念的集中表现，是整个国家刑罚体系的生命力的集中表现，而刑罚目的是否符合当今社会发展趋势是法治社会的必然要求，因此刑罚目的对于构建完备的刑罚体系具有十分重要的意义。国家刑罚权的设置和运作是立法机关和司法机关受国家权力机关委托进行的专门性活动，所以其目的性一定是十分明确的。恩格斯曾经说过："在社会历史领域内进行活动的，全是具有意识的、经过思虑或凭激情行动的、追求某种目的的人；任何事情的发生都不是没有自觉的意图，没有预期的目的的"〔1〕。因此，刑罚必然也有其目的，刑罚目的是指刑事立法者和司法者对刑罚设立和适用的客观效果的一种主观意愿、选择和意向目标。〔2〕首先，作为社会意识形态的一部分，刑罚目的观是一种群体共

---

〔1〕［德］马克思、恩格斯：《马克思恩格斯选集》第4卷，中共中央马克思恩格斯列宁斯大林著作编译局编译，人民出版社1995年版，第234页。

〔2〕参见王友才："试论刑罚目的观"，载《法律科学（西北政法学院学报）》1993年第3期。

第二章　价值论：中国程序分流机制的理论基础

识。社会群体中孕育何种刑罚目的观，或者刑罚目的观发生怎样的演变，具有一定的自发性，受到外界的影响和控制较为有限。因为每个人的社会阶层和利益需求以及认识水平都具有较大的差异，所以个体的目的观也千差万别。而刑罚目的观作为一种思想理念，也必然受到统治阶级的直接影响。而统治阶级有义务及时察觉社会群体中具有共识性的理念，从而将其上升为统治阶级意志。其次，刑罚目的观具有一定的历史性和阶级性。刑法目的观属于社会意识形态的一部分，反映了不同类型国家在不同发展时期的社会刑罚思潮的变化，体现了国家的意志和统治阶级的利益，是历史发展和变化的缩影之一。

　　刑罚目的观的历史演变也是随着社会形态的变更而调整，对当今社会较为有影响力的主要为报应主义的刑罚目的观和预防主义的刑罚目的观。报应刑的刑罚思想基于康德和黑格尔，主张为实现没有例外的正义，以创造出罪责与刑法均衡的概念为核心思想，而将刑法与犯罪立于作用力与反作用力的关系。[1]康德认为即使一个社会依据全体的意思行将解散，对于最后关在监狱里的凶犯，仍然应当进行制裁，如此才能使每个人感受到自己行为的价值，不要因为未执行刑罚，而使得该笔血债的责任变成由全民来负担，因为因此全民都将被视为违背正义的共犯。[2]而黑格尔认为国家对于犯罪者科以刑罚，无非是对于侵害者的意志再予侵害，形成法律秩序之回复，亦即犯罪是对于法律的否定，而刑罚则是对于这样的否定之否定，提出了刑罚

---

[1] 参见［日］西原春夫：《刑法总论》，王昭武译，成文堂1986年版，第54页。

[2] 参见［德］康德：《法的形而上学原理——权利的科学》，沈叔平译，商务印书馆1991年版，第164页。

抵消犯罪的观念[1]。两者虽然都为罪刑均衡的理念背景，但两者的哲学思想仍有细微差异。也许康德和黑格尔不是绝对的报应论的主张者，但是他们的观点对于刑罚惩罚性目的的强调是不言自明的。报应刑的观点强调了刑罚的独立功能，但是对刑罚是否成为有效的社会控制手段和改善社会的犯罪现象并没有明确答复。当报应刑论不认为有目的观念而进行讨论时，不能说明报应刑论的不足，仅仅为理论上的不完备。然而，面对这样的缺陷，报应刑论形成了两种趋势，即综合理论。即在报应刑论的框架下，以罪刑均衡为原则，但考虑一般预防、特别预防的思想，运用在刑罚裁量之中。而所谓积极的一般预防，则是随着黑格尔的法秩序恢复思想，更进一步结合一般预防的思想。综合理论的基本构架是以报应刑为中心，原则上刑罚裁量必须在罪刑相当的范畴内，兼而采取一般预防与特别预防，通过辩证的方式使其融合。在一般预防与报应的融合辩证上，透过罪刑均衡的报应刑罚，既可以达到安抚社会的目的，又能够增强一般民众的法治意识，使刑罚对于社会产生威慑作用，杜绝新的可能发生的犯罪。在特别预防与报应刑的融合上，仍以报应刑为范畴，即不得以特别预防为理由而超出罪行均衡的最大范畴，特别预防的考量必须在最相当的范围内才存在其正当性和合理性。

报应刑论对于社会心理所产生的影响力，是其在刑罚论中难以被割舍的重要原因。基于罪刑均衡的报应刑论，通过足以与行为人罪责相对称的刑罚，镇静社会的公愤、抚慰被害人心理上的痛苦并满足被害人或其家属及国民的报复感情。而为了展现足够分量的"报应"，充分评估犯罪的质量，借以定出适当

---

[1] 参见[德]黑格尔：《法哲学原理》，范扬、张企泰译，商务印书馆1997年版，第103页。

刑罚，弥补社会的情绪，罪责的概念因此在报应刑理论中蓬勃发展。在报应刑论中，罪责的作用是计算过去的犯罪行为有多少的作用力，而刑罚应给予多少的反作用力，以抵消其犯罪之危害。责任要如何计算，成为报应刑论的重要焦点。危害的评估由于不能以被害人或者被害人家属主观意识为基准，必然应当参照社会群体的反应，进而形成道德观念，也是道义责任论的本质。因此，行为人基于自由意识所做出的决定，发生了一定的犯罪结果，而由社会道德观念对此行为与结果进行评判，若应归属于个人，则有责任，这也使得刑罚的正当性与抽象的国民道德相结合。根据历史的经验，这样的概念让执政者解释和操作，进而形成专制刑罚。并且特定的道德观念是否能够全面用刑罚予以强制仍是一个存在较大争议的问题。在罪刑均衡的前提下，使得人权保障有基本的界限，使得受刑罚之人在权利受到侵害的范围内承担责任，但其对行为责任的理解却受社会道德的评价，使得原本具体的行为责任因为评价方法而流于抽象，是该观点存在的争议。再者，报应刑论的目的是修复抽象的国民道德感情，导致有权解释者存在曲解刑罚范畴的可能，反而超越了宪法所容许人民权利受到侵害的界限，根本无法通过比例原则的审查，使得刑罚权的行使不具备阻却违宪事由，而无法正当化。在报应刑理论中，国家立于知识与伦理的优越地位，以具有先见之名的保护者之姿态来保护个人利益。这样的观念运用在法律上具有的一定的消极意义，即国家由有先见之明的保护者姿态来介入人格的自由形成，其价值观容易受到统治阶层影响，由国家来决定何谓幸福，从而个人的人格权也无法透过自我的决定来形成。然而，法益保护和道德的界限，在前述思想中呈现紧张的现象。因此刑法与道德的界限必须要认知到上述的紧张关系，非一味认为刑法是维护道德的手段，仍应注意个人的自我决定权，而非任由多数人或者有权者介入个人自我决定的空间。综上所述，虽然报应刑思想在刑罚思想中主张罪刑均衡，是以限制刑罚恣意行使为出发点，但结果却无可能，反而使刑罚无法通过宪法层面的比例原则的检验，难以回归到宪法层面的制衡。而在意思自由的问题上，仅能淡化其在决定刑罚质量的重要性。所以贯彻报应刑的思想的发展空间只存在于在刑罚体系中如何维持一个较低层次的报应程度，从而保障其合理运行。

与刑罚目的报应论相对应的观点是目的刑论，目的刑论认为刑罚具有目的性，并非仅因存在而存在，而其目的性又分别依其作用于社会或者个人，分成一般预防与特别预防，两者虽同为目的刑论，但具体目的和内涵差异较大，仅仅在结构上因同具有目的性，而归为一类阐述。所谓一般预防思想来源于贝卡里亚的刑法启蒙思潮，其目的用于对抗神学的应报观念，到了费尔巴哈时期则是用来抑制过度发展的特别预防观念与道德的应报观念。一般预防理论主要是根据当时的历史背景，即罪刑法定观念不足，刑罚的恣意与专横，不得不使用一般预防来强调以法规教育人民的重要性，并借以确立罪刑法定原则。一般预防的思想在历史背景上是处于罪刑法定原则不彰显的时代，因此其理论的重要性在于确立罪刑法定原则。在罪刑法定原则确立后一般预防理论与报应刑相结合，形成积极的一般预防思想。其发展的契机，在于观察到刑罚对于潜在想要犯罪之人，其作用或许在于威吓其不情愿地放弃犯罪动机，但是对于大多数人而言，刑罚确是其自愿遵守法律规范的动机来源。即将原本对于犯罪行为人的焦点，转向对于法规的伦理性思考。其认为刑罚主要的效果在于强化对于秩序的存在和贯彻与之相应的信赖感，其宣示法律共同体中法秩序的坚固，强化市民对于法

第二章　价值论：中国程序分流机制的理论基础

律的信赖程度。因此对法律秩序的捍卫是积极的一般预防思想核心的概念，正好与报应刑论中对法律秩序恢复的概念相接近。[1]

特别预防思想从分配正义的观点出发，针对每个行为人的人格尺度，而适用不同的刑罚。如前文所述，其发展背景在于社会需求提高与科学发展进步等，因此使得刑罚思想得以与近代科学相结合。系统化提出特别预防观念者为李斯特，其理论内容认为，犯罪行为人分为由"社会情况"和"内在本性"所引起的两种类型，由"社会情况"所引起的称为"偶发犯"，由"内在本性"引起的称为"情况犯"，对于前者可以进行教育感化，对于后者则将其与社会隔离。[2]此外，还应当将对锁定犯罪原因的探讨放在行为人本身，而将犯罪的社会原因进行区别化。将刑罚的作用期之于未来，而非仅仅如报应刑思想所重视的对过去行为的清算，即"再社会化"的观念，因此特别预防思想的基本立场是通过刑罚使得犯罪行为人回归社会，并与社会言归于好。特别预防思想的发展有可能造成刑罚废除的趋势，单纯的刑罚手段事实上很难达到矫正、教育的目标，用多元的手段才能达成其改善犯罪行为人的目标。

综合比较一般预防和特别预防两种思想，我们可以发现一般预防思想中最受争议的问题在于刑罚的界限，由于所震慑的对象是所谓潜在的犯罪人，因此其对象根本是抽象、虚拟而不特定的，既然震慑的对象无法具体，因此很难在立法与量刑时有客观的判断。在立法上容易陷入刑罚越重、越有抑制犯罪效

---

[1] 参见周少华："刑罚目的观之理论清理"，载《东方法学》2012年第1期。

[2] 参见[德]弗兰茨·冯·李斯特著、[德]施密特修订：《德国刑法教科书（修订译本）》，徐久生译，法律出版社2006年版，第34页。

果的倾向；再者，由于一般预防造成潜在行为人在行为时的心理负担，很难有客观标准。此外，在人格主体性问题上，对人格尊严的绝对尊重是近代宪法思想的基本概念，然而，在目的刑论的观点中，都会产生人被物化的缺点。从未来发展的走向来看，一般预防与必要的报应刑理论相结合是一种可行的发展方向。特别预防的重要争议首先在于刑罚范围的问题，由于在特别预防思想中，使犯罪行为人再社会化是其核心思想，因此行为人在可回归社会之前，都应当受到刑罚的约束，也产生不定期刑的概念。如此无限制的刑罚思想是否在当今的法治国家概念下具有正当性？另外特别预防观念中人格是否可以强制教育，也是值得反思的问题。在多元价值的社会中，怎样的人格才真正符合社会的期待，而社会的具体期待如何界定都是有较大争议的问题。

综上所述，无论是报应论还是目的论都存在着其自身的积极意义以及相应的局限性，刑罚思想的取舍，不论从刑罚思想的历史演进或者是理论内涵来探究，都充满着难以抉择的难题，使得刑罚正当性的思考陷入困境。从历史变迁来观察，由于刑罚目的在本质上，皆具一定程度的开放性，容易受到统治阶级的影响，导致刑罚思想只要趋于极端并且流于抽象时，就难以抵挡当权者的操纵，历史上的经验也证实了从刑罚目的思考刑罚正当性的弊端。而从理论内涵的发展来看，不仅任意单独的刑罚目的观的内涵难有正当化刑罚的机能，而且特别是从刑罚限制的角度，更显出刑罚目的思考的无力。因此，在多元价值的社会，如何协调各项刑罚思想的概念，甚至从刑罚目的外思考刑罚正当性的理由，就成了刑罚正当性思考的方向。因此刑罚思想处处具有选择的难题，在理论的相互激荡下，开始产生以协调为目的的各种综合理论。我国刑法理论界一种主流的思

第二章 价值论：中国程序分流机制的理论基础

想是刑罚目的应当是特殊预防与报应相结合。其中主流观点认为，作为国家权力重要组成部分的刑罚权的发动，其本性必然是功利的，因而特殊预防理应成为刑罚目的的主要方面，而为了保证这种功利目的最终不致被否定，由奠基于公正基石之上的报应对特殊预防进行制约也就成了必然的逻辑选择。[1]刑罚目的理论对我国程序分流机制有着较为积极的指导意义，首先，我国刑事诉讼程序的特点决定了对刑罚目的认识的必要性。根据历史和现实的考察，我国刑事诉讼一旦启动，即跨入立案程序这一门槛，就天然具备强大的推进力，多数情况下，从案件启动到刑罚执行，都伴随着对刑罚目的理论的实现和探索，而程序分流的特点就是在诉讼进程中一方面发挥本身具有分流功能的制度，完善案件的筛选，通过刑罚以外的方式实现案件争议的处理；另一方面，设立新的具有分流功能的刑罚替代措施，使得刑罚的执行不再成为诉讼程序必须面临的终极选择。因此对刑罚目的的重新认识和理解直接决定了程序分流机制的合法性和合理性的基本前提。其次，重新审视、梳理刑罚目的是为了给程序分流机制的构建提供明确的参照指引。程序分流机制是刑事程序中各个具有分流功能的程序和制度的集合体，而分流仅仅是方式和途径，分流以后如何保障案件的妥善处理才是分流机制构建的关键。而根据我国有关刑罚目的的探讨和梳理，我们可以很清晰地认识到，"报应"一词的价值导向较为中立，不像"惩罚"具有较为鲜明的价值判断内涵，因此将报应与惩罚混同会陷入不必要的理论陷阱。所以程序层面为了体现刑罚目的理论中的"报应"，就理所应当将不同群体适用的程序进行区别对待，刑事程序适用的本身也包含着一种警醒和教育的内

---

[1] 参见赵秉志：《刑法基本理论专题研究》，法律出版社2005年版，第589页。

涵，所以客观认识刑罚目的能够有利于保障程序分流机制构建的基本方向。最后，程序分流机制也对刑事程序的目的和功能产生直接影响。刑事程序的目的在整个刑事法体系中，其基本出发点在于解决纠纷。然后刑事程序的运行在通常情况下的表现往往是以犯罪被追诉和获得相应刑罚为终结，但是其本意不仅仅在于惩罚。为了社会生活中存在的各种纠纷得到妥善处置和解决，从社会整体性的角度来说，刑事程序首先应当对全社会范围内的犯罪现象起到相应的控制，然后才是对每一个被归入刑事程序的案件作出合理的处理。前一部分强调案件程序的整体性效能，而后部分则对程序中的个体的正义实现有着更高的要求。在行政化的考核和评价机制下，强调对大案和要案的程序公正和社会效果，导致许多犯罪案件并没有得到妥善处理，而民众很难通过诉讼内部的救济途径表达诉求，有时需要我们反思现存的刑事诉讼程序是否能够满足全社会对刑事法在社会秩序运行中的期望？是否达到民众预期？国家在刑事司法领域有义务通过刑事诉讼程序尽量妥善解决现存的案件争议，虽然无法做到全方位覆盖，但至少可以避免运动式、选择式执法的方式，避免成批量、大规模对某些案件视而不见的现象（如小额犯罪，电信犯罪，未造成后果的行为犯等）。另外，国家的控制与追诉，并不意味着所有案件都必须机械地适用单一程序。在有限的司法资源和不断增长的案件数量的现状下，所有案件通过法庭审理显然是不可能实现的目标。因此，刑事程序必须朝着不断分流、不断过滤的机制进行设置，这样的设置在一方面保障了国家对犯罪的控制力的同时，又不至于无力支撑刑事程序的运转。

第二节 司法上的非犯罪化：解决轻微罪行的理性选择

非犯罪化概念的提出，是以犯罪化以及过度犯罪化概念的被普遍接受为前提和基础，是指国家立法机关及司法机关通过一系列专门职权的运行将长期以来被法律认定的作为犯罪处理的行为不再当做犯罪进行规定和执行相关惩罚的制度和进程。[1]从法律层面来看，非犯罪化可以将犯罪行为进行合法化改造，通过行政违法方式以及民事纠纷的途径来化解与犯罪有关的矛盾；在事实认定环节层面以及程序适用层面，可以分为追诉过程中的非犯罪化以及审判阶段的非犯罪化处理等。非犯罪化作为一种刑事法思潮以及刑事法政策，其产生有着其相应的社会背景和理论基础。首先，非犯罪化思潮作为曾经被西方普遍重视的一种学说，其主要社会背景是资本主义工业革命的进程极大促进了科学技术以及生产力的提高，社会财富增长速度惊人，随之而来的是社会矛盾的空前突出和激化，其长期传承的文化和道德观念与现代文明之间的鸿沟越来越深。资本主义经济危机随即在19世纪末期接连发生，成为社会矛盾进一步加深和激化的重要诱因，因此社会的犯罪数量大幅上升，主要表现在经济犯罪、累犯以及未成年人犯罪方面。此外，一些在当时新兴的犯罪如吸毒、色情等频繁出现，同时与之并存的社会现代发展所引发的社会关系越来越复杂，需要得到保护的法益逐步增多，犯罪的方式和手段也随之越来越多。传统的以严格规整的罪刑法定主义以及自由意志为基础建立起来的刑事政策在实践中愈发显示出其在社会治理过程中的苍白和无力，尤其是针对广泛

---

[1] 参见［日］川出敏裕、金光旭：《刑事政策》，钱叶六等译，中国政法大学出版社2016年版，第94页。

存在的轻微刑事犯罪行为，国家往往付出巨大代价进行打击和控制，而结果和收效往往却不尽人意。因此，战后兴起的民主、自由化思想和相关人权运动，都对非犯罪化思想的孕育和形成产生了重大影响。其次，非犯罪化是体现现代刑事政策以及刑法谦抑性原则的重要表现。谦抑性原则要求刑法必须严格限制和缩小其干预的对象和范围，即犯罪圈法定，尽量以不作为犯罪的处理方式解决实践中的罪与非罪的争端。在西方刑事司法领域中，谦抑性原则的重要表现在于将行政犯罪、道德犯罪进行必要的非犯罪化处理。刑法的谦抑性原则要求其自身只能成为社会治理过程中的一种辅助性手段，必须严格控制其运用的范围和对象。因此高效利用该资源应当关注供给与效益之间的关系，否则会因其没有充分发挥效能而影响社会对其合理性的质疑。并且刑法本身还受到其他社会资源的制约，刑法的这一特性要求其在处理社会纠纷和维护社会秩序的过程中应当尽量减小或者避免其频繁使用，只有在其他方式无法达到维护社会运行所需要的正常秩序时，才能作为最后救济手段。正如卢梭提到："刑法在根本上与其说是一种特别法，还不如说是其他一切法律的制裁力量。"[1]刑法谦抑性原则进一步明确了其调整对象的有限性，刑法对社会秩序的维护和管理通过剥夺公民基本权益的方式实现，因此其暴力性也必须将其规制在必要的范围内，为非犯罪化思想提供了积极影响。因此，非犯罪化也能够为发挥刑法的社会管理和个人利益协调功能发挥作用。此外，刑法法益保护思想也直接影响了非犯罪化理论，法益保护作为刑法的根本目的之一，已经越来越受到各国刑事司法的重视。作为当今刑事法存在的正当依据，随着时代、社会环境的变化，

---

[1] [法]卢梭：《社会契约论》，李平沤译，商务印书馆2011年版，第63页。

第二章　价值论：中国程序分流机制的理论基础

法益保护的外延和侧重点是持续变化的动态的过程。在法益保护范围的问题上，曾经陷入刑法是否需要介入伦理和道德层面的争论。但是随着刑事法的逐步完善，刑法理应朝着越来越脱离所谓道德的评价标准的方向发展，其中较为典型的表现就是通奸、同性恋等行为的非犯罪化。道德评价标准和社会多元化的价值观使人们也越来越深刻地认识到将违背社会伦理的行为纳入犯罪是不理性的选择，有悖于现代法治社会的基本精神。在资本主义形成和发展时期，法律文化在个体和国家的法益保护的关系上倡导个人人权、自由和平等，具有较强的历史进步意义。进入20世纪以后，随着工业革命带来的生产力的重大进步，自由资本主义的社会结构遭受了巨大的冲击。在一个复杂的社会机制中，多种社会群体的文化和价值冲突频发，并在此过程中涌现出所谓的"边缘群体"和"底层人士"，资本主义的社会关系以及社会矛盾不断加剧，从而导致犯罪率的飙升，此时刑法的功能不仅仅局限于保障个体权益，也进一步扩张到保护社会秩序和国家利益，当这两种利益发生冲突难以兼顾时，则难免舍弃个体权利而保护国家和社会集团的利益。二战以后，法律和规章的涵盖范围不断扩大，公民则承受着巨大的风险和压力。以此为背景，以法国安塞尔为代表的学者提出"新社会防卫论"，否定从国家层面实施形势政策，以遏制犯罪和防止受犯罪侵害为目的的观点，而主张从犯罪人的角度，采取一系列的手段使其回归社会。[1]这种观点更加认同非法律手段作为社会控制的方式而存在，理应受到足够的关注，并在此基础上出现了"非法律化"的倾向。这种倾向的特点主要在于摆脱传统法律制裁的束缚，利用法律以外的社会规范，补充法律本身存

---

〔1〕　参见马克昌：《比较刑法原理——外国刑法学总论》，武汉大学出版社2012年版，第48页。

在的不足，使一些领域的争端解决朝着非法律化的方向发展。因此，由刑罚辅助性思想演变出的"刑罚值当性"思想获得高度重视，成为非犯罪化思想的重要理论支撑。

非犯罪化不应当仅仅停留在刑事法思想层面，更应当通过刑事立法和司法的运行得到相应实现，而与非犯罪化相对应的是犯罪化，在刑事法的发展过程中，犯罪化和非犯罪化往往是相互交织、互补共存的关系。在立法层面，无论是对特定问题或者特定行为进行犯罪化抑或是进行非犯罪化，往往都需要面临巨大的争议和考验，因此，在立法层面，犯罪化和非犯罪化的动态并存是一种长期存在的现象，有犯罪化必有非犯罪化。同理，非犯罪化的进程也离不开对特定行为的犯罪化改造。犯罪化和非犯罪化在立法层面的交替和变更体现出国家在社会治理中对特定问题的认识和态度；而反映在司法层面，则应更加注重通过诉讼程序加速以非犯罪化的方式解决案件的功能，因为案件的繁简分流更明确，更有利于分类处理。通常层面，犯罪化与非犯罪化的具体表现形式是刑事法的修订，而事实上，在我国实施司法解释制度的前提下，从司法层面探讨犯罪化与非犯罪化的问题更加具有现实意义，因为随着立法程序逐步向民主、科学、公开等方向发展，从立法层面解决犯罪化与非犯罪化的问题需要更长的进程；而通过司法层面明确犯罪化与非犯罪化的问题，则更加灵活，并且可以根据个案和特定情形综合运用，因此也更加突出刑事程序的独立价值。另外，我国从立法层面探寻犯罪化与非犯罪化必须通过国家立法机关统一组织和推进，是一个全国化的进程，并非地方性的事项，而在司法层面受到的限制则相对较小，因此探讨司法层面的犯罪化与非犯罪化问题更具有现实意义和操作的可能性。司法层面的犯罪化主要表现在从法律适用层面进行解释的过程中，将一些没有被刑法作为犯罪处理的行为通过解释作为犯罪论处。在具体的解释方法上，主要包括扩大刑罚规定的内容进行解释从而开展犯罪化，比如将刑法分则中的"数额较大"和"情节严重"等规定放宽标准、降低数额，一定程度上就意味着已经开始进行犯罪化解释；还有就是对一些实行行为做出了性质层面的规定，但是没有对具体方式进行规定，刑事司法也可以在罪刑法定原则的基础上将以前没有作为犯罪处理的行为认定为犯罪；第三种犯罪化类型为在刑法构成要件的具体描述中进行特定解释，从而进行特定的犯罪化。司法层面的犯罪化主要的表现方式是对刑法条文规定的内容根据社会生活的发展和变化做出符合时代要求的解释的结果，是刑法内涵动态更新的进程。根据罪刑法定原则，法条的含义虽然体现着立法者的意志，但是社会生活的发展必然导致法条含义和精神的变更。因此司法层面的犯罪化并不能认为其已经违背法条的本义，即使在对法条进行解释的过程中出现了违背立法本意的现象，也不意味着违背罪刑法定原则的精神。更为重要的是，司法上的非犯罪化现象更需要得到关注，司法层面的非犯罪化是指司法机关通过刑事司法程序将原本属于刑法规定的犯罪行为不作为犯罪处理的方式。司法上的非犯罪化主要包括审判阶段的非犯罪化处理和审前阶段的非犯罪化处理。审判阶段的非犯罪化主要依靠在庭审过程中变更司法解释和判例将犯罪行为不再作为犯罪判决和处理；审前阶段的非犯罪化主要是指具有调查职能的侦查机关和起诉机关在案件事实和证据的收集过程中将一些行为不作为犯罪处理。在刑事实体法层面，司法上的非犯罪化主要体现在对具体的情节进行认定的过程中，提高标准或者提高数额的起点，某种程度上就是在推进非犯罪化。以盗窃罪的入刑标准为例，各个地区的做法往往有所差异，而这种非犯罪化显然是因为社会经济发展的形势发生了变化，使得司法机关对行为的违法性和社会危害性进行了调整。司法层面的非犯罪化还体现在根据刑事政策的考量，将曾经作为犯罪的行为通过非犯罪化的方式进行处理。此外，除了常规的非犯罪化方式以外，也存在一些例外的情形，如立法机关将某种行为规定为犯罪行为，但是司法机关根据特定的理由并不查处或者并未按照犯罪处理该行为，从而使得特定条款的刑事立法更具有宣示意义。

在探讨司法的非犯罪化问题上，如何正确认识非犯罪化与罪刑法定的关系是一个重要议题。首先，罪刑法定原则应当包含对国家刑罚权的限制价值，而我国的表述更加强调和侧重对国家刑罚权的维护；其次，国家刑罚权的运行不应当仅仅以维护统治阶级利益为唯一目标，限制立法机关和司法机关的制刑权和入罪权是人权保障的重要内容，符合罪刑法定原则的做法并不意味着需要禁止有利于行为人的事后立法和类推解释；最后，《中华人民共和国刑法》（以下简称为《刑法》）第3条体现出了对司法机关出罪权的限制，这一定程度上影响了非犯罪化的推进和实体法基础。我国刑事实体法在分则部分对犯罪构成有量的标准，以侵财案件的数额认定和故意伤害案件的"轻伤"程度为典型。而国际上通行的做法往往是没有对犯罪进行量的规定，国外司法机关在行使出罪权上拥有广泛的自由裁量权，在刑事立法层面扩大处罚和犯罪认定的范围，在刑事司法层面则限制处罚和进行犯罪认定的范围。而我国的现状则是立法层面对作为犯罪应当进行处罚的行为进行了严格的限制，而国外所谓轻微罪名被我国排除在了犯罪之外，在中国定义为"违法"行为。在这样的刑事立法前提下，再加上当前的案件考评机制，我国的侦查机关和检察机关很难将案件进行出罪化的处理。因此程序分流机制构建首先需要从刑事实体法层面进行深入挖掘

第二章 价值论：中国程序分流机制的理论基础

并找到理论上的障碍。从程序分流机制构建的角度，首先从立法层面，非犯罪化和犯罪化始终是一个互动的过程，而在立法进程中，犯罪化和非犯罪化两种趋势应当是并存和互补的，而其中犯罪化应当处于主流的地位。从司法层面，应当慎重对待犯罪化和非犯罪化的两种趋势，其中一个较为理性的选择为将性质和情节严重的行为进行犯罪化解释和处理，而大量轻微的行为则朝着非犯罪化的方向进行解释和改造，不仅仅在实体层面也在程序层面，达到刑事法体系和进程的一致性。一方面重大犯罪的数量不断增加必然对刑罚的处罚范围和严厉程度提出了更高要求，通过媒体的渲染更应该使得司法机关对刑法进行更多犯罪化的解释和运用，使得民众更加认识到国家对公民的刑法保护是社会公共服务的内容之一。随着社会科技化水平的提高，犯罪的技术手法和危害性也朝着更加隐蔽的方向发展，公民面临的潜在风险在不断增加，因此在当前的形势下，很多犯罪行为一旦得逞往往其后果不可估量，因此刑法的处罚力度和处罚范围大幅度提前，重大犯罪预备行为（比如涉恐犯罪）也纳入到犯罪化的范畴。此外，随着网络的发展，跨国犯罪频发，只有将我国的刑事法进行部分犯罪化改造才能更有利于与国际刑事法接轨，达到打击跨国犯罪的效果和目标。从国内层面来看，在行政管理的过程中，行政犯与行政违法行为之间的界限日益模糊，适度的犯罪化能够达到加强行政管理以及促进行政执法与刑事司法衔接的目的。需要明确的一点是，在非犯罪化和犯罪化并存的过程中，衡量法治进步的重要标准不在于对某一特定问题进行犯罪化或者非犯罪化的改造，因为任何国家及其公民都无法容忍严重的侵害法益的行为，及时、适当的犯罪化是维护社会秩序稳定和国民生活安定的基础。司法机关根据刑事实体法以及相关程序进行的犯罪化进程是遵循法治规律的必然结果。而将相当一部分对社会法益带来侵害并且符合刑事处罚条件的案件通过非刑事诉讼途径由非司法机关来处理和解决则是另外一个问题,从性质上看,刑事处罚的法律效力较高,但是在我国行政处罚的力度和法律效果往往比一些刑法严厉得多,而将制裁不是交由法院,而是交由行政机关裁量的话,就会违反保障程序公正的宪法精神。[1]非犯罪化的进展和程序分流机制的顺畅运行离不开实体法对一些概念的解读和明确。比如,我国刑法分则有关犯罪构成要件的规定往往存在量的限制,与国际社会普遍存在的微罪和轻罪已经排除在犯罪概念之外不同,我国以行政违法的方式认定这些行为,从而进行了非犯罪化的处理,这种现状一定程度上体现出了我国行政权的不当扩张,一定程度上影响了刑事司法的多元化发展。根据我国的刑事实体法,单独违反伦理的行为已经排除在犯罪的范围之外,对法益危害轻微的行为有相当一部分被纳入行政违法的范畴,一定程度上影响了非犯罪化的改造,也对程序分流制度的构建造成了一定的影响。当前我国刑事诉讼中的纠纷替代解决措施(如当事人和解以及调解等)往往是在嫌疑人的行为已经侵害法益的前提下进行的,并且推进和解往往存在一些强制性因素,没有充分体现当事人的意思自治,因此在推进非犯罪化的进程中,如何进一步发挥程序法的功能和作用是一个亟需解决的问题。在中国刑事法的发展过程中,不能忽视非犯罪化的改造和推进,尤其是积极的非犯罪化改造。中国刑事法的历史进程往往强调犯罪化的改造,而非犯罪化的进程往往是被动或者附带进行,而往往非犯罪化是否能够在中国推行的基础主要在于作为非犯罪化思想基础的刑法谦抑、法益保护以及自

---

〔1〕 参见[日]西原春夫:"日本刑法与中国刑法的本质差别",黎宏译,载赵秉志主编:《刑法评论》(7),法律出版社2005年版,第123页。

由主义等基本思想和价值理念能否在中国真正确立以及产生深远影响。缺乏现代价值理念作为根基，非犯罪化思想在中国推进必然困境重重，在权力本位和刑法万能思想的影响下，非犯罪化必然面对更多的争议和批判。而相对于刑事法在实体规则和价值理念上的争议，以问题为导向的程序改革和办案理念的转变则更加具有可操作性和可实现性，面对案件激增的现实，僵化而单一的程序体制必然不堪重负，最终可能损害公平正义的价值内涵。因此，针对不需要或者不必要通过刑罚加以惩罚的，以及执行刑罚并不是唯一选择的案件等，从案件分类处理、提高诉讼效率的角度进行改造和重构是推进非犯罪化的重要路径，在这一过程中，程序分流的价值和精神也会得到充分彰显。

第三节 恢复性司法模式：程序分流机制构建的重要载体

恢复性司法又被称作修复式正义，是指对因犯罪行为而受到直接影响的群体，即被害人、加害人及其亲属以及所在社区的代表或者成员，提供各式各样的对话与解决问题的机会，让加害人充分认识到犯罪行为的后果和影响，从而对自身的行为负责，并且主动修复被害人及亲属的创伤并且填补因犯罪行为造成的损害。相对于以实现国家刑罚权的贯彻和落实为重点的传统刑事司法制度，恢复性司法关注的重点不在于惩罚和报应，而在于国家应当如何在犯罪发生之后，恢复犯罪行为造成的伤害，恢复被破坏的社会关系，并通过特定方式赋予司法一种新的内涵，即在寻求真相、道歉、抚慰、负责与复原中实现正义。[1]

---

[1] 参见吴立志：《恢复性司法基本理念研究》，中国政法大学出版社2012年版，第20页。

1970年代中期，一些司法人员和被害者团体开始注意到被害人在传统的刑事诉讼中不被重视的境况，为了改变被害人在刑事诉讼中事实上成为被传唤来作证的证人这一现实，其促使被害人及其家属的伤痛被国家重视；为了让犯人认识他造成怎样的伤害，给犯人道歉或弥补的机会，在加拿大、新西兰等地开始仿效当地原住民的风俗，试行修复式正义。[1]最早的个案出现在1974年，在加拿大安大略省，一位与当地印第安人关系紧密的少年观护人希望借鉴印第安人的习俗，请求法官判决之前给他一些时间，让他去试图修复被告人与被害人的关系，让被害人有机会陈述他的感受和对案件处理结果的期望。令人意外的是，被害人代表并不希望以刑罚的方式处理两位被告，因此被告也有机会在了解自己实际犯罪后果的损害后，对被害人道歉，并且履行双方协商一致的弥补手段。这种做法很快被推广为加拿大"被害人-犯人调解计划"[2]，同时在其他国家恢复性司法的办案模式从实践上升到了立法，如新西兰1989年通过《儿童、年轻人及家庭法案》，其是第一个将修复式正义立法的国家。与将重点置于犯人身上的应报理论和预防理论的传统司法模式相比，恢复性司法更加注重被害人意愿以及社会关系的修复。恢复性司法能够提供一种多元主体的对话机制，让当事人之间有机会倾听和表达，并且获得回应。在这个过程中，加害人有机会深刻认识到自身的错误，并且有机会向被害人及家属认错、道歉，通过经历反省和认知重建，修复被破坏的社会关系，进而改善加害人与被害人、双方家庭以及社会的关系，并

---

[1] 参见许福生:《刑事政策学》，中国民主法制出版社2006年版，第175页。

[2] See Andrews, Donald Author; Bonta, James. *An Alternative to Retribution: Restorative Justice*, Anderson Publishing, Lexis Nexis. 2010, p.244.

帮助其回归社会。恢复性司法通过充分沟通的模式能够提升加害人对修复与被害人之间关系的自信与动力，并降低其再次犯罪的几率，并且在这个过程中被害人的权利得到充分尊重和保障，被害人有机会在该程序中公平表达意愿并加强参与。通过被害人的积极参与，让被害人进一步了解加害人的同时减少自身因为犯罪而产生的负面情绪。通过恢复性司法的模式提供的非敌对以及无威胁的安全环境来解决案件争端，不同群体均能完整表达利益诉求，达到终结案件的共识。

恢复性司法在司法实践领域表现为多种形式，如调解、家庭会议、量刑圈等，并且既存在于传统刑事司法程序内部，也有部分游离于刑事司法程序之外。恢复性司法也可能运用到刑事诉讼程序的各个阶段，可以对刑事诉讼程序的进程和模式产生重要影响。尽管恢复性司法存在较强的多样性，实践中它们存在一个共性就是设立了一种参与模式，让不同利益需求的诉讼主体因为一种特定损害行为的发生聚集在一起，集体解决损害行为发生后的一系列问题以及可能对社会未来造成的影响。[1] 这样的模式包含了一系列积极的价值，如被害人治愈、罪犯责任、个体参与、和解、社区导向、非正式性、非专业化、协商式决策以及包容性。恢复性司法蕴含了有挑战性的价值，它是对传统犯罪控制模式的颠覆性转变，在这样一种模式中，被害人利益中心和非专业化以及个体参与决策等优势会得到充分体现。恢复性司法的迅猛发展已经对刑事司法政策和实践产生了深远影响，同时也面临一些问题和质疑，如恢复性司法的理念是基于问题和错误导向并且可能会导致根本的错误，其局限性十分明显；此外，恢复性司法和惩罚性司法的反差过于悬殊，对传

---

[1] 参见［英］麦克·马圭尔等编著：《牛津犯罪学指南》，刘仁文等译，中国人民公安大学出版社2012年版，第372页。

统刑事司法理念的冲击较大，对社会的负面冲击可能高于其本身对刑事司法的益处。针对恢复性司法还存在着一种质疑，恢复性司法的理念即使根源上并未发现明显漏洞，但基于恢复性司法理念的改革措施也许会适得其反，致使其不仅仅背离原来的目标并且产生新的更加严重的问题。在中国的司法改革过程中，如何更好地推进司法改革进程，让先进的诉讼制度和诉讼模式充分发挥效用是一个关键议题。对于恢复性司法模式能否更好地适应中国刑事司法程序目前还需要更多的社会实证研究，由于中国刑事诉讼程序具有强烈的权威主导以及政策实施和导向功能，因此一旦启动，在国家的强烈推进下，其正式性和权威性很可能让恢复性司法模式的积极效用被消散，事实上，在层级性更明确和更注重国家权威的刑事诉讼模式中，恢复性司法的价值导向似乎与传统刑事诉讼价值观念背道而驰。在恢复性司法的推进过程中，与传统刑事司法模式相结合、受到充分指导或者改良，从而与国家诉讼价值以及行政设置和程序特征相结合才是恢复性司法积极推进的理性选择。在这样的前提下，恢复性司法的积极效用的实现更加依托于传统诉讼程序的改革和推进，程序分流机制的设立似乎更加符合恢复性司法在一国刑事司法体系中的功能性目标。中国推进恢复性司法模式面临着一些挑战，一方面存在于刑事司法体系内部，更为重要的是在刑事司法体系之外，解决犯罪和修复社会关系的重要组织还应当进一步加强其承担该项职责的能力。

中国刑事诉讼程序分流机制的价值导向与恢复性司法理念具有高度的一致性，可以通过吸收和借鉴恢复性司法理念的重要内涵，夯实其自身的理论基础。第一，程序分流机制的构建本身就是建立一种新的道德观念的过程。从恢复性司法理念提倡者的角度来看，这样的模式本身提供了一种全新的对犯罪和社会正义的认识角度,在传统刑事司法程序和理念下,犯罪更应当通过刑事司法程序内部解决,社会关系的修复也遵循了传统的刑罚观念,而恢复性司法理念更多侧重于修复被犯罪破坏的社会关系,以对未来社会秩序的重构为出发点,彻底颠覆传统思维。虽然恢复性司法理念在当今刑事司法系统仍然存在较大争议,但是对于程序分流机制的构建仍然具有较为积极的价值。一方面,程序分流机制是一种折中选择,将案件纠纷通过刑事司法内部程序解决的同时设置了许多分流和变通方式,让传统的案件审理程序更加多样化,充分吸收恢复性司法理念的价值观;另一方面,在分流机制的设立方式上,将恢复性司法的案件解决方式作为一种分流后的重要选择,使得恢复性司法的优势得到充分发挥,并又受到传统诉讼程序的引导和改造。

第二,程序分流机制为刑罚替代措施的实行提供了制度基础。恢复性司法的核心特征是对犯罪和公正的理解进行了重新解读,替代了传统的将被害人和社会受到的伤害同等施加于犯罪人的理念,转向为更具有建设性和人道主义色彩更浓的方法,目的在于修复被犯罪伤害的社会关系。其中在性质轻微的刑事案件中,实施恢复性司法模式进行惩罚可能会遭受一些争议,比如刑罚的严厉性会大大降低。但是往往刑罚的严厉程度和有效性并不是通过客观上的刑罚标准而实现,更多的是被执行人的主观感受和社会评价。当然也不能否认恢复性司法作为惩罚的替代措施也存在一定的争议性,比如犯罪人可能将履行恢复性司法要求的义务等同于执行刑罚并承受相应的负担,并且多数情况下把履行恢复性司法视为避免严厉刑罚的方式,同理这样也很难满足被害人情感上的伤害。因此正确看待恢复性司法与刑罚之间的关系显得十分重要,一个基本的前提是两者是可以相互替代和兼容的,因为很多情况下可以将恢复性司法视为更具有建设性、更加宏观的刑罚执行，并且恢复性司法模式更加注重修复社会关系，具有更好的社会效用。同时在程序分流机制的构建过程中，由于其依托于传统刑事司法的框架，因此也不会失去其惩罚性和震慑性。第三，程序分流机制依托于传统刑事诉讼程序的改良，可以起到更好的治愈和改造功能。在矫正犯罪和预防再次犯罪方面，传统司法与恢复性司法不仅仅在矫正犯罪方面存在价值理念和社会效果的差异，在对犯罪人的改造和预防再次犯罪的发生层面，也具有显著差异。比如传统刑事司法的改造模式仍然采取了"犯罪人导向"的单一模式，在改造犯罪方面仍然侧重于犯罪实施者的需求和特征，相对来说忽视了被害人的参与和感受。[1]在以犯罪人主导的改造模式中被害人的角色往往被定位于被动参与到刑事司法程序中的群体。并且在这种模式中犯罪人成为矫正犯罪的被动参与者，相对应的是国家机关以及权威群体成为诊断和决策的主体。在行政主导的矫正模式下，犯罪人往往隔绝于社会环境对自己的行为的评价，依照恢复性司法的观念，这样可能不利于帮助犯罪人更加直观地意识到自己行为可能对社会造成的伤害。因此与传统刑事司法程序相比，程序分流机制的积极效用在于构建一个可以与社会氛围部分对接的机制，打破刑事司法程序的相对封闭性。第四，在被害人意愿的尊重和选取层面，程序分流机制的构建也进行了足够的取舍和平衡。在恢复性司法理念下，相对于对抽象社会的损害，更应该注重对个体之间伤害的修复，在这样的前提下，被害人利益的保障与修复成为恢复性司法的重要议题，因此也就产生了一种新的"被害人导向"的模式，与

---

[1] 参见[意]安娜·迈什蒂茨、西蒙娜·盖蒂：《欧洲青少年犯罪被害人——加害人调解15国概览及比较》，林乐鸣等译，李志刚校，中国人民公安大学出版社2012年版，第486页。

"犯罪人导向"的传统司法模式相比,被害人的利益和诉求在刑事司法程序中不再成为附属,而是成为影响案件进程的关键因素,虽然被害人导向模式下被害人利益诉求往往更容易产生非理性化的倾向,但是从社会公正和恢复性司法理念的角度,多元主体的利益平衡是更应该关注的核心价值。

  恢复性司法的推进需要明确与传统刑事司法程序的关系,正确把握恢复性司法的未来走向。很多恢复性司法的提倡者认为恢复性司法理念的真正实现必须更加强调其独立运行,与传统刑事司法结合的恢复性司法模式可能不能达到理想的目标。因此与传统刑事司法程序保持最低限度的、松散的联系是一种理性的选择,恢复性司法的项目应该建立在刑事司法程序中设计的案件能够被合理分流的基础上,这样才能更加追求理想化的目标。与传统刑事司法结合的恢复性司法模式会将恢复性司法理念渗透到司法程序之中,因此,为了保持恢复性司法的特色和价值,保持必要的非正式性和自愿性是一个基本前提。恢复性司法的理想发展路径可以朝着如下方向努力:首先恢复性司法可以依托案件分流机制的初步建立,让更多的非国家司法机关和主体积极参与其中;第二个层次是在规则构建上打通恢复性司法模式和传统刑事司法模式的法律责任和法律效能,通过法律职责的重新分配和构建重新定位两种司法模式的功能和作用;最后也是最高的目标是通过前两个阶段的发展将恢复性司法的精神和理念渗透到传统刑事司法程序中,让传统刑事司法吸纳更多恢复性司法的价值和理念。此外,恢复性司法理论上也存在成为传统刑事司法不可分割的一部分的可能性,这样才能更好地实施其功效,只有与传统刑事司法进行最大程度以及系统性的融合,才能保障恢复性司法的独立价值,以及避免在刑事司法程序中被边缘化。尤其在权威型国家,刑事司法程序具有较强的政策实施功能，因此在构建程序分流机制的过程中，应当妥善处理好恢复性司法与传统刑事司法的关系，防止恢复性司法成为传统刑事司法的边缘和附属。尽管恢复性司法与传统刑事司法在保持相对独立性和松散性还是整体融合这个问题上可能还存在一定争议，但是这两种观点都体现出了恢复性司法对传统刑事司法的依赖性，也从一定程度上证明了传统刑事司法有义务提供一种法律框架、资金支持和运行模式来扶持恢复性司法项目。此外，传统刑事司法也有义务在恢复性司法失灵或者出现问题时提供一种法律保障或者审查义务。需要注意的一点是，恢复性司法的运作模式可能对传统刑事司法程序的道德理念产生一定冲击，需要对一些传统定义和观念进行重新认识。比如犯罪的概念，犯罪更多是传统刑事法界定的范畴，恢复性司法如何兼容传统刑事司法应对犯罪的观点和看法可能会导致其对传统刑事司法系统的冲击的批评。刑法是特定时期政治社会经济的产物，刑法的设立是为了保护特定的社会关系，刑法区分了可以接受和不可接受的伤害和暴力、有修复价值和无修复价值的被害人等分类，这一系列的分类都是为了继续维持社会秩序。而恢复性司法的推进模糊了上述分类的关系，使得刑罚设立的上述问题的分类并没有得到相应的处理，进而会产生一定的道德风险。[1]

恢复性司法在其推进过程中得到了广泛的认同，其中也不乏一些批评和质疑，但是恢复性司法的未来走向仍然是十分乐观和明朗的，恢复性司法对我国程序分流机制构建的发展方向也具有良好的指引作用。在近几十年，恢复性司法的流行和推广是十分值得关注的社会现象，很多国家的成文法和司法实践

---

[1] 参见王守安：《检察裁量制度的理论与实践》，中国人民公安大学出版社2011年版，第101页。

中已经越来越多地涌现出恢复性司法的价值观念，不仅仅在国家内部，在国际层面恢复性司法的影响力也越来越广泛。1999年欧盟吸纳了在处罚过程中引进调解制度的建议；2002年联合国颁布了有关文件进一步将其影响力扩大。[1]在恢复性司法的影响力逐步壮大的同时，新的趋势也逐渐显现。第一，恢复性司法正在成为或者已经形成体系完备的司法项目。恢复性司法逐步成为一种特别项目或者特别程序，既有可能在刑事司法内部，也可能与刑事司法保持一定的相对独立性，这种项目需要传统刑事司法的基本支持，包括法律框架、资金以及规则参考。尽管在刑事司法程序内部推行恢复性司法或者将恢复性司法作为传统刑事司法的延伸都具有一定的争议，但是更广泛的观点在于恢复性司法不仅仅局限于刑事司法体系内的适用，也可以将恢复性司法的精神和项目作出进一步推广。第二，恢复性司法在少年司法程序中可以大有作为。对于广大青少年犯罪嫌疑人以及罪犯来说，恢复性司法的模式具有较强的推广潜力，一种可能的解释在于相对于传统刑事司法程序而言，恢复性司法在预防未成年再次犯罪的问题上更有效率，因此许多恢复性司法的元素和特征被广泛赋予法律效力，并且逐步成为未成年司法程序的主流，并且通过制度层面的影响上升到观念层面，对于传统的报应刑思想以及对犯罪的矫正思想起到了一定的融合作用。[2]第三，恢复性司法是否有必要全面推广仍然是一个存在较大争议的问题。恢复性司法作为有积极意义的新生事物，其全面推广仍然面临较大的危机，对于传统的纠纷解决机制来

---

〔1〕 联合国经济及社会理事会颁布了《关于在刑事事项中采用恢复性司法方案的基本原则》（Basic Principles on the Use of Restorative Justice Programmes in Criminal Justice Matters）。

〔2〕 参见李乐平、吴小强、施飞：《未成年人刑事案件特别程序与社会化保护》，中国政法大学出版社2013年版，第12页。

说，恢复性司法对犯罪和被害人的理解存在一定的片面性，即犯罪人的行为和被害人的产生往往具有一定的复杂性，尤其是对于被害人来说，被伤害的社会关系往往具有多变性和复杂性，因此恢复性司法将解决和修复社会关系的基础定义到个体之上，难免会在具体案件中产生道德危机。此外，恢复性司法的推广对特定的社会文化和民众对司法的认知具有一定的依赖性，因此法律移植过程中的冲突和纠纷是不可避免的现象，所以应当谨慎对待恢复性司法制度的全面推广。恢复性司法模式的未来走向也对我国程序分流机制构建提供了良好的参照，从制度构建层面来看，恢复性司法为程序分流机制的输出起到了良好示范作用。第一，在恢复性司法与传统司法的存在关系上，存在着相对独立模式和融合模式，无论是相对独立模式还是融合模式，都离不开传统刑事司法程序的支持，而当前我国程序分流机制构建还是应当参照融合模式，传统刑事司法程序需要给予恢复性司法模式足够的支持，而程序分流设计上应当依托于传统刑事诉讼程序，不应当另起炉灶，避免刑事诉讼中恢复性司法模式的边缘化。第二，在恢复性司法实施过程中的专业性问题，我国应当采取必要的权衡。由于我国刑事司法具有较强的震慑犯罪和政策实施功能，因此采取恢复性司法方式解决问题时，还是应当适度提倡专门机关人员的参与职能，在主动促进案件解决的过程中，让被害人和犯罪人之间达成合意，松散以及非专业化的案件解决方式可以成为我国未来恢复性司法模式发展的目标，但是不能急于求成，以免造成一味追求恢复性司法的表象而损害司法的权威。第三，恢复性司法和程序分流机制构建离不开成熟的社区，因此加强社区的建设以及完善社区的职责也是程序分流机制构建的重要手段。程序分流机制是系统工程，除了刑事司法程序内部有完善的分流规则和制度外，分流以后案件的处理效能是更为关键的一个问题,这直接影响到了分流以后案件的处理效果。程序分流机制的重要目标就是将国家承载的一部分案件解决功能让渡到社区,通过社区发挥其优势达到更好地化解社会纠纷的目的,淡化刑事案件的国家追诉色彩,加强社会矫正和修复职能。我国应当进一步加强社区矫正的基础性工作,为社区矫正的高效实施打好基础,也为程序分流机制的顺畅运行做好保障。

第四节 程序分流机制:程序的工具价值和独立价值的有机统一

程序正义理念在中国的发展经历了从被质疑到被高度重视的转变,社会以及司法对程序正义理念的高度关注成为人权水平提升和保障的重要标志,而程序正义理念不仅仅应当停留在思想层面上的认识,而更应当通过一系列制度和实践让程序正义理念真正落到实处,让普通民众充分受益。因此为了贯彻程序正义理念,不仅仅应当保障程序法的高效、严格的执行,更应当从优化和完善程序法的角度来看待如何正确贯彻落实程序正义。而恰好程序分流机制的构建能够有效达到贯彻和落实程序正义理念的目的。程序分流机制通过其自身的运行保障不同类型案件的分类运转,同时通过相应的对接程序保障分流后案件的高效解决,从而保障程序的工具价值。另外一方面,程序分流机制也体现出刑事程序的诸多要素和价值导向,体现出民主、人权和法治的精神,并且通过程序的终局性体现出其独立价值。[1]

首先,程序分流机制的构建和完善是程序法工具价值的典

---

[1] 参见卞建林:《刑事诉讼的现代化》,中国法制出版社2003年版,第71页。

型表现。程序法的工具价值在于其保障实体法的实施，以及在实体法实施的过程中弥补实体法的不足，并且通过实施实体法发现实体法应该改良的方向和目标，这是程序分流机制在实现实体法层面的价值体现。从具体的功能角度，程序分流机制的完善能够弥补当前诉讼启动阶段部分案件的实体法缺陷，由于我国程序法明确刑事立案的条件为"犯罪事实清楚，证据确实充分及符合管辖的条件"，因此对刑事诉讼启动阶段的事实认定和法律判断就提出了较高的要求，而案件启动往往取决于实体法规定的追诉标准以及量刑要求，因此我国在颁布刑事实体法的司法解释及起草、出台的相关文件都以犯罪"量"的要求作为出发点。然而，在立案审查阶段，案件事实和证据的收集还处于启动状态，尤其是一些性质轻微的案件，办案人员往往面临着继续办理或者停止追究的两难局面，在纷繁复杂的案件中，一些个案处理不妥当容易激发社会矛盾以及舆论关注，因此除了依靠办案人员的办案能力和办案水平以外，合理和完善的分流机制也是一种有效的辅佐工具。办案人员依照现有的证据材料和司法认知以及经验，能够对特定案件投入的资源进行合理分配，再加上合理有效的分流机制作为保障，给办案人员与嫌疑人提供一个充分沟通的平台以及制度，能够有效实现案件的高效处理。此外，程序分流机制的建立能够给刑事实体法的细化提供制度支撑，实体法的细化包括多个方面，既包括定罪层面，也包括量刑层面。首先从定罪层面来看，完善的分流制度能够推动入罪标准的细化与完善，尤其在我国，行政违法行为和刑事犯罪的界限经常发生交叉，刑事责任与民事责任也存在竞合的可能，因此分流程序是建立在入罪标准细化的基础上的，同时入罪标准的细化也能够进一步推动分流程序的发展，有利于不同类型案件的顺利处理。在实体法本身存在一定衔接不顺畅的现状下,程序分流制度是保障案件顺利处理的必要手段和制度依托。在量刑层面,则更加体现出分流制度的优越性,由于我国当前定罪和量刑程序是一个统一和相对同步的过程,并没有明显地区分定罪和量刑程序,因此运用的实体规则也相对统一,而相对独立且分立的量刑程序更加有利于刑事实体法的合理实施,同时更符合社会关系的修复。此外,在量刑程序多元化的基础上,执行程序也有必要进行区分和分流,从而最终保障刑法实施的社会效果,由于执行阶段可以利用更多的社会矫正以及教育手段,因此单纯依靠司法解决社会纠纷和实现犯罪人和被害人关系的恢复是远远不够的。运用更多的社会手段,增强社会的参与,也是从司法层面以外审视刑事实体法的实际运行效果的良好手段,因此也能够为刑事实体法的细化做出重要参考。

其次,程序分流机制是体现程序法独立价值的重要载体,是程序法对定罪和量刑程序产生实质影响的核心。程序分流机制的运行能够有效体现出程序正义价值和理念,程序正义可以对产生公正的实体结论产生重要影响,但是也并不绝对,程序正义与裁判结果的合理、合法性既具有密切联系,同时也具有其自身的独立价值,通过程序分流机制,能够有助于加深社会公众对司法机关以及司法程序的权威性和公信力的认识。社会公众对正义的要求已经不仅仅满足于结果层面,程序的独立价值的重要内涵就是需要追求裁决过程的公正性和合理性,而程序的独立价值需要平台,统一适用的刑事程序即使再完备、再精细,也无法满足司法的多元化需求以及被追诉者个体的差异性,难以达到人性化司法的目标和期望。[1]因此一个缺乏多元

---

〔1〕 参见田成有:《法官的法理:转型期中国法院的困局与变途中国法官的心路报告》,中国法制出版社2013年版,第340页。

化的程序即使达到了程序法的工具价值,即使有助于实体公正的实现,其自身的独立价值也会受到损害。程序分流机制通过自身独立的运行,加强了诉讼程序的多元性,有利于排除司法过程中的一些误解,而程序机制的运行本身应当向社会适度开放和公告,社会公众通过了解程序分流机制,能够更加直观地体会到实体结果得出的进程,提高对裁决结果的认同性和满意度。可见,良好的程序分流机制也是体现司法权威和法律尊严的重要途径。程序分流机制也是体现程序民主性的重要考量,由于程序分流机制注重诉讼的多元性和当事人的意愿,为公民提供了沟通、协商的可能和平台,有利于促进公民的程序性权利意识和诉讼的参与度及自主观念。在完备的程序分流机制的保障下,公民主动参与诉讼进程的推进才具有可能性,也相应加强了对司法人员职权的制约和监督,防止诉讼权利的滥用。由于程序分流机制能够更好地做到资源合理分配,有利于司法机关将更多的精力投入到疑难案件中,而性质轻微的刑事案件则通过分流程序,通过多元化、非司法化的解决方式,一方面有利于修复被该类犯罪侵害的社会关系,另一方面也有利于提高裁决结果的可接受性。

程序分流机制的独立价值主要从程序的尊严和程序的运转两大方面来体现,分流机制是典型的程序内部的设计,因此对其的价值判断可以采取相对独立的视角。从程序的尊严价值来看,分流机制作为传统刑事程序的一种内部运行机制,能够保障法律程序中不同观念和诉求的表达和传播,而实体层面的平等和形式层面的平等保护,则相对受到程序之外的诸多要素的影响和制约。由于程序分流机制的运行是在尊重当事人意愿的基础上推进的,其在保障平等观念上具有相对确定性。此外,应当注重当事人对程序性事项的充分知情权,对于程序分流机

第二章 价值论：中国程序分流机制的理论基础

制而言，完善的说理和释法机制是必要的因素，通过程序分流过程中的释法，不仅可以显示程序的公开透明，又能够体现对当事人主体地位的充分尊重。当事人对程序性事项的知情权越完备，则对司法进程越具有信任感和尊重感。

最后，在程序分流的过程中也应当注重对当事人个人意愿的尊重以及隐私的充分保护。陷入司法程序不仅仅是对个人可能造成不利影响，特定的社会环境下公众对司法程序的认知也会给当事人带来巨大压力，尊重当事人的隐私有助于当事人获得在刑事程序上的自主权，有利于其成为积极参与者进而促进裁判结果的达成，而不是像传统刑事程序一样处于一种被动和消极的地位，成为国家权力机关明确责任的客体或者对象。对尊严的需求成为程序分流机制的基础性价值，这也是对人性的最低限度的保障之一，因此程序分流机制是程序正义尊严价值的重要表现和实现平台。程序运行过程中体现出的独立价值可以从以下几个方面进行解读，如果个体在裁判者作出裁决的过程中无权享有向作出裁决的个体和组织提出自己诉求的权利，或者是享受公开与裁判者进行商讨和辩论的权利，那么从主观层面上会使该个体产生强烈的对该程序的不认同感，这种不认同感源于裁判者对个体权利的忽视。因此在这样的过程中，民主性和参与性也就相应被剥夺，只有当事人在诉讼过程中真正发挥参与和裁决的作用，并对裁判结果产生实质性影响，才能真正体现"程序的独立价值"对个体诉讼结果的意义。对于这一点，程序分流机制通过打造多元化和非正式化的协商机制，让诉讼参与人能够成为对诉讼进程的推进产生实质影响的要素，增强其参与性，积极效应十分明显。程序分流机制通过搭建合理的平台，给当事人提供一种可能，即特定程序的推进是经过他们认可和同意并经过充分协商的结果，而并不是强行施加给他们的手段。这种转变最积极的意义在于诉讼程序真正将当事人的诉讼地位提高，而不再将其视为诉讼客体或者某种媒介。通过程序分流机制享有相对平等的机会从而保障各方面的观点和看法得到平等的关注，从而保证程序的正统性，同时分流机制能够使程序更加具备可接受性和和平性，往往使得诉讼结果更加符合社会利益，即使有时出现与实体法结果相悖的现象，也相对容易被接受，更容易符合和谐社会的目的。[1]程序分流机制通过弱化刑事诉讼中的事实发现需求，强化当事人之间的协商职能，进一步推进诉讼的人道性以及对诉讼参与主体的公正对待。比如在侦查程序中，分流机制发挥功效，相对来说降低了发现案件事实真相的职能，更强调协商和沟通，那么对刑讯、诱供等方式的依赖性也相对降低，因此避免了为收集所谓定罪证据而牺牲程序独立价值的现象发生。此外，程序分流机制体现出较强的平等价值，平等价值首先体现在诉讼权利义务在立法层面的平等，即程序分流的推进需要控辩双方的共同合作。另外，程序分流还需要主导者给予当事人平等的方式和机会，对双方诉求的证据材料给予同等关注，并作为程序选择的重要依据。在体现程序的合法性以及合理性方面，程序分流机制给当事人带来的更多是基于规则的实施而不是人为的运作，如果两者产生的实质性结果并无实际差异，当事人当然更倾向于选择前种方式，因为这样的程序规则更加明确且给当事人或者其他参与主体更清晰的可预测性，这种相对明确的对程序的心理预期本身就具有较为积极的价值意义。理性的分流机制能够对裁决的结果以及适用程序的原因做出更加充分的说明，使当事人在分流的过程中主观上感受到的公正更加强烈，因此司

---

[1] 参见范愉等：《多元化纠纷解决机制与和谐社会的构建》，经济科学出版社2011年版，第65页。

法人员在程序适用的过程中应当更加冷静、认真地分析和判断,无论是分流程序适用还是分流说理机制的构建以及司法人员对程序适用的释明义务,都应当充分进行。一项理性的分流机制能够更好地帮助当事人了解其运作的现状并帮助其加深对结果产生原因的认知,以及相对应的有利益关联的人的结果及其对应的理由。程序分流机制对其及时性和终结性有着较高的要求,这也符合当事人对程序的基本预期,法律程序具有及时性,因此也就体现出良好的独立价值,其中不合理的拖延会加剧当事人因为诉讼程序所造成的精神和物质层面的负担,同时也是对司法资源的浪费。对参与诉讼程序的主体而言,通过分流机制解决案件争议和纠纷必须有明确的期限指引以及法律救济措施,不适当的拖延会产生十分不利的法律后果,同时通过该程序产生有关生效决议后,该决定不能被随意地改变或者推翻。司法实践中无数的案例表明,刑事责任待决定的期限越长,其不确定性越大,给当事人带来的压力和伤害就越大。而相反,过于追求效率也会使得程序的独立价值受到严重损害,从而使整个诉讼程序流于形式,成为空文。程序分流机制通过对传统程序的改造和对诉讼对象的分类处理,一方面保障诉讼效率的提升,减轻当事人的程序负担,另一方面通过多元化的纠纷解决机制也提高了程序的终局性和可接受性,从而使程序的开启和运作更符合理性要求,保障了其独立价值。

目的论：中国刑事程序分流机制构建的目标及理念

第三章

第一节 中国刑事程序分流机制的目标：去中心化

刑事程序分流机制的构建必然离不开对传统程序的改进和升级，一方面需要对传统诉讼程序进行改革，从而挖掘传统程序内部的分流功能，提高其适用的灵活度；另外一方面，程序分流机制的构建首先需要程序的多元性，同时多元性的程序和传统程序之间的关系也是一个非常关键的问题。由于我国刑事诉讼程序的推进对国家公权力的依赖度极强，传统程序的改革必然面临着强大的惯性和阻力，如何寻找分流机制构建的突破口，理顺传统程序与分流程序之间的关系，是构建我国刑事诉讼程序分流机制的核心问题之一。

我国刑事诉讼程序长期依靠国家权力的保障和支撑，更加类似于职权主义模式，经过《中华人民共和国刑事诉讼法》（以下简称《刑事诉讼法》）修改以后具有一定的混合型诉讼模式的特征。而改革的一个核心思路是平衡控辩双方的地位，增强诉讼的对抗性，这也可以被理解为某种程度的"去权威化"改革。而从程序改革本身来看，我国在刑事诉讼中的程序分流机制的改革从未停止，但是一个基本的问题并没有明确，即程序

第三章　目的论：中国刑事程序分流机制构建的目标及理念

分流机制构建的目标是什么？如果不能清晰解答程序分流机制的构建目标，则会使程序分流机制的构建偏离方向。在对程序分流机制的构建目标进行深入探讨的过程中，要避免将该问题简单理解成提高诉讼效率、化解案件数量井喷式的现实需求而作出的权宜之计，因为这种思路只明确了程序分流机制能够解决的现实问题，却忽视了程序分流机制构建的长远功效。因此去中心化理论的提出有效解答了程序分流机制构建的长期目标，为程序分流机制的构建指明了方向。

一、去中心化的概念及适用范围

"去中心化"理论虽然不是源于刑事司法领域的一个概念，但是随着互联网等新技术的逐步成熟，依托互联网技术而产生的种种技术和制度的变革，以及伴随着的互联网领域对实体领域的冲击，"去中心化"已经开始了从现象到理论模式的转型。去中心化作为一种结构或现象，必须在拥有众多节点的系统中或在拥有众多个体的群体中才能出现或存在。节点与节点之间的影响，会通过网络而形成非线性因果关系。这样一种兼具开放式、扁平化以及平等性的系统现象或结构，我们称之为去中心化[1]。"去中心化"是与"中心化"相对应的一个概念，作为区块链技术的一个最大特点，是指在一个分布有众多节点的系统中，每个节点都具有高度自治的特征。节点之间彼此可以自由连接，形成新的连接单元。任何一个节点都可能成为阶段性的中心，但不具备强制性的中心控制功能。去中心化，不是不要中心，而是由节点来自由选择中心、自由决定中心。简而言之，中心化的内涵强调中心决定节点，同时节点必须依存于

---

[1] 参见载 https://baike.baidu.com/item/%E5%8E%BB%E4%B8%AD%E5%BF%83%E5%8C%96/8719532?fr=aladdin，最后访问日期：2018年5月10日。

中心，在此前提下，节点离开了中心就无法存续。在去中心化的体系内，任何人或者要素都可以成为一个节点，与之相适应的是任何人或要素也都有机会成为一个中心。任何中心都不是永久的，而是阶段性的，任何中心对节点都不具有强制性。

去中心化理论已经在多个领域开始展现其价值。作为区块链技术重要应用之一的比特币，与传统货币相比，体现出了较强的去中心化的特征。去中心化的原因主要在于，在一些长期存在的制度、体系或者系统中，中心化成为主流且趋势越来越明显，导致有效的制衡和监管缺位，人们被强迫屈服于中心化的制度设计。以金融体系的运行现状为例，现代金融体系是非常中心化的，而现代金融体系的部分弊端就源自其中心化的制度结构。各国政府和央行控制了货币发行权，每次超发货币制造通货膨胀都是对社会财富的一次掠夺。通货膨胀使政府大量的债务压力得到缓解，群众手中的财富缩水。而且这种状况并非出自人们的自愿，而是政府通过法律获得法定垄断权力，并使用警察和军队等暴力机关维持法定垄断而出现的。人们的金融行为严重依赖银行，而其实人们存在银行的存款并不绝对安全。现代银行基本上都施行准备金制度，人民群众将钱存于银行等金融机构，但银行等金融机构并没有完全履行将全部存款安全且妥善保存起来的义务，而是将大部分存款用于放贷，并且银行并不承诺能够兑现储户的全部取款需求。在超过一定数量的储户（一般是高于20%）同时提出取款需求时，银行等金融机构就存在无法偿付的风险。所以人们将钱存于部分施行准备金制的银行时，其实面临着潜在的违约风险。比特币成功的最大原因是它在技术上成功实现了数字货币的去中心化，而去中心化这一特性对现代金融货币体系是有积极意义的。比特币在出现的初期，与传统金融体系相比展现出了一种不受传统中

第三章 目的论：中国刑事程序分流机制构建的目标及理念

心机构所操纵的，并且无法被认为制造通货膨胀的数字货币的可能。这种去中心化设计提供了对现代金融货币体系进行改革的技术上的可能性。[1]

在信息领域，去中心化大致可以归纳为几点：①人人可以成为信息内容生产者和传播源，即所谓的自媒体；②除法律禁止外，信息源上传和传播没有门槛、无需审查；③只要有需要，即使小众化信息，也可以通过无门槛的手段获取。信息领域的去中心化，既是技术进步的结果，也是互联网开放、共享精神的产物。开放，意味着信息源的多元化，能以自由意志传播信息。共享，意味着信息传播和获取的成本更低、更便利。在互联网时代，虽然信息的传播是去中心化的，但每天能够成功获得关注以及吸引注意的是仍然是少数信息，其中所谓"头条"依然是具有最大影响力的消息。不论任何时代，注意力资源的稀缺永恒存在。正因如此，必然产生信息传播的筛选机制，并最终形成中心化的传播现象。因此在信息领域，去中心化表现在传统媒体的传受关系中，媒介所有者在这一过程中成为中心。在互联网媒体领域，每个人都有权发起对热点问题的讨论，都能够成为话题探讨的中心，每个人在参与讨论的过程中地位都是平等的。去中心化一方面体现出比较独特的优势，即保障个体的声音，而另一方面又可能谣言四起。[2]

二、去中心化的特征

去中心化与中心化是相互依存的概念，中心化是社会发展

---

[1] 参见谢杰、张建："'去中心化'数字支付时代经济刑法的选择——基于比特币的法律与经济分析"，载《法学》2014年第8期。

[2] 参见栾春晖："从去中心化传播到再中心化传播"，载《青年记者》2015年第30期。

高度集中的一种形态，个体根据某个节点、信号或者是整体环境做出的一致反应，突出个体对中心权威的服从。类似于金字塔模式下的管理体制。而与之相对应的是，去中心化是若干个体根据内部规程以及所处的环境系统而各自做出反应和调试，在这一过程中强调个体的自治性和独立性。生物界的很多物种采取了类似于去中心化的管理模式（如蜜蜂、蚂蚁）。①自治成员之间彼此高度连接，但并不连到中央枢纽上。②成员之间的关系基本上处于平等地位，没有形成鲜明的阶级。③中心化的控制主体并不存在，在整个系统中体现出了较强的分布式特征，例如系统并不存在强烈的中心控制，二级单位或主体的自治性得到基本保障，次级单位之间的关联度较高，通过点对点的方式形成影响，并且通过网络达成了非线性因果关系。在管理模式上，新兴事物和依托于高科技领域的行业容易产生去中心化的管理模式，而传统行业则必须依靠中心化的单项权威以及线性的管理模式。

去中心化和中心化相比具有以下优势，第一，其可适应性较强，灵活度高。在去中心化的语境下，局部区域或者层级失灵不会影响系统的整体运行，而且整体系统可以作为一个优良的弥补。第二，去中心化模式的灵活性和可适应性直接决定其可以随时更新、升级，以适应社会发展的需要。第三，具有高度的效益功能。由于去中心化的模式与中心化模式是并行的系统，所以会有一定的重合和冗余部分，其自我延伸性和自动繁衍性可以依照中心化系统创造更大的效益。第四，去中心化模式具有较强的弥补性和自我修复性。由于去中心化模式对传统规则的依赖相对较小，在该模式下比较强调个体的重要性以及独特性，只要不过分冲击中心化模式的规则和传统，具有必要关联性的个体即使存在缺陷和不足也不会过分冲击中心化模式

第三章 目的论：中国刑事程序分流机制构建的目标及理念

下整体的不足，反而体现出系统的多样性。[1]

通过对不同领域去中心化模式的分析和比较，我们也要清晰地认识到去中心化的管理模式存在着天然的不足。第一，去中心化模式和中心化模式相比并非是最优选择。因为缺乏中心化的控制，有时在效率行使和资源配置层面容易产生混乱，这种混乱离不开中心化管理模式的规制。第二，去中心化模式基于其自由产生，缺乏绝对的领导和权威，可能不容易被控制。在去中心化模式下，自由放任的模式可能导致发展路径的迷失和发展方向的混乱。第三，去中心化模式可能存在不可预测的特点。由于去中心化模式相对摆脱了传统中心化模式的束缚，可能导致其效应被扩大，反而转变为中心化管理模式。第四，去中心化模式存在较大的不可知性。在去中心化模式下，各个节点之间属于一种横向的因果关系，其影响和传播方式以网状分散展开，因此很难判断其影响力。最后，在去中心化模式下，由于其需要妥善处理各节点之间的关系，需要以必要的影响力和传播率为基本前提，个体必须明确其在系统或者整体中的定位，才能保证模式的妥善运行。

去中心化并不代表要取消中心或者没有中心，而是将中心从不可控的因素中转移到可控性强并且能够保障中立的因素当中，基于此，中心化模式之前的竞争优势就不复存在。因此从某种角度来看，去中心化表现出了一种权限降低的操作，是权力分散的过程，同时对于每一个个体来说，其可操控性大大增加。经过这样一种操作后的整个网络形态便成为一种系统化的"细胞组织"，他们很难相互受到影响，反而相互促进，因此更加稳定。中心化和去中心化都意味着某种资源或信息的流通路

---

〔1〕 参见张劲松："去中心化：政府生态治理能力的现代化"，载《甘肃社会科学》2016年第1期。

径，其中中心化意味着中心节点对流通的控制，而去中心化意味着个体对流通的控制。对于个体来说，中心化可以加强对个体的指引作用，而去中心化建立在个体对自身需求较为清楚的前提下。在系统运行中，去中心化和中心化可以并行且相互发挥功能和作用。[1]作为一个整体系统中的不同运行形式，中心化与去中心化没有绝对的优劣之分，任何模式在发展的过程中必然出现分离和融合的状态，而在保持中心运转的基础上适当开展去中心化的改进是妥善处理两者关系的优良选择。

三、去中心化在我国刑事程序分流机制中的体现

我国刑事程序分流机制作为一种运转模式，长期以来是以普通刑事诉讼程序为核心的"中心化"运行模式，绝大多数案件通过普通程序解决。随着1996年以及2012年《刑事诉讼法》的修改以及新一轮司法改革的推进，我国在诉讼分流中的实践仍然是在"中心化"框架内部的一种改良和创新。其中传统诉讼程序的中心发生内部的转变，即由侦查中心转向审判中心，在普通刑事程序之外，试点认罪认罚从宽制度也是在不脱离刑事诉讼程序框架的前提下的一种新尝试。因此去中心化理论对于我国程序分流机制的构建具有较强的指导和借鉴意义。

我国刑事程序分流机制需要打造一种程序运行系统，一方面保持普通诉讼程序在处理社会热点案例以及具有普遍性影响的刑事案件中的主导地位，发挥国家公权力的主导和引领功能，保障社会的基本稳定；另一方面，在办理轻微刑事案件时可以适当降低司法程序的权威性，适度提升司法的灵活度和可协商性，淡化公安司法人员的主导地位，提升诉讼当事人在分流机

---

[1] 参见张康之、向玉琼："网络空间中的政策问题建构"，载《中国社会科学》2015年第2期。

制中的话语权，适度降低对传统程序的依赖，达到分流机制运行中"传统程序去中心化"的目标。此外，还需要保障传统程序与分流程序之间的畅通流转，传统程序需要具备灵活地转变为分流程序的条件，同时传统程序可以作为当事人违反分流程序的制裁方式。

去中心化在我国的程序分流机制的构建中应当找到自己的清晰定位。首先，传统程序去中心化不影响传统程序的中心地位。我国传统程序事实上长期处于司法案件处理的中心地位是我国权威型司法的必然要求。由于社会影响力较大、社会公众普遍关注的案件往往对实体公正和程序公正的要求较高，而我国 2014 年启动的"以审判为中心"的诉讼制度改革就是传统程序内部的中心转移，即由相对封闭的侦查程序转变为更加公开透明的审判程序，而审判中心也要求保持传统程序的主导地位。其次，传统程序的去中心化是以分流程序和传统程序之间的协调共存为前提的。我国自 1996 年以来设立的简易程序、简化审程序、速裁程序以及认罪认罚从宽试点都是依托传统诉讼程序进行改进和演化而出现的，因此两者之间具有高度的互通性和可转换性，并不存在传统程序的适用会抑制分流程序，或者分流程序会动摇传统程序的中心地位的可能。再次，传统程序去中心化是对传统程序与分流程序之间的诉讼资源的再分配，最终能够达到诉讼资源的有效配置。分流机制中需要协调传统程序的权威性与分流程序的灵活性之间的关系，在案件受理的启动阶段，程序选择直接影响到案件办理的模式选择。而轻微案件的办理作为分流机制构建的重要平台，若全部由处于中心地位的普通刑事诉讼程序来承担，其僵化、低效的缺点会更加暴露无遗，反而动摇了传统程序的中心地位。从次，去中心化一方面能够重新调整传统程序与分流程序的定位，另一方面能够通过程序分流机制打造去中心化为多中心化。对于诉讼当事人而言，他们往往更希望选择能够发挥自己话语权的诉讼程序，因此程序分流机制构建的多元化程序机制能够扶持分流程序的发展和壮大，加强司法的精密性。[1]最后，传统程序去中心化和分流程序的适度中心化是一个动态的过程，需要根据社会发展和刑事司法的需求进行政策性调整，其中分流程序的适度中心化以及传统程序的去中心化必须根据国家、社会以及公民对刑事司法的功能和诉求进行综合考量。

第二节　去中心化在我国刑事程序分流机制中存在的必要性

首先，社会治安形势的变化，要求传统刑事司法的转型，而传统刑事司法的转型必须妥善处理好轻微刑事案件的办理，在构建一个符合轻微刑事案件办理的分流程序的要求下，去中心化理论发挥了独到的理论指引作用。21世纪以来，我国社会在多个领域迅猛发展，并且通过发展引发了行业内部的深刻变革，总的趋势是农业社会转向工业社会，并且发展到从工业社会转变为信息社会，发展的速度令世界惊叹，同时也给我国的诉讼制度带来了强烈的冲击和深刻的影响。与社会转型大潮相对应，我国的社会治安形势也发生了较为明显的变化，截止到2016年年底，我国公安机关全年立案数为640余万起，其中盗窃类和诈骗类案件的立案数比例高达66.97%和15.25%，和2015年的67.96%和14.63%相比基本持平；而杀人、伤害、抢劫、拐卖妇女儿童的比例分别为0.13%、1.93%、0.96%、

---

[1] 参见刘练军：《司法要论》，中国政法大学出版社2013年版，第33页。

第三章 目的论：中国刑事程序分流机制构建的目标及理念

0.43%、0.11%，与去年的 0.13%、1.84%、1.21%、0.42%、0.13%相比稳中有降[1]。而和 2005 年相比，杀人、伤害、抢劫、强奸的比例为 0.45%、3.34%、7.15%、0.73%[2]，比例有了大幅下降。以故意杀人案件的受案数为例，2005 年的立案数为 20 770 起，2016 年为 8634 起，出现"断崖式"下降的趋势。因此无论从数量还是比例来看，近 10 年我国社会治安形势都发生了深刻变化。社会治安状况的变化也要求刑事司法在社会治安综合治理中的转型升级，针对社会治理过多依赖行政、刑事法律手段的状况，要积极运用民事法律手段，通过民事诉讼途径解决社会矛盾，通过民事公益诉讼机制维护公共利益，以较小成本取得较好效果[3]。案件的启动阶段需要传统刑事司法的转型才能更好地回应群众诉求，而运用民事诉讼途径解决社会纠纷也不意味着放弃使用刑事及治安手段化解社会矛盾，而对于传统刑事程序来说，民事手段较为尊重双方当事人权益，强调纠纷解决机制的多元化，这恰好是传统刑事程序所缺失的。因此，传统刑事司法在面对社会治安的总体形势转型的进程中，应当发挥其在社会治安综合治理中的应有功能。转型是时代发展的必然需求，而转型的首要载体就是轻微刑事案件的处理，转型的方式就是通过分流制度来妥善处理轻微刑事案件，通过大量轻微刑事案件的处理打造新的办案模式，从而同步完成转型工作，依照去中心化理论的要求，使传统刑事诉讼程序与分流程序保持良好的互动关系。由于分流程序来源于传统程序，以去中心化理论为指导，将分流程序与传统程序打造成多中心

---

[1] 数据摘自《中国统计年鉴2017年》第二十四章公共管理、社会保障和社会组织。
[2] 数据摘自《中国统计年鉴2007年》，第二十三章其他社会活动。
[3] 孟建柱在 2016 年 10 月全国社会治安综合治理创新工作会议上的讲话。

模式，能够有效减少传统程序对分流程序的影响。去中心化理论可以最大幅度降低对传统程序的依赖，强调诉讼主体的协商与合议，突出分流程序的独立价值，同时能够有效协调传统程序与分流程序的关系，可以为分流机制的构建提供科学的理论指引。

其次，案件数量激增给公安司法机关带来强烈冲击，使其必须对传统程序进行改良，从而更好发挥诉讼程序的功能，而分流程序也逐步体现出其独立价值，给去中心化理论提供了良好的制度载体。数据显示，2016年全国各级人民法院审理一审刑事案件1 101 191件，和10年前的702 445件相比有了迅猛提升，从整体增长幅度来看，也呈现出逐年递增的状态。[1]案件数量的激增不仅仅加重了基层公安司法人员的负担，传统程序在案件数量激增时如果不作出应对，必然导致公平正义的价值理念受到冲击和破坏。总体来看，世界各国刑事司法的发展进程已经证明，案件数量激增是社会转型以及经济发展的必然现象和产物。根据数据可以预见，未来相当长一段时间我国刑事司法面临的压力只会加重而不会减轻，但是国家和社会投入到刑事司法层面的资源仍然是有限且不均匀的，而在人、财、物资源有限的前提下，如何处理好司法资源，从而应对案件数量激增，已经成为传统刑事司法程序必须解决和应对的问题。案件数量的增幅远远超过基层司法资源配置的增幅，因此只有通过构建分流程序，在轻微刑事案件中创设符合其特点的专门程序，进而避免在高强度工作压力下，基层公安司法人员对于清楚简单的案件不能够迅速结案，必须按照普通程序走完整个流程，而对于重大复杂案件又不能将案件办理得深入细致等问题。

---

〔1〕 数据摘自《中国统计年鉴2017年》第二十四章公共管理、社会保障、社会组织。

第三章 目的论：中国刑事程序分流机制构建的目标及理念

分流程序的产生恰好体现出不同案件之间的多样性，避免在不同案件中使用相同的司法资源，从而造成不必要的浪费。程序分流机制中对传统程序的去中心化是时代的产物，是司法面临案件激增现状的现实选择。通过打造分流程序，可以摆脱传统程序的束缚，体现出分流程序本身的独立的价值，客观上起到了传统刑事程序"去中心化"的效果，贯彻了去中心化理论的精神，即诉讼程序的灵活与高效。一方面，通过程序分流减少案件办理和执行的程序环节，从司法资源"投入"的角度降低消耗。另一方面，以"去中心化"的分流模式，使得大量案件摆脱传统程序中从"立案"到执行的环节，每个诉讼阶段都有相应的制度分流机制，从而节省了诉讼过程中的司法资源，使传统程序在重大、复杂案件中继续发挥其中心地位，而将轻微普通案件的办理从传统程序中去中心化，可以使得诉讼效率在整体上得到提高，同时资源配置也得到进一步的优化。[1]通过分流程序可以最大幅度消解案件数量激增给基层公安司法人员带来的办案压力，并逐步体现其在轻微、普通刑事案件中的价值，由于其非权威性以及高度的灵活性，在分流程序使用的过程中，能够更好地得到诉讼当事人的认同。

诉讼当事人对案件利益诉求的多元化也促使程序分流机制的去中心化加速形成。传统刑事诉讼程序的价值观仍然是国家权力和公民权利的二元论体系，并且将公权力机关的程序运作、国家意志以及政策实施作为诉讼程序需要解决的首要目标，虽然诉讼参与人作为诉讼的关键群体，其权益也是普通诉讼程序考量的重点，但是依然需要让位于国家政策的实施。在这种中心化的纠纷解决机制中，国家意志具有难以抗拒的惯性而侵蚀

---

[1] 参见黄文艾等：《中国刑事公诉制度的现状与反思》，中国检察出版社2009年版，第300页。

个人利益诉求,国家机器在刑事诉讼中的运作是把当事人看作一个诉讼群体来对待的,很难体现出差异性和个性化的程序选择,因此普通刑事诉讼程序基于其权威性很难兼顾不同诉讼主体的利益。而当事人利益诉求的多元化是时代发展的必然产物,传统程序如果不能通过其运行顾及不同群体的利益诉求,必然会对其自身的公信力造成冲击,甚至造成难以挽回的后果。因此中心化的诉讼程序必须在国家意志、社会形势和当事人利益诉求相对一致的前提下启动才能达到良好的法律效果以及社会效果,而对于轻微案件则可以在适度让渡国家意志的前提下,权衡不同利益主体的诉讼请求,以平等和协商的姿态推进诉讼进程,从而更好地达到社会效果,树立司法权威。去中心化理论在平衡当事人多元化诉讼请求方面发挥了较为独到的作用,刑事程序的分流机制作为一种社会管理创新模式,本质上来说是通过分流程序改变当前的国家主导的诉讼程序,在轻微刑事案件中由国家与公民共同参与和协商,共同推进案件进程。而分流程序以及分流机制作为一种社会活动,要求参与诉讼的当事人尤其是犯罪嫌疑人、被告人以及被害人等群体通过合理合法的渠道和方式参与到案件纠纷的处理进程中,而不是像在传统刑事诉讼程序中一样被客体化,被动参与案件的处理。通过自己的利益表达,通过亲自参与案件协商,从而影响到诉讼程序的实施以及改革,体现了以诉讼当事人为中心的"去中心化",通过分流程序的实施充分表达了不同利益主体的诉求,也能够帮助传统刑事司法程序在运行中更加充分、全面地考量公众的目标和预期的请求。分流程序基于对传统程序的去中心化改造,提高了当事人的参与程度,使得传统刑事司法在社会管理和治安综合治理中得到了更广泛的支持和理解,从而夯实了社会管理活动的合法性以及权威性。个体参与诉讼并且充分表

第三章 目的论：中国刑事程序分流机制构建的目标及理念

达诉求，可以更好地帮助程序的执行者整合不同的利益，体现出民主的价值。并且诉讼当事人可以通过参加诉讼，充分推进诉讼进程，与国家机关共同化解社会矛盾，维护社会总体大局的稳定与和谐，促进我国经济、社会继续朝着正确的方向发展。[1]诉讼个体作为轻微刑事案件中的主导者，在专门机关人员的辅助下，共同解决社会矛盾，能够有效缓解社会转型时期日趋加剧的矛盾冲突，有助于引导社会资源的再分配。当事人参与诉讼进程并充分发挥其功能，合理表达其诉讼请求及意愿，能够从总体上改进刑事司法决策的公正性和可接受性，保障国家政策的实施。可以说，离开诉讼参与人的参与，刑事程序分流机制的去中心化目标就基本无法实现。尊重多元化是去中心化理论、程序分流机制构建过程中的一个核心问题，而多元化的纠纷解决机制就是要抛弃以传统程序为中心的金字塔式的纠纷解决机制，在轻微刑事案件的处理过程中，对已经破坏的社会关系的修复价值往往比案件争议纠纷的解决价值更为重要和迫切，而案件纠纷的解决又往往与社会关系的修复存在诉讼价值的冲突，事实上造成了矛盾。传统诉讼程序必须从公众对其固有的印象中得到解放，即通过分流程序让其变成一个通俗易懂、灵活多样又不失权威的纠纷解决机制，而分流程序也同样应该学习借鉴传统刑事程序的有序、公正的理念，努力克服自身存在的缺陷。传统诉讼程序与案件分流程序，类型各异的分流程序之间能够充分的交融与互动，达成传统诉讼程序的去中心化与刑事分流程序的多中心化的和谐共存，进而提高当事人在诉讼进程中的参与度与意愿的表达程度。

最后，传统诉讼程序自身存在的缺陷也要求其必须在特定

---

[1] 参见彭光灿：《公民社会视域下的社会管理创新研究》，知识产权出版社2016年版，第198页。

的领域进行自我"去中心化"。通过传统程序本身的优化,将传统程序的若干具体制度精细化,打造成一个"大而全"的诉讼程序,从而应对各种案件是不切实际的想法。在面临构建一个精密的传统程序还是打造众多分流程序的选择上,去中心化理论要求我们必须朝着创设分流程序,完善分流模式的方向上发展。一方面去中心化理论也要求传统程序的自我提升和改造,更重要的是,分流程序强调传统程序和分流程序的网状连接,这种逻辑上的网状连接不以强制力为前提,而是基于诉讼规律的内在要求以及对当事人利益的权衡形成的,如果要达到传统程序和分流程序之间的交互和协作,就必须要建立联系。传统程序基于其国家强制力的保障具有天然的膨胀和扩张的动力,传统程序的边界取决于国家和社会以及公民在社会治理中的角色,而传统程序过于强势则必然出现一系列问题,如效率低下,高定罪率等。[1]这不仅仅不能满足转型社会的现实需求,也会加剧基层公安司法人员的负担。程序分流机制中对传统程序的去中心化也是司法资源再次分配的结果,传统刑事诉讼程序高度集中了诉讼资源,而诉讼资源的高度集中必然导致案件办理以及政策实施的便利,但也会增加传统程序进一步改良的难度。人力、财力、管理等成本的增加都使得传统刑事司法的准入门槛在增加,单独依靠立案制度已经很难有效起到案件分流的实际效果。而刑事诉讼程序涉及众多部门,利益的冲突不可避免,而在传统程序中任何改革都可能会有"牵一发而动全身"的效果,因此也让每一次的制度改进、改革方案的落实都存在各种各样的变异,使得改革最终如履薄冰。另一方面,传统诉讼程序集中了大量司法资源,但是司法资源越集中也就越意味着其

---

〔1〕 参见陈文新:《当代中国政治资源配置研究》,武汉大学出版社2014年版,第49页。

第三章 目的论：中国刑事程序分流机制构建的目标及理念

改良的难度越大。程序分流机制的构建应当遵循去中心化原则，在处理传统程序与分流程序的关系问题上，应当重点关注改革的可操作性和资源配置的合理性。并且传统程序去中心化主要是司法资源的重新分配，是将部分案件的处理让位于分流程序，从而使分流程序中心化而得到迅速发展，在分流程序中心化的过程中，传统程序在帮助分流程序发展以及建立关联上可以起到至关重要的作用，如传统程序的启动经常可以作为违反分流程序的程序制裁，或者以传统程序的启动作为当事人不接受调解的条件等，这样才能够将分流机制的维度扩大，从而最大限度发挥去中心化理论的价值。在程序分流机制的构建过程中，无论是中心化的传统程序还是去中心化的分流程序都需要在优化的过程中形成一种新的纠纷解决模式，建立扁平化的程序运作形态。由于传统程序历经侦查、起诉、审判、执行等众多环节，涉及的国家机关众多，在每一个诉讼流程阶段内部又有众多的层级化管理模式，这是传统程序自身存在的缺陷。目前我国的司法改革强调取消案件审批模式，尊重法官、检察官以及主办侦查员的独立办案权，这也是降低管理层级的方式方法之一，但是传统程序本身存在的多层级化的特点是其自身难以克服的缺陷。所以"以审判为中心"的诉讼制度改革是传统程序内部从侦查到审判的中心转移，但是面对轻微刑事案件，只有通过多元化的分流机制消化大量普通刑事案件，才能更好保障"审判中心"改革达到实效。传统程序由于自身的缺陷无法做到在诉讼程序的推进过程中使诉讼参与人之间形成扁平化的诉讼结构，而分流程序基于其灵活性可以做到高度自治，充分尊重当事人诉求，减少诉讼层级和环节，从而在应对案件激增的司法现状时有更强的自我调节能力，在普通刑事程序中，基层公安司法人员往往只是按部就班地执行程序指令，创造性工作相对较少，而在分流程序中，需要基层公安司法人员与当事人平等协商，更有助于锻炼其工作能力。需要注意的一点是，分流程序中诉讼参与人之间扁平化的结构以及对传统程序的去中心化改造必须强调沟通途径和沟通信息的顺畅性，即充分保障当事人的知情权和表达权，才能更好地通过分流程序化解社会矛盾，节约司法资源，这是分流程序需要面对的问题。

第三节　中国刑事诉讼程序去中心化的可行性

首先，我国普通刑事诉讼程序基于其运作模式具有较强的可塑性，具备去中心化的条件。我国传统刑事诉讼程序由侦查、检察、审判机关各司其职，体现为典型的阶段性的运作模式。诉讼中的"流水作业"的工作机制将刑事诉讼划分为三个阶段，而三个阶段内部各自又划分为若干步骤，前一个步骤的完成作为后一个办案流程的基础（如公安机关的刑侦与预审，检察院的逮捕与公诉，法院的庭前会议与正式庭审等），各办案单位、组织按照一定的顺序连续投入到各工作环节，直到完成各自的任务，从而保证诉讼程序在一定的诉讼期限和地域范围内有节奏、稳定地推进，直到诉讼进程终止或者终结。[1]在国家公权力的推动下，这种"流水作业"的办案模式始终围绕着事实问题和法律问题展开，而法律问题主要涉及定罪和量刑问题，和事实认定问题相比较，对刑事诉讼进程的推动效果较为有限，许多案件即使进入了法庭审判阶段，也依然存在事实认定的问题和争议。事实认定问题主要涉及公安司法人员对证据的证据能力以及证明力的审查判断，也包括逻辑和经验的判断，而在

---

〔1〕　参见陈瑞华："论刑事诉讼的全流程简化——从刑事诉讼纵向构造角度的分析"，载《华东政法大学学报》2017年第4期。

第三章　目的论：中国刑事程序分流机制构建的目标及理念

当前我国"流水作业"的诉讼模式下，侦查机关在侦查阶段对案件事实发现过程中的证据材料是决定案件成败的基础性依据，而审查起诉和审判阶段的事实认定往往演变为对侦查阶段事实认定问题的事后修正，难以在事实认定上有大的突破，相反，法律适用的争议往往居于次要地位，在一定程度上被削弱。因此在司法实践中长期存在的"侦查中心"的现象基本体现在侦查阶段对案件事实发现的中心作用。随着诉讼进程的逐步推进，对案件事实还原的难度也就越来越大，因此"以侦查为中心"的现状很难快速被改变，只能说得到了改观。基于当前无罪判决率以及当庭宣判率低下的现状，我们更应该清醒看到，"以审判为中心"的诉讼制度改革也是以侦查能力和侦查水平的提高为基础性条件的。案件的事实问题对于社会普遍关注的大案要案至关重要，也直接影响到诉讼进程，而对于轻微刑事案件，由于其案件事实问题往往比较简单，但是真正认定案件事实的证据往往比较有限，根据现有证明标准，采取协商的方式更能体现诉讼效率，通过协商解决案件事实认定问题对后期的法律适用就起到了决定性作用，对于轻微刑事案件的法律认定，也没有必要像普通刑事案件一样由三机关层层把关，因此对于传统程序的去中心化也就有了可操作的空间。在"流水作业"的办案模式下，各个诉讼阶段内部就可以进行去中心化的改造，去中心化改造就能够在各自诉讼阶段解决相应事实认定问题，法律适用问题也就迎刃而解。而传统刑事诉讼程序中的不立案、撤销案件、不起诉、终止审理等制度本身就存在着较强的分流潜力，当前，因为公安司法机关面临着纠正冤假错案以及考核的压力，不立案、撤销案件、不起诉等制度的分流潜力没有得到充分发挥，而通过必要的试点就能让其成为程序分流机制的重要运作环节。传统程序的去中心化可以依靠这些能够影响诉讼进程的关键制度为连接点,通过办案人员和案件当事人的协商,充分发挥分流的功效,降低传统诉讼程序对当事人的压力。对于基层公安司法人员来说,传统刑事诉讼程序中这些可以影响案件分流的制度若能够充分发挥其潜力,能够成为与当事人协商的筹码。总的来看,必须打破我国"流水作业"的诉讼模式才能更好释放制度的潜力,而普通刑事诉讼程序基于其强大惯性以及基层公安司法人员的工作习惯在短时间进行快速转变的可能性较小,因此通过分流程序构建新的中心是一种理性选择,而普通刑事程序内部的"流水作业"的运作模式从构建分流机制的角度来看是一种可利用的资源,三机关在各自诉讼阶段均体现出了较强的封闭性特征,恰好决定了事实上三机关在各自诉讼阶段均可以主导分流程序的可操作性,从刑事诉讼程序分流机制的构建角度上分析,三机关的流水作业如果进行适当的去中心化和分流化改造,可以让程序分流机制的构建更加丰富,更加多样化。通过对普通程序的去中心化改造,一方面为轻微刑事案件的办理探索新的模式,另一方面在构建程序分流机制的过程中创造新的选择,更为重要的是,在继续坚持以审判为中心的诉讼制度改革的同时,创设分流程序作为轻微刑事案件的选择,能够让基层公安司法人员有获得感,"流水作业"的顽疾自然会得到消解。

其次,我国在刑事程序分流的探索中积累了宝贵的经验,可以为普通程序的去中心化提供实践参考。第一,普通程序的去中心化改造始于审判程序。自1996年设立简易程序开始,就反映出立法机关和司法实践部门对简化审判程序、创设新的审判方式的强烈需求,开启了程序分流机制的实践探索。在简易程序的设立上,立足于简化诉讼流程、减少审判时间、节约诉讼资源的目标,反映了基层审判组织的呼声和需求,虽然简易程序自设立到修改面临很多批评和质疑，但是其程序设置本身已经迈出了我国探索程序分流的第一步，迈出了对普通程序去中心化的第一步。如果简易程序的设立是立法机关在宏观层面的制度设计，那么"简化审"模式的出现也体现出对庭审程序简化的强烈需求，关于"简化审"程序的定位、条件、方式等内容的探讨反映出我国在探索程序分流机制的过程中已经逐步走向深入。第二，普通程序的去中心化从审判阶段扩大到审前阶段。对不起诉制度的功能和价值的思考以及对审查起诉阶段"起诉法定主义"和"起诉便宜主义"的学术探讨客观上起到了去中心化的效果，我国现行的酌定不起诉制度以及针对未成年人的附条件不起诉制度的设立也体现出了分流功能的作用，普通程序的去中心论可以从审判阶段延伸到审前阶段，进而细化了分流机制的适用类型。第三，从犯罪主体的类型来看，增设未成年人刑事办案程序，也是对普通程序去中心化的一种改良，避免特殊主体通过普通程序加重其犯罪标签和心理负担。通过区分犯罪主体设置相应的程序是对于普通程序运行的模式的改造，体现了很强的去中心化的特征，即国家权力在处理弱势群体的诉讼过程中，降低了以往的权威性色彩，增强了其感化性和教育性，因此在特殊主体诉讼程序中指导思想的变化也为程序分流提供了可借鉴的思路。第四，通过设立特别程序，尊重当事人的意愿，将和解与协商的理念明确纳入到分流机制中。当事人和解的诉讼程序是为推进普通刑事程序分流而专门设立的规定，进一步细化了各个诉讼阶段可以分流的方式方法，以实体法适用层面的降格处罚和程序法适用层面的案件分流处置作为加害人与被害人协商和沟通的处理方式。在普通刑事程序法的规则里，基本上很难找到直接体现当事人意思自治的价值理念的法条，通过特别程序首次将和解从学术观点升格为法律规定，对普通程序理念的去中心化有着重要意义。第五，通过增设专门机构强化分流机制。从程序分流的角度，法国重罪法院的设立具有较强的分流功能，体现了案件的难易分流。随着互联网技术的发展以及互联网与公民生活的逐步融合，在2017年，杭州市诞生了中国首家互联网法院[1]，为程序分流机制的未来发展提供了较大的技术和制度空间。互联网法院在程序运作层面，实现了"线上"和"线下"模式的结合，包括庭审在内的所有诉讼流程都全程在线，真正实现了新的分流程序，体现了鲜明的去中心化的特征。第六，我国当前的认罪认罚从宽试点是程序分流机制构建中综合性最强的分流机制，吸收了我国近期分流制度探索的精华。认罪认罚从宽不仅仅是对普通程序办案模式的变革，更是以效率为出发点解决案件数量井喷问题的重大变革，认罪认罚从宽从试点到立法建议的过程表明，我国的程序分流机制已经逐步有了系统性和权威性的法律法规作为指导，其去中心化的运行模式已经基本具备运行的条件。总体来看，我国"流水作业"的诉讼构造本身就具备分流的基础，同时，构建分流机制的实践探索已经从单一的审判阶段扩充到整体的诉讼阶段，分流的方式从普通程序内部的制度扩展到单立的特别程序，分流的理念得到了充分体现并且纳入到法律的框架内，适用分流的主体也基本明确并且具备扩大的条件。随着技术的发展，分流的方式已经从线下发展到线上，分流的制度也从试点经验纳入到正式的法律修改建议中，因此我国刑事分流机制去中心化的条件已经相当成熟。

再次，去中心化已经在多个领域体现出积极的成效，作为一种时代发展的趋势，刑事诉讼普通程序的去中心化也是一种

---

[1] 参见"全国首家互联网法院落户杭州"，载 https://www.chinacourt.org/article/detail/2017/08/id/2969278.shtml，最后访问日期：2018年3月23日。

必然。某种程度上来说，市场经济对于计划经济而言，就是一种去中心化的发展模式，摆脱了以国家政策和经济指令为导向的僵化、多层级的发展模式，因此经济活力得以释放。通过对金融领域的最新发展进行研判，从该行业的视角观察"去中心化"的概念及现象，可以发现金融领域如果没有所谓的巨头存在，这种发展趋势是有利于该行业的积极健康发展的。由于个体用户对金融业务的需求逐步多样化，所以要求有多元的平台满足种类各异的用户需求，"去中心化"有利于个体用户享受专业化以及垂直化服务。但是随着市场竞争加剧，平台公司的运营差异会逐步显现，进而有竞争力的平台最终发展壮大，又体现出"中心化"的特征。"去中心化"以及"中心化"这两大进程是一个行业发展的必经阶段。"去中心化"能够激励行业的竞争和分化，促进正向发展，为用户提供更为高效的行业服务；与之相对应的是，"中心化"能够为个体用户提供统一集中的体系化的金融服务。在当前的传统金融市场的框架内，以银行等为代表的传统金融机构组织事实上成为一个中心，以银行等金融机构为构成要素的金融市场就是一种"中心化"的运行模式。由于互联网技术的发展，依托于互联网技术的金融模式让"中心化"的思想开始进入事实上的操作进程中，"去中心化"的市场模式创新值得互联网从业者去尝试、去挑战，个体用户中尤其是年轻用户也倾向于去尝试新的金融业务流程。"去中心化"和"中心化"事实上形成了一种竞争关系，但是更为重要的是，二者之间的互动更像是一种互补，最终达到互利互惠。"中心化"是传统市场体系造就的产物，而"去中心化"是基于互联网等新技术产生的新事物。从企业组织的角度来看，管理效能是企业运作的核心竞争力之一，传统的高层决策、中层负责控制和管理一线、一线执行和落实决策的中心化控制模式体现出了极强的职权化倾向，可以保障组织运行的稳定性和执行力。[1]但是在该模式下，一旦遇到新的问题和突发状况，企业往往疲于应付，其根本原因是新的问题往往发生在一线落实层面，而通过基层到中层、中层到决策层得到解决方案以后再将决策层层传导至基层，这样的过程耗费了大量的人力和物力成本，可能会导致问题不能够及时处理，甚至会引发新的问题，从而将影响扩大。这显然不符合"去中心化"理论下以个体为主，以灵活高效为原则的指导思想。在社会转型的关键时期，随着互联网等新技术的发展，依赖于中心控制模式的企业需要从其战略以及组织结构上进行改革，从而适应"去中心化"的时代特征，使得整个企业组织变得更加包容、多元以及高效和人性化，这些改革都必须围绕一个核心问题，即"去中心化"。也就是说企业的组织模式需要更加开放和自主，而弱化其权威属性。弱化领导层的权威属性必须在组织模式上作出变革，比如将一个整体的企业分割为许多小的经营团体。每一个单独的团体进行相对独立的运作，不需要将建议都上报决策层，出现问题时也完全依赖于这些小的运行团体自行解决。通过对组织构造的拆分将企业组织内部结成一张彼此联系又能够互通有无的网状模式，从而将部分决策权逐步转化到基层。[2]在企业转型的过程中，"去中心化"已经成为商业发展的总体趋势，因此在转型的过程中都需要顺应"去中心化"的要求，对于基层组织的灵活性、员工处理问题的自主性和客户需求的多元性都要充分考虑，从而使得企业在激烈的市场竞争中保持生命力。刑事诉讼程序与

---

[1] 参见孙云柏：《跨界的成功基因：传统企业的互联网转型关键点》，北京理工大学出版社 2016 年版，第 185 页。

[2] 参见张桐：" '中心—边缘'结构及其消解：理解人类思维的新视角"，载《西北大学学报（哲学社会科学版）》2017 年第 5 期。

金融以及企业管理虽是截然不同的领域,并且价值目标也差异很大,但是从"去中心化"和程序分流构建的角度来看,企业管理在组织模式上应对市场转型的自我调整的做法却值得参考和借鉴。第一,在轻微刑事案件的办理中可以借鉴现代企业对于弱化权威的相关改造,使得司法更加亲民务实。第二,拆分基层单元,降低管理层级的方式方法已经在我国与司法改革相关的政策文件中得以体现,如主办侦查员、检察官和法官制度,取消案件审批制,员额制的管理模式都吸收了相当多的现代管理学的思维和理念。第三,将业务权力逐步下放到基层也是本轮司法改革的重点,法官、检察官独立行使职权也需要正确认识司法责任制,从而更好地发挥基层公安司法人员的工作效能。第四,要尊重不同主体的利益诉求,不能仅仅满足于结案,而更应关注法律效果。第五,在传统程序去中心化的趋势下,也要注意搭建新的中心,从而构建多个中心并存的局面,从而达到良性互动,以普通程序去中心化为目标,实现刑事司法模式从权威型向合作型的转变。

第四节 刑事程序分流机制构建的理念和要素

一、程序分流机制构建应当遵循的理念

首先,构建程序分流机制需要遵循的价值目标是确保诉讼资源的优化配置。而诉讼资源的优化配置的一个关键问题是案件管理体系的现代化,案件管理体系的现代化首先离不开对财力、人力、案件资源管理模式的科学化改造。从宏观层面看,我国对财力的改造主要依托于对省级以下司法机关的统一管理,对人力的管理主要依托于员额制改革,而案件管理模式的现代化则缺乏全国性的统一实施办法,可以说,案件管理模式的现

代化，可以在办案机关内部实现资源优化配置，成为程序分流机制推进的巨大推手。优化案件资源配置是程序分流机制构建的核心价值之一，科学的分流模式可以作为诉讼进程、效果、安全以及质量等要素落到实处的客观需要，是贯彻宽严相济形势政策的制度保障。另外，程序分流机制除了保障案件办理的进程、效果、质量等要素以外，通过该制度体现司法理性、文明以及多元的价值则是该项制度本身涵盖的更高标准的要求。因此，从微观层面看，程序分流机制是为了激活普通刑事诉讼程序在案件激增的大环境下的制度价值；从中观层面看，程序分流机制是为了通过普通程序去中心化而实现自我独立价值，进而演进为独立诉讼制度的重要基础；从宏观层面来看，利用分流机制服务于刑事诉讼程序，从而更好地促进刑事诉讼程序打击犯罪的职能以及保障人权目标的实现，才是构建刑事程序分流机制的终极目标。构建科学的程序分流机制，在程序层面通过优化案件流程等方法，客观上提高诉讼效率、节约资源，引入仿照现代企业管理模式的案件管理体系，一旦得到社会的认可，其对司法权威的树立将有巨大的功效。程序分流机制需要注重诉讼流程的全过程，科学分配案件资源，各个诉讼阶段和案件办理人员都要积极参与到分流过程当中，才能保障案件资源通过分流程序合理选择合适的办案程序及办案主体。通过程序分流机制的构建，摆脱普通刑事诉讼程序中存在的中间环节过多，信息化程度不高以及事务性、业务性工作不分，诉讼监督滞后等问题，从优化资源配置的角度，变更当前普通程序中职权主体多元的现状，通过分流程序统一诉讼进程的选择，使得诉讼进程的内部组织结构、运作方式和行为规范更加灵活多样。刑事诉讼中程序分流机制的构建，可以通过对案件的集约化管理模式、诉讼资源的优化整合以及配置推动案件进程，

第三章 目的论：中国刑事程序分流机制构建的目标及理念

集约化的管理模式具备高度系统化、高度信息化、资源整合度强以及科学的流程性等特征，将案件根据一定的标准和类型分类，促使普通程序和分流程序之间分别发挥功效，保障案件通过特定诉讼程序得到妥善处理。[1]同时程序分流机制离不开网络信息化管理模式，由于网络化是实现程序分流全过程公开的有效途径，从程序审查的角度来看，应对大量轻微刑事案件的程序审查任务十分繁重，因此依托信息技术全程把控程序分流机制是做好案件资源合理配置的重要推手。

其次，程序分流机制的构建需要以提升诉讼效率为重要参考指标。其一，程序分流机制的构建是否应当追寻效率这一价值目标，是该机制能否长久有效运行的重要理论前提。刑事诉讼直接影响到公民的生命、自由以及财产等宪法性权利，因此长期以来坚持以公正优先、兼顾效率的导向。而随着案件数量的激增，传统刑事程序的弊端也逐步显现，一方面普通刑事程序在应对轻微案件时，其繁杂的流程变得冗余低效，其本身也加剧了当事人的诉讼成本和精神负担，因此必须通过必要的程序和制度的设计来进行改良。程序分流机制也有必要参考民事诉讼的理念，对诉讼效率的价值有更高程度的追求。同时，刑事程序分流机制除了需要重视诉讼效率这一价值以外，还需要关注对已破坏的社会关系的修复，因此通过构建分流机制来进行必要的改良，可以有效起到提升效率并及时修复被犯罪行为破坏的社会关系的作用。通过在刑事诉讼程序中对分流机制的构建，进而对刑事普通程序进行必要的改良，创设出新的诉讼流程和模式，可以有效达到提升诉讼效率的目标。做到简单案件简单办理，通过流程简化体现效率；疑难案件精细办理，体

---

[1] 参见庞小菊："司法体制改革背景下的诉讼分流——以非讼程序的诉讼分流功能为视角"，载《清华法学》2016年第5期。

现公正和案件质量。程序分流机制的构建首先是通过创设新的程序入口，使得案件从受理之日起朝着合理的制度设计推进；其二，通过对普通程序具有流转功能的具体制度进行改良，从而提高普通诉讼程序向分流程序转化的能力和选择；其三，程序分流机制的运行需要设立相应的制度作为丰富分流样态的补充，仅仅靠改良普通程序提高分流效果必然有局限性，因为普通刑事诉讼程序的权威性无法通过简化诉讼流程来消除；其四，设立专门机构以及依靠新技术能够促使分流效果的最大化。如线上和线下相结合的方式，通过网络技术将大量的事务性工作通过技术手段流程化，可以帮助基层公安司法人员减轻办案负担，将更多的精力投入到业务性的工作当中。需要注意的一点是，诉讼效率价值的凸显不能以侵害当事人的基本诉讼权益为前提。在程序分流机制构建的过程中，需要高度关注将构建多元化的程序模式与保障当事人的基本诉讼权利机制相结合，将当事人的意愿作为案件办理程序模式的重要选择标准，做到突出效率价值但不过分影响案件的公正价值。对于情节简单、性质轻微的刑事案件，提高诉讼效率的方式除了对诉讼程序本身进行简化和分流处理之外，降低办案流程中查明案件事实的成本也是诉讼效率提升的重要改革方向，而节约诉讼成本的关键因素在于当事人在自愿和平等原则下对案件事实问题的协商，从而取代耗费大量时间成本的案件事实问题的调查和核实工作。程序分流机制通过采取灵活、高效的模式，以当事人自愿为原则，降低了诉讼流程的中间环节以及案件事实认定过程中的司法资源的投入，有效促进了诉讼效率的提升。

再次，程序分流机制是实现司法公信力提升的有效渠道。司法公信力在刑事诉讼分流机制中主要表现在社会公众对程序分流制度、程序分流方式以及参与诉讼人员的认可、满意以及

第三章 目的论：中国刑事程序分流机制构建的目标及理念

信任程度的总称，既是程序分流机制运行效果的主观反映，也是程序分流机制运作的重要目标之一。公众对刑事诉讼程序的认可程度是司法公信力的重要表现之一，和普通刑事诉讼程序相比，分流机制更多地体现了多元主体的需求，更能使得诉讼程序变得亲民和务实。而司法公信力又与刑事司法工作和社会舆论环境直接相关，会反过来影响程序分流机制的运行效果。很难想象，没有社会民众的支持，一个由国家权力主导的制度改革的公信力是否长远。因此，通过刑事案件分流程序体现司法公信力也是程序分流机制构建的重要工作目标之一，是程序分流机制必须要解决和面对的问题。提高刑事司法程序的公信力不能仅仅依靠大案和要案的妥善处理来实现，习近平总书记在十九大报告中再次明确了努力让人民群众在每一个案件中都感受到公平正义的目标，这恰恰是程序分流机制的奋斗目标。相对于大案和要案，发生在人民群众身边的案件办理流程对司法公信力的提升的效果并不亚于处理好一起疑难案件，因此程序分流机制从现实出发，以普通刑事案件为出发点，使得人民群众在参与刑事司法的过程中拥有获得感。社会转型之际，社会关系日趋复杂，与之而来的社会矛盾也愈发尖锐，思想观念的冲击，对安全和社会稳定的追求，使国家和民众对刑事司法的期望值越来越高。在网络时代，社会舆论以及网络的监督都在空前加大，因此程序分流机制的运作以及司法人员在执行分流程序中的言行可能随时被关注和捕捉。普通诉讼程序的办案模式，存在封闭性、官僚主义色彩重以及沟通路径不顺畅、缺乏平等互动等缺陷，而依托分流程序，给了民众一个亲身参与和意愿表达的平台，从而畅通了沟通渠道。司法公信力的提升不能仅靠宣传和教育，权威式的灌输只会侵害司法公信力，提升司法公信力需要依托"润物细无声"的方式来提升普通民众的认同。程序分流机制的构建一方面给了案件当事人更多的选择，让当事人在行使程序选择权的过程中有了获得感，加深了对司法程序的理解和认知，当事人与基层公安司法人员进行协商和沟通的过程也是公民权利和国家权力平等对话的过程，可以让当事人更好了解我国刑事司法程序。[1]人民群众通过分流机制的运作可以认识到刑事诉讼程序不是国家给予公民的负担，而是公民可以基于自己意愿作出的主动选择，通过程序分流机制的构建使公民在刑事诉讼程序中主动行使权利，是一种最好的法制宣传和法制教育。

二、程序分流机制构建应当具备的要素

刑事程序分流机制构建的首要条件是对实体法功能的正确定位。刑事程序分流机制基于前文的阐述，需要达到普通程序去中心化的目标，因此在分流机制构建的过程中，第一，需要明确普通程序和分流程序之间的适用界限，在保留普通程序在特定案件适用的中心化程度下，构建分流程序的分中心地位，进而从长远来看，普通程序的启动是分流程序运行不顺畅的备用选择。因此，明确普通程序和分流程序的调整对象以及二者之间的关系是程序分流机制需要具备的首要条件。普通程序和分流程序之间的调整对象的明确标准往往以实体法为依据，因此在分流机制构建的过程中，不能忽视实体法的作用和功能。刑事案件本身性质以及难易程度成为案件分流的重要标准之一，因此实体法对于案件定性的规则、公安司法人员在刑事诉讼分流机制的启动阶段对案件的定性以及心证会对程序分流的效果产生重大影响，我国基层司法人员对司法解释等政策文件的依

---

[1] 参见江必新、程琥：《国家治理现代化与依法执政》，中国法制出版社2016年版，第327页。

第三章 目的论：中国刑事程序分流机制构建的目标及理念

赖程度之高也决定了刑事政策对刑事实体法的影响，进而也直接影响到了程序分流机制的运行效果。第二，程序分流机制对于基层公安司法人员来说是多了一种案件办理模式的选择，而大陆法系国家的法官往往在自由裁量层面的权力比较有限，更多的是执行国家的刑事政策，因此通过分流程序进行新的业务模式的改革必须让基层公安司法人员在以下两个方面有收获，才能保障分流程序的真正贯彻与落实。首先，和老的办案模式相比，新的办案模式必须显著提高效率，这一点基层公安司法人员应该能够通过办案的数量和效率直接体会到。更为重要的是，不能因采取分流模式办理刑事案件造成不必要的错案追究压力。[1]当前我国证明体系中一元化的证明标准，即现行法律规定的"案件事实清楚、证据确实充分"存在细化和完善的空间，也事实上表明通过分流程序办理的刑事案件与普通程序适用相同的证明标准和证明规则，然而在预防冤假错案和案件责任终审追究制的压力下，没有差异化的证明标准必然导致在适用分流程序还是普通程序有困惑的情况下，基层公安司法人员会断然放弃分流程序而选择普通程序，从而影响了分流机制的适用效果。因此在程序分流机制的构建问题上，适度区分分流程序的证明标准，尊重基层司法人员的自由心证以及逻辑和经验，是程序分流机制必须具备的制度要素。第三，程序分流机制的构建需要以分流方式的灵活、多元为前提，所以对普通程序的改良应当成为程序分流机制构建的关键要素。灵活、多元的分流方式首先需要打通普通程序向分流程序转变的连接点，普通程序中的五大诉讼阶段都具备成为分流机制构建框架的条件，如立案制度和管辖制度一起从源头上对进入刑事诉讼程序

---

[1] 参见潘金贵：《证据法学论丛》第2卷，中国检察出版社2013年版，第3页。

的案件进行了初步分流；侦查阶段对于案件事实问题的查实往往具有关键作用，侦查阶段的撤销案件制度可以作为案件在事实认定阶段的基础性分流措施；而不起诉制度则有条件作为案件分流机制的核心阶段，对分流机制的中枢效果起到直接影响，因此要发挥审查起诉阶段在程序分流机制中的核心作用；审判阶段的分流主要要立足于对案件类型的把控，从而选择合理的审理方式，此外还需要关注审级制度对于审判阶段程序分流机制的影响，妥善处理好一审与二审的关系，预防案件的不当回流；在执行阶段，应当借鉴刑罚执行方式的多样性，探索执行方式的非刑事司法化对诉讼分流的影响，此外还要关注案件进入执行阶段以后发现新罪或者漏罪的处理方式，科学改进程序回流的方式。第四，除了分流方式的多样化，还应当注重分流标准的多元化。我国分流机制的构建除了对普通程序进行改良以外，也需要通过创设特别程序、设立特别机构、发动社会力量等方式，使分流机制的内涵变得更加丰富和多元。如对于当事人和解的诉讼程序，如何发挥其制度潜力，从而更好地融入程序分流机制当中，对于未成年人刑事诉讼程序，其"教育、挽救、感化"方针是否能够适用于其他类型的犯罪主体，尤其是属于社会弱势群体的犯罪主体。此外，还要充分重视互联网时代科学技术在刑事司法中的功能，探索设立专门机关对案件进行分流的可行性，使得程序分流机制的内涵从"线下"扩展到"线上"，"线上"和"线下"领域的分流目前仅仅存在于民事领域，一旦推广到刑事诉讼领域，将极大丰富刑事程序分流机制的概念和内涵。最后，程序分流机制的构建需要高度关注当事人权益的保障以及利益表达的方式。程序分流机制的构建不仅仅是为公安司法机关提供一个高效、灵活的案件办理的程序模式，更是给案件当事人一个通过非权威的方式、以平等协商为前提的纠纷解决办法。而在当事人权益的保障机制层面，首先要关注犯罪嫌疑人、被告人以及被害人程序选择的自主性和自愿性，而程序分流机制需要解决的难题就在于此；此外，保障被害人的利益诉求以及在程序分流机制中的权利义务也是程序分流机制顺畅运行的基础，被害人的权利义务在一定范围内得到尊重和满足是程序分流机制理性文明的重要标志。对于分流程序选择以后处罚方式的多样化也是刑事程序分流机制需要重点改造的问题，如果仅仅是程序适用有裁量和协商的余地，而刑罚权的执行方式缺乏可协商的空间或者刑罚的执行方式仍然具有强烈犯罪化标签，那么必将极大打击犯罪嫌疑人、被告人的分流程序适用的自愿性，从而影响程序分流机制的贯彻和落实。

第五节　程序分流机制构建应当避免的误区

首先，程序分流机制基于其灵活性和高效性，是对传统程序的一种改良，而基于其放弃了传统程序的权威性特征，在推进分流程序的过程中，应当注意避免因分流程序而导致诉讼进程的无序。基层公安司法人员与当事人通过分流程序解决社会纠纷，本质上也属于一种社会活动，而对于每一项社会活动而言，在其实际运作和推进的过程中必然会出现多种样态。而根据社会活动的一般规律，可能会出现以下某些形态的一种或者几种：其一，理想的运行状态，分流程序始终依照法定流程运行，并且在运行过程中与制度创设的初衷完全一致；其二，分流机制的运作中部分流程按照改革预想的路径运作，或者不完整地符合程序分流机制的设计规则；其三，实践运作的效果与分流机制设立的出发点产生偏差，分流机制基于种种原因没有依照制度设计的思路运行。我们可以把程序分流机制在运作过程中可能出现的各种运作样态概括为程序分流机制的可能状态,把所有可能状态的总数量称为程序分流机制的可能状态数,如果程序分流机制的运行只有一种状态,我们就可以把程序分流机制的规则称为在运作过程中的确定状态。[1]很明显,具有理想的确定状态时,分流机制的可能状态总数为1,是态数最小的情形,而分流机制态数上的限制则是相当大的。因此,程序分流的可能状态越少,其确定程度就越高,这时程序分流机制会越发有序;反之,若程序分流机制的可能状态越多,则其运作的确定性程度也越低,其运作的方向可能就越容易偏离制度设计的轨道。在程序分流机制构建的初级阶段,由于相关的改革和配套措施还在逐步完善的过程中,再加上普通诉讼程序的惯性,导致传统诉讼模式与新型诉讼模式并存,发生交叉,从而导致在分流程序的运行以及分流机制构建过程中思想观念和诉讼理念存在一定程度的无序状态,这是可以预见的。通过分流程序解决不同诉讼主体的利益诉求,必然产生利益处理和分配的差异性,这是在程序分流机制运作的初期,参与诉讼的各方代表可以部分接受和认同的。但是程序分流机制的发展可能会带来的影响需要我们高度关注,即程序分流的快速发展可能导致分流机制的无序性。主要基于两个方面的原因,首先是分流程序自身的局限性,由于分流程序是诉讼参与人员的协商过程,虽然有国家专门机关人员的参与,但是参与诉讼的人员,尤其是被害人和嫌疑人,可能基于社会阶层的不平等在诉讼程序中因为分流程序而妥协,反而加剧了司法不公。另外一个层面的原因在于,基层公安司法人员往往在分流程序中注重案件办理的

---

[1] 参见潘德斌等:《秩序与问题》,世界图书广东出版公司2014年版,第71页。

协商性，可能使得弱势群体无力通过分流程序独立表达意愿，让其无所适从，进而影响分流程序的稳定性。程序分流机制的运作需要将传统程序的权威性和分流程序的灵活性相结合，一方面，通过传统程序的运行保障程序分流机制的总体平稳运作，另一方面，通过分流程序的运行使得司法纠纷得到缓和的方式处理。而程序分流机制的参与主体较为复杂，风俗、情感、文化等非法律因素都可能使分流程序的运作产生诸多的不确定性，从而影响程序分流机制运作的有序性。而基于当事人和基层公安司法人员的平等协商性，分流程序又产生了较强的"意思自治"的色彩，因此为了避免分流程序的不可控因素以及随之带来的潜在影响，应当注重分流程序和普通程序之间的流转关系，以传统程序的权威性引导分流程序的秩序，从而让程序分流机制的运作更加整体化。同时基层公安司法人员的办案模式是保障程序分流机制的坚实基础，基层公安司法人员应当注重分流程序和普通程序中办案思路以及办案方式的差异性，从而保障分流机制运作的有序性。

其次，分流机制的构建应当关注案件考核标准的科学性。程序分流机制的构建作为一种办案模式的创新举措，在执行过程中往往能够起到重新定位普通程序与分流程序的关系的作用，尤其是在普通刑事案件的办理中，案件的数量往往较多，建立科学的评判标准进而评估程序分流机制的运行现状以及基层公安司法人员通过分流机制办理案件的法律效果和社会效果，能够对程序分流机制在基层的运行起到巨大的促进作用。科学的考核机制对于规范分流程序的实施，提高分流程序的效能以及激发基层公安司法人员工作的积极性有着直接的引导作用。在建立考核评价体系及评判机制的过程中，应当将工作的中心放在如下三个方面，即考核机制的设置是否完备科学，考核机制的标准是否合理规范,考核机制的设立如何尽量避免被执行过程中"异化"。[1]考核指标直接作为基层公安司法人员的指挥棒,必须充分发挥其引导功能,避免司法改革的创新和试点因为案件考核方式落实到基层就失去了其目标和方向。在设置程序分流机制的考核指标的过程中,应当摒弃考核机制的僵化性,重点引入群众对分流机制运行效果的考评机制。由于分流程序的灵活性以及其对社会关系修复的重点关注,当事人的认可度和满意度是衡量分流机制运行效果的重要参照标准,也直接决定了程序分流机制的发展方向。而将参与分流程序的当事人的满意度作为重要考量指标,也能够拉近民众与司法的距离,毕竟程序分流机制的运行效果直接关系到诉讼当事人的切身利益和司法的公信力,作为处理轻微刑事案件的替代措施,如果离开了诉讼参与人的评价和建议,程序分流机制的构建也就会失去根基。在程序分流机制设置的具体思路上,应当摒弃"大而全"的考核,始终围绕着分流程序的特征合理设置,简化考核体系,减少分流程序对"结案"的要求,提高分流程序实施过程中基础性工作的比例,避免数字化考量。对基层公安司法人员通过分流程序办理案件实施的基础工作,应当赋予必要的权重,尽量避免重结果、轻过程的考核指标。同时要考虑到基层公安司法人员的办案现状,妥善设置免责条款,在协调错案追究机制的模式下,运用分流程序的责任认定方式。除了依托考核指标降低基层人员适用分流程序的压力以外,还应当充分发挥考核指标的激励作用,通过程序分流机制的适当考核发挥基层公安司法人员的潜力。科学的评价目标是基层司法人员能够通过工作努力达到的目标,如果程序分流机制的考核指标过于

---

〔1〕参见孙长永主编:《刑事司法论丛》第 2 卷,中国检察出版社 2014 年版,第 245 页。

第三章　目的论：中国刑事程序分流机制构建的目标及理念

繁杂和严苛，不但难以起到激励作用，反而会使得基层适用分流程序的积极性下降。因此在程序分流机制的设立过程中，必须重视管理和考核制度的重要功能，将当事人的满意度作为考核的重要参考要素，努力将考核评判标准作为推进程序分流机制发展的动力。

第四章 经验论：域外刑事程序分流机制现状及简评

在刑事案件的办理过程中引入刑事程序分流机制，已经成为世界各国刑事诉讼立法以及刑事司法实践中的共识，但是每个国家基于其国情和特色，在程序分流机制的构建方式上表现各异，并且任何一个国家的刑事司法制度中的程序分流制度都是多项制度的综合体，很难将某一个国家的一项具体制度单独作为程序分流机制的基础，因此本部分拟从不同的视角挖掘出各国具有分流特色的制度进行比较分析，不求面面俱到，但求抓住要点，拟为我国刑事程序分流机制的构建发现有益的启示。

第一节 纠纷解决型代表性国家的程序分流机制

一、美国的分流机制

美国作为英美法系国家的典型代表，其分流制度具备较为鲜明的特色，即强调分流制度的实用性，注重司法制度的运作与社会接纳程度，同时高度重视诉讼主体的利益诉求，国家在刑事诉讼中更多扮演当事人的角色，强调以平等和独立的协商来达到分流制度的效果和目的。由于美国的司法体制采取双轨制,分流机制在联邦司法系统和州司法系统分别体现出不同的特色和功能,但是从整体来看,以追求诉讼效率为基础、同时尊重当事人权益和社会关系修复的分流体制有效达到了缓解司法压力、减轻司法人员负担的目的。本书选取了联邦司法系统和州司法系统中具有代表性的文件以及司法实践经验,从而为分析美国程序分流机制的运作提供一个可参考的视角。

第一,从诉讼主体分流的角度,以年龄为基本依据的少年司法制度成为法治国家的典范之一。在人类漫长的社会演进过程中,没有专门机构或者特别司法程序处理少年犯罪。直到1899年美国伊利诺伊州议会制定了世界上第一个少年法——《少年法庭法》,依据这部法建立了世界上第一个少年法院,开创了在国家亲权哲学下建立独立的少年司法制度的先河。[1]在伊利诺伊州诞生的少年司法制度,成为整个资本主义国家少年司法制度的蓝本。在案件管辖上,不同州有不同的规定,美国的少年司法制度大致分为五种类型:一是少年法庭专门管辖;二是少年法庭对轻罪案件进行管辖;三是除极少数重罪以外,少年法庭承担主要管辖职能;四是少年法庭管辖可能判处除死刑和终身监禁以外刑罚的案件;五是少年法院和普通法院都具有管辖职能。此外,少年法庭除了处理犯罪以外,也处理少年不良行为等案件。除了管辖权和法庭设置以外,相关制度也体现出较强的分流特征,集中表现在"暂缓起诉"制度上。由于暂缓起诉制度在拯救少年罪犯、预防少年犯罪的再次发生以及对罪犯或者嫌疑人员的合理分流上功效突出,进而在少年司法程序中普遍适用,并经过长期实践的演进形成了独具特色的分流手段。作为审前分流机制的重要渊源,暂缓起诉制度的设计

---

[1] 参见姚建龙:《少年法院的学理论证与方案设计》,上海社会科学院出版社2014年版,第18页。

初衷在于针对警察移送的少年犯罪嫌疑人,在经过检察官对其罪名和行为性质进行全面分析和评估以后,如果认为该少年犯罪嫌疑人具有较强的改造可能性,则将其移交给缓刑官员,通过缓刑官员的背景调查报告,从而帮助检察官作出暂缓起诉的决定并移交给具有监督职能的社区或相关机构。通过一定期限的监督,如果少年犯罪嫌疑人表现良好并且显示出较强的自我教育和改善的可能,就将指控撤销;相反,如果少年犯罪嫌疑人在监督期限内没有完成相应的义务,则原来的公诉程序将重新启动。为了限制暂缓起诉制度中检察裁量权的滥用以及更好地结合少年犯罪嫌疑人的身心特点,美国司法机关在实践中针对暂缓起诉制度作了特定的限制。如设置暂缓起诉的条件不能超越法律的框架;少年犯罪嫌疑人被监管期间的生活方式应当简单、有节制;遵循严格的作息;对出入的场所加以限制;履行规律的工作和向缓刑官报告的义务;遵守缓刑官员的指导等。

第二,从联邦司法系统的角度,程序分流机制依托完备的成文法令,构建了以审前分流为主,审判阶段分流为辅的合理分流机制。从成文法令的角度来看,美国审前服务机构的分流委员会制定的《美国审前分流/干预标准2008版》(以下简称《标准》)[1]对审前程序的分流应当遵循的标准和要求作出了较为完备的规定,该《标准》总共分为审前分流的概念和意义、审前分流的选择、审前分流的资格、审前分流的准入机制、负责分流的机构、对分流的具体实施、成功完成和不成功的终止、保密义务和数据隐私、机构评估等部分。《美国审前分流/干预标准2008版》首先明确了审前分流的定义,即是为被指控犯罪的人员提供一种自愿的选择,通过理想地、合理地完成个人的

---

[1] <2008 PRETRIAL DIVERSION/INTERVENTION STANDARDS>

第四章　经验论：域外刑事程序分流机制现状及简评

计划，从而获得刑事指控的取消。该定义也进一步昭示着美国刑事分流项目内涵的扩大和对传统犯罪控制模式的改革和平衡。在审前分流的目的方面，通过分析被逮捕人员的行为的根源，增强社会正义和公共安全，减少犯罪记录带来的烙印，保护被害人并且节约法庭和刑事司法资源。分流程序的长远影响主要表现在被分流人员通过获得被雇佣的机会对自己的家庭和社会作出贡献及承担相应的责任，从而减少了再次犯罪的比例，这一结论已经通过一系列实证研究加以证明。在被害人关系修复层面，可以通过多种分流方式使被害人获得心理和实质上的补偿，从而修复被伤害的社会关系；另外也为犯罪者提供了一个可能恢复其损害的机会。为了保障分流项目的普适性，《标准》还明确要求每一个司法管辖区必须提供审前分流选择以及设置适当的条款，以便监督或者管理分流机构和分流项目。比如《美国律师协会辩护和指控标准》以及《国家地区检察官协会标准》[American Bar Association, Standards for Criminal Justice, Standard 3–3.8 (3rd ed. 1993) and National District Attorneys Association, National Prosecution Standards, Standard 44.8 (2nd ed. 1991)] 明确了基于宪法修正案中的平等保护原则，提供一些机会作为替代解决方式如刑事案件中分流项目是一种必要的考量因素。在分流案件的范围问题上，明确提出只有具备起诉特征的案件才拥有被分流的可能性。因为如果将不值得起诉的案件转入分流程序就意味着刑事司法系统侵害了分流项目的完整性以及其干预犯罪人行为的意义。在刑事司法程序分流项目的选择问题上，首先明确了被追诉者从被正式起诉之日起到判决之前有尽快获得申请分流项目的权利，由于前文已经明确了只有具备起诉条件的案件才具有分流的可能，而国家在司法程序中往往具有较强的追诉倾向，因此明确被追诉者的知情权和申请权意义重大，另外警察指控和检察官的正式公诉有着明显区别，及时提供相应的分流选项也是警察指控与检察官正式控诉的区别之一。[1]尽快提供分流选择是为了给被追诉方更多的时间考量，从而做出更加有利于自身的决定。在决定提出申请之前，被追诉方有咨询律师的权利，这也与美国宪法第五修正案中快速审判的权利，接受陪审团审判以及政府承担证明责任的精神相一致。在保障被追诉方意愿表达自由方面，该《标准》巧妙指出，在选择分流项目的同时，允许并且充分尊重被追诉方采取更有利于自身的方式进行诉讼的权利，其实从某种角度来看，如果分流项目的方式不能让被追诉方的利益最大化，他在法律层面还有一种对自己有利的选择，即认罪。为了保障分流项目的公正性以及被分流人参与分流项目的自愿性，《标准》明确规定被分流对象在分流决定作出之前有获得律师帮助的权利，其中必须对案件的特点、分流项目的要求、期限还有可能的结果有充分的认知。在保障律师帮助和被分流人的知情权方面，需要明确分流项目的获悉应当先于被分流人与辩护律师的沟通，并且分流项目必须明确具体，如分流项目需要符合的条件、可能对人身自由带来的限制、完美履行的标准以及项目的保密等级等。在保障无罪推定原则方面，《标准》强调不允许将正式认罪作为实施分流项目的前置条件，但是对罪责的非正式承认可以成为分流项目的一个要素。分流项目的参与人如果继续坚持认为自己无罪，必须以书面方式且向辩护律师咨询以后提出。因为将认罪与审前分流结合起来有两个方面的风险：第一，在一些先于与律师沟通的分流项目中，被分流对象无法掌握明确的信息，也就无法做出自愿的选择；第二，如果分流项

---

〔1〕参见韩阳、高咏、孙连钟：《中美刑事诉讼制度比较研究》，中国法制出版社 2013 年版，第 50 页。

目中设置了认罪的条款，那么分流项目就成了辩诉交易的另一种表现形式而不是追诉替代方式。之所以允许对刑事责任的部分承认主要是为了保障被分流人在分流项目实施过程中能够更好地履行义务。最后，在确定是否成功履行分流项目的问题上，有着一系列的认定标准。对于成功履行的分流措施，规定了严格的记录封存以及消除程序，从而较好地保障了被分流人的利益。

二、加拿大的分流机制

加拿大的国土面积与中国相似，也是一个地域差异性极大的国家，其司法制度深受北美和欧洲的双重影响，因此也体现出了极强的综合性，而鉴于我国刑事司法研究传统的局限性，往往只重视北美地区的美国相关制度的研究，对加拿大的相关制度则采取了不应有的忽略态度，而加拿大的司法制度恰恰是基于其传统国情和对英美法系以及大陆法系的借鉴（如魁北克省具有较强烈的大陆法系色彩），很难以某种分流制度取代整个国家的分流机制，因此本书仅对安大略省的部分分流机制作简要介绍和分析，以期能够对加拿大程序分流机制形成基本认识。

加拿大的分流机制往往体现为项目或者计划制，提供不同类型的分流项目，而这些分流项目往往也具有不同的履行义务和责任的要求。[1]一些分流项目非常正式和严谨，比如精神健康分流或者是少年法庭提供的额外司法处分项目。也有一些类型的分流项目可以非常的非正式化并且以仅仅履行一些少量的社区服务义务或者为公益事业作出捐赠为完结事项。尽管不同的分流项目之间的差异较大，这些分流项目的共同之处在于他

---

〔1〕 参见葛琳：《刑事和解研究》，中国人民公安大学出版社2008年版，第216页。

们都实际承担了起诉的职能并且替代起诉成为了最终的处理方式。皇家检控署认识到并不是所有的犯罪都需要经过认罪协商或者是审判,有些时候履行一定的社区义务对于化解因为犯罪行为而造成的社会危害会更有益处。总体上来说,分流项目包括被起诉的人在法庭之外履行一定的义务,作为皇家检控署撤回或暂时搁置指控的条件或者筹码。如在数额和情节较为轻微的盗窃案件中,嫌疑人窃取了超市中的低价物品,如果他没有犯罪记录并且在警察处置过程中没有不当言行,那么皇家检控署可能会提供一种分流手段,这种手段可能是告诉当事人,可以依靠20小时的社区服务来代替对其犯罪行为的指控。

皇家检控署对哪些案件可以分流拥有最终决定权,在起诉阶段,分流是一种不提起公诉的决定,并且这种决定仅仅能够由皇家检控署以及其检察官作出。[1]由于皇家检控署的决议对起诉方式有巨大影响,对于当事人尤其是被起诉方来说,让皇家检控署认识到自己能够完成分流项目的义务和职责是非常必要的。而治安法官或者负责审判职能的法官无权决定什么案件能够适用分流程序或者符合分流的条件。一些被皇家检控署认定为轻微犯罪的行为可能作为分流处理,如侵入商业场所的盗窃且数额不大,改变标价以及拒不支付相关费用等小额的欺诈,一些损害行为造成轻微损失,造成一定的干扰,拥有少量的大麻(有个人使用的意图)等。从安大略省能够实施分流的类型来看,虽然加拿大的刑事实体法较为严格和细致,对很多行为进行了犯罪化改造,但是与此相对应的是拥有完善的分流程序和协商机制,从而保障了实体法的理性实施。同理,往往只有那些无犯罪记录的人更容易成为分流机制的适用对象,如果当

---

〔1〕 参见张大海:《新时期司法政策实证研究》,中国政法大学出版社2014年版,第61页。

第四章 经验论：域外刑事程序分流机制现状及简评

事人在警察那里曾经有过一些案件处理的记录，即使你没有被起诉，也会影响皇家检控署对于你是否适用分流的决策。然而每个案件都是不同的，并且每个嫌疑人的具体情况也有所差异，所以皇家检控署在适用分流程序的决策过程中有较大的自由裁量权。

从案件分流的方式来看，加拿大安大略省的分流方式也体现出鲜明的特征，即多元化和人性化，同时也不缺乏权威性和强制性。不同种类的犯罪和犯罪人可能因适用不同的分流项目而被取消追诉或者改变追诉方式，并且这些项目往往拥有各种名目，让被告人从普通追诉模式中脱离出来往往需要其履行特定义务或者符合特定条件。一旦被告符合该特定条件，检察官或者法庭就应当撤销指控。通过安大略省的模式我们可以发现，分流机制能够给被告足够的时间来自我矫正并且向司法机关证明其具备相应的条件和基础，因此，国家可以以降低或者撤销指控作为激励措施。在典型适用的犯罪领域如毒品、家庭犯罪以及初犯等，特定的条件包括必要的咨询和缓刑，要求被告向专门机关证明其能够自我改进的意图。综合分析安大略省的分流制度，两种主流的分流方式较为普遍，即要求被告认罪的分流方式和不要求被告认罪的分流方式。前者往往被定义为推迟裁决，后者被称为审前分流。审前分流项目能够将被告从原先的有罪控诉的状态中分离出来，往往表现为推迟起诉、审前干预、加速审前修复和加速恢复性处置等方式。在审前分流项目中，检察官停止对被追诉人不利的指控，为被追诉人符合特定的分流项目创造条件，这些条件和矫正方式包括设置一定的考验期、与被害人商讨和进行社区服务等。在多数案件中，检察官对于是否采取不要求被告认罪的分流方式具有裁量权。成文法可以设置可参照的适用条款，但是检察官可以对是否适用特定的分流项目做出最终决定。在一些司法实践中，法官可以建议审前分流或者直接决定适用以不认罪为基础的审前分流。[1]另外，检察官往往要求符合审前分流条件的嫌疑人放弃一些成文法中的关于被告人有权获得迅速审判权利的条款，如果被告人不能够符合审前分流项目的条件，检察官将撤销之前的分流决定并重新转入正式审判程序。在延迟裁决的分流模式下，被追诉方往往已经得到了有罪控诉或者进行了无罪申诉，这种情况下与缓刑考验期类似，但是在其他方面，延期裁决的流程更像审前分流。另外，延期裁决也与裁决的暂时搁置较为类似。尽管被告在延期裁决的分流模式中被指控有罪或者进行了无罪申诉，但法庭不会马上作出有罪裁决。相反，与审前分流类似，法庭会设置一些被告必须遵守的条件，一旦被告符合特定条件，有罪指控将被撤销并且被告也不会有犯罪记录。另一方面，如果被告没有达到上述条件，法庭将推进有罪的裁决并且决定实施相应惩罚，在这种情况下，被告将有认罪的犯罪记录。推迟裁决模式和审前分流模式的最大区别是被告在违反分流条件时的程序应对，即在前一种情况下，被告将直接进入判决和量刑程序，而后者由于并没有预先的有罪指控，被追诉方违反指控将会导致普通诉讼模式的回归。

三、英国的分流机制

鉴于英国在英美法系的重要地位以及在历史上的重要影响，其司法制度对其殖民地区的影响力仍然较为深刻，在具有诉讼分流功能的制度中，首先值得探讨的就是警察警告制度。根据2003年英国颁布的《刑事审判法》，警告可以表现为两种形式，

---

[1] 参见肯特·罗奇、刘晓兵、上官春光："加拿大恢复性司法的制度化"，载《国家检察官学院学报》2009年第4期。

第四章 经验论：域外刑事程序分流机制现状及简评

即普通警告以及附条件警告，后者要求犯罪嫌疑人必须在特定条件下履行相应的义务。[1]比如，内政部有义务监督警察和检察官对警告的运用。尽管警告并不是一种认罪的形式，但是警告是个人犯罪记录的组成部分之一，并且可以成为被警告人的品格证据。在犯罪记录署对特定工作的审查中，警察警告可能成为部分国家拒绝被警告人员入境、居住以及就业的理由。警察警告在英国属于刑事诉讼的一种特殊模式，即警察机关对任何10周岁以上涉嫌轻微犯罪的公民提出的一种替代刑事指控的措施，如果你不接受或者不认同该项警告，你将会被逮捕或者被正式起诉。在警察警告的适用过程中，为了保障犯罪嫌疑人的利益，必须遵循以下基本的条件和原则。首先必须对犯罪行为实施者的行为拥有合理的怀疑，并且犯罪实施者也必须承认他对其所犯的行为有责任，在认罪之前，犯罪行为实施者必须充分理解警察警告的内涵并明确被告知可能面临的后果。此外，如果当前的证据达不到起诉的标准，警察警告不能正式颁布。警告的效力也会因为加害人不合适的承认遭到撤销（如自愿认罪后又反悔，或者对加害人方的精神状态和智力水平有疑问等）。警察警告往往适用于简易罪和可选择罪，而根据司法部的建议，警察警告在一定条件下也可以适用于严重的犯罪。针对一些特殊群体，警察警告制度存在一定的变通，如17周岁以下的加害人可能会被适用青年警告，与普通的警察警告相比，青年警告首先也需要有足够的证据证明犯罪行为的发生，其次证据的证明力必须足够达到现实中督促加害人认罪的效果，即青年警告的适用对象必须认罪；加害人没有认罪的前科；对该犯罪行为进行起诉不符合公共利益考量。

---

[1] 参见甄贞："英国附条件警告制度及其借鉴意义"，载《法学家》2011年第4期。

在适用警察警告的过程中,由于其不属于成文法中的正式控诉,因此在警察警告作出的同时,嫌疑人并不能要求享有沉默权。一般来说,警察警告的目的有以下几个方面:首先是对实施了轻微犯罪的嫌疑人给予一种适当的处置和回应;通过运用警察警告这一种灵活、简洁以及高效的司法模式,取得积极的社会效应;记录个人的犯罪行为,为未来可能的刑事诉讼程序、犯罪记录等类似审查工作打好基础;通过警察警告从而降低被警告者再次实施轻微犯罪的可能性;此外,通过警察警告来增加司法官员处理严重犯罪的时间,减少警官适用正式司法程序时在文件工作和出庭工作上所耗费的时间,与此同时也相应地降低法庭的负担。警察警告制度在英国刑事司法系统有着较为成熟的经验,其最早出现在19世纪早期。早在19世纪20年代,书面警告已经开始被应用于和摩托车相关的犯罪。根据相关统计资料显示,在1928年家庭犯罪也开始适用警察警告,并且在1931年警察警告也开始采用口头的方式作出。1959年的《街头犯罪法案》为移除犯罪记录中的警察警告创设了专门的条款,3年以后,皇家警察委员会记录了对于不公正警察警告的考虑。1978年警察总部签署了第一个通告,保障了对未成年人适用警察警告的连贯性,并于1985年扩张到成年人。从1995年开始,警察警告作出以后都会被录入到全国警察计算机系统中,简易警告会被保持5年,警察机关可在此框架下遵循相应的指导。1997年《警察法案》创制的特定条款规定如果其所在行业可能使其在缺乏监管的情况下接触儿童,那么警察警告记录可以被展示给特定雇主。2003年的《刑事司法法》明确了附条件警告,进一步完善了警察警告的体系。但是警察警告制度的产生和发展也面临很多质疑,从2000年以来,警察机关由于将大量的犯罪纳入正式司法程序而成为被批评的对象。由于作出警

第四章 经验论：域外刑事程序分流机制现状及简评

告比将犯罪行为纳入正式司法程序更为简洁，部分地区警察警告的运用比例上浮至30%。2006年新的指南颁布了一项决定，即警察警告要保持100年，然而往往在5~10年以后，根据犯罪行为的轻重，这些记录会被用于一些有限的调查，从而影响了新决议的权威性。在2008年，一个来自官方总部的巡回决议明确了嫌疑人在接受正式警告之前必须得到一个书面的解释，从而遵守正式同意的义务，并且提供了一种新的方式，让犯罪嫌疑人明确认知其犯罪行为以及可能后果。在最近一段时间，英国警察机关采取了一种对轻微犯罪行为的降格处理，作为替代警察警告的方式。这种处理方式通常被称为社区解决，在减少了警务资源的同时也降低了犯罪嫌疑人的被逮捕率。社区解决方式并不需要任何正式的记录或者文件，但是需要犯罪嫌疑人承认犯罪行为并且被害人能够欣然接受这种非正式处理方式。[1]

由于警察警告在诉讼分流以及减缓司法审判压力上起到了重大功效，其在司法实践中被广泛运用，但是也引发了广泛质疑。自2013年开始，基于英国警方在决定是否启动对犯罪嫌疑人起诉问题上拥有的巨大自由裁量权，英国对警察警告制度进行了必要改革，主要内容就是警方不得对多次实施犯罪的人员在2年内实施超过1次的警告，这项制度客观上也加剧了监狱系统的负担。在2015年，英国《刑事司法和审判法》修改了对警察警告适用的限制，即对于可诉罪而言，警察警告只能适用于一些例外的情形，并且需要经过检察总长的同意；对特定的可选择罪也只能适用于例外情形；对于简易罪和其他可选择罪，犯罪嫌疑人在过去的两年内曾经遭受到警告的，只有具有一定

---

[1] 参见江礼华、[加]杨诚：《外国刑事诉讼制度微探》，法律出版社2000年版，第112页。

职务的警官才能认定是否对其继续适用警察警告。从警察警告制度在英国的发展来看,该制度虽然面临较大争议,但是其在审前程序中的分流功能不可小觑。

第二节 政策实施型代表性国家的程序分流机制简述

一、法国的分流机制

法国作为大陆法系的典型代表,其预审法官制度独具特色。从诉讼程序,尤其是审前程序的运行来看,预审法官对程序分流机制的构建起到了关键的作用,自从乌特罗案以后,法国审前程序改革愈发注重多元价值的整合,再加上法国刑事实体法对重罪、轻罪和违警罪的区分,以及在法庭设置和程序救济上的多元化设置,为法国程序分流机制的建构打下了坚实的基础。

法国在1993年通过立法确立了调解程序。结合法国刑法典的特色,调解也存在两种模式,即针对犯罪的调解和针对轻微违法行为的调解。1999年《法国刑法典》明确规定,如果一种方法能够明显保障被害人被侵害的权益,或者能够阻止犯罪行为对社会造成的危害,那么检察官或者其代理人可以采取以下几种措施:①赋予犯罪行为实施者法律明文规定的责任和义务;②引导犯罪行为实施者参与健康的、社交化以及专业的组织;③要求犯罪行为实施者结合法律或者规章自我调整和约束某种行为;④要求犯罪行为实施者对自己行为造成的损害进行合理补偿;⑤在诉讼当事人的一致同意下,在被害人和加害人之间启动调解程序。1999年的立法还创设了另外一种体系,即针对轻微违法行为的综合调解程序。这并不是一种严格意义上的调解程序，更类似于民事手段，即通过庭外解决财产纠纷。[1]《法国刑法典》第 41 条第 2 款规定在任何正式的公诉程序启动之前，地方检察官针对实施了一项或者多项轻微违法行为的成年人（如毁坏财物，家庭暴力以及毁坏信誉等）有权建议采用、直接启动或者通过被授权的主体实施刑事调解程序，并且同时需要符合以下若干项条件：①支付调解相关的费用。费用的金额不能超过 3750 欧元或者不能超过加害人减除收入和支持所剩余金额的一半。调解费用的支付一般需要制定合理的支付期限和支付方式，需要在检察官的监督下支付且期限往往不超过一年；②向国家交出已经用于犯罪或者可能用于犯罪的物品；③上交驾照且最长不超过六个月，或者同意在不超过 4 个月的期限内，在司法官员的要求下出席法庭；④为了社区的利益开展最长不超过 60 小时无薪水的工作，在一定期限内完成且不超过 6 个月，或者参与不超过 3 个月的健康、社交或者专业培训机构的课程。

  法国的调解程序对程序分流的推进作用较为明显，从具体操作层面来看，一旦明确被害人的身份，地区检察官必须建议加害人对被害人造成的伤害进行补偿，除非加害人能够证明损害已经得到补偿。检察官要求弥补伤害的过程必须在一定期限内完成，并且不能超过六个月，他会告知被害人该项建议措施。地区检察官向加害人提出的刑事和解建议会得到司法警察官员的注意。这里要求检察官签署书面决定，书面决定对于调解的方式和要求都必须明确。刑事和解可能会在法律服务公共中心开展。在他作出正式同意检察官意见的决定之前，和解参与人会被告知他有权邀请律师参与和解，同意的声明会被记录到官方的案卷材料之中，其复印件会给加害人保留一份。当加害人

---

[1] 参见施鹏鹏：《法律改革，走向新的程序平衡?》，中国政法大学出版社 2013 年版，第 213 页。

同意有关和解的措施时，地区检察官将会向大审法院法官提交请求同意调解的决定，然后地区检察官会告知加害人相应的决定，有时包括被害人相关程序性决定。大审法院法官随即启动对加害人和被害人的聆讯，有时也会有律师的参与和协助。大审法院法官的决定将会告知加害人以及被害人和解的结果不能上诉。如果加害人不接受司法官员的调解，或者在其同意后仍然不能接受调解的决定，或者同意调解的意愿没有直接给予地区检察官，为了起诉的推进和认罪的需要，如果合适的话，已经完成的调解数额会由加害人承担，起诉将被暂时搁置。当地区检察官建议采取刑事和解措施，并且在此期间调解的期限也得以明确并得到执行，则刑事和解成功，诉讼终止。

最后，法国在2004年的立法中创设了法国式的辩诉交易。这种原则体现在法国《刑事诉讼法典》第495条第7款至第495条第16款中。根据这章的内容，加害人可以提议采用辩诉交易条款。公诉人接受加害人的公开认罪并且建议对其采取适当的刑罚。如果加害人接受辩诉交易，法官可以认可刑罚并且在公开听审过程中宣告。如果加害人拒绝接受刑罚，检察官将启动公诉程序，其中加害人有10天给公诉人答复；如果加害人拒绝，公诉人可以让加害人出庭或者在会见自由和羁押法官之前出庭。[1]当案件事实简单并且不需要额外的侦查工作时，当嫌疑人认罪以后，庭前认罪答辩制度的适用条件也就相应启动，根据欧盟的要求设置了一些激励措施如降低处罚等。直到目前，根据庭前认罪答辩程序作出的判决往往会在6个月之内作出，因此很明显地提高了效率和灵活性。随着法国庭前认罪答辩程序范围的扩大，最高刑期不超过10年的案件也可以被纳入，因

---

[1] 参见孙春雨：《刑事和解办案机制理论与实务》，中国人民公安大学出版社2013年版，第197页。

第四章 经验论：域外刑事程序分流机制现状及简评

此，庭前认罪答辩也包含了必要的审前羁押。然而，事实上庭前认罪答辩程序依赖于被告的人格以及其认罪的意愿，因此非监禁刑的适用至少在当事人和法官看来更为合适。实践证明，庭前认罪答辩程序在轻微案件中证明了自身的价值，然而，由于其可以适用于最高刑期10年以下的案件，并且授权检察官建议采取不超一年的羁押，对被追诉者造成的压力是矛盾的。这里就存在一种可能，如果辩诉交易导向轻微的处罚或者避免适用羁押刑，就需要引入协商的文化并对此给予足够关注，避免当事人不能接受或者不符合刑事诉讼比例原则的结果出现，从而危害被告人的权益。因此，公正和独立的司法审查在诉讼中显得至关重要。事实上，在一些情况下，欧洲人权法院作为最后的救济保障，是有责任审查庭前认罪答辩过程中被告人的自愿性和协商结果的公正性的。因此庭前认罪答辩制度除了受到法国刑事诉讼法本身的约束以外，上诉至欧洲人权法院是被告人最后的权利救济手段。

为什么分流机制能够激发以纠问式诉讼为基础的法国的兴趣？如果法国的立法曾经大量受到英美法系的影响，那么法国的认罪出庭答辩程序就很清晰地指向在法庭审判之前简化和加速诉讼程序，因此法国的认罪协商程序将会成为一种高效的争端解决机制，同时也会对犯罪控制模式带来极大的影响。与正当程序模式追求自由、平等以及被追诉方权利保障的目标相反，犯罪控制模式在确认和追诉犯罪的过程中会衡量刑事司法的利益选择，关注社会安全、诉讼效率的提升以及程序体系的完善。另外，刑事诉讼的管理模式就类似于一个公司引进了行为和竞争力的概念。管理主义营造出一种结果导向的文化而不是资源导向的文化，因此在这种导向下，承担公共职能的官员更像一名必须对自身行为负责的经理。因此追求简单、高效并且快速的程序越来越成为包括法国在内的欧洲国家的选择。

二、德国的分流机制

德国作为传统大陆法系国家，其程序分流体系仍然离不开国家成文法的规定，以审查起诉阶段和审判阶段的特定制度作为案件分流的支撑。在审查起诉阶段，德国检察官并没有权力决定将犯罪嫌疑人、被告人的案件直接分流出法庭程序之外。然而，检察官经常参与对案件是否作出分流决定的协商进程，并且依照程序的规定以合议的方式解除正式的诉讼程序，这种与被告人的协商可以发生在量刑阶段之前的所有诉讼进程之中，法官判决书的草案在作出前可以由检察官知晓并且不需要经过公开听审的程序，这种类型的判决可以用作包含罚金、吊销驾驶执照或者一年以下的监禁刑罚等内容的判罚。被告人的自愿性并不是首先被考虑的要素，但是被告人通过上诉程序使得迅速裁决的方式失去法律效力。因此至少在非常规的诉讼程序中，检察官和被告人在判决下达之前探讨裁决的内容和方式并且确认被告人能够接受以不公开庭审的方式接受裁决。很多被告对这种处理方式有较强的积极性，因为这种审判方式不需要进经过公开审理，并且被告的辩护律师可以积极参加与检察机关对于定罪和量刑的协商。尤其针对白领犯罪等高智商犯罪，在正式的定罪量刑协议达成之前，控辩双方具有广泛的协商空间和余地，能够涵盖多个诉讼主体之间的利益诉求。法庭虽然在立法层面对达成一致的协商判决具有否决权，但是在审判过程中很少有法庭这样操作。

检察官不仅仅是在审前程序，甚至在审判程序之中也经常积极推动这种双方协商一致的判决结果的达成。1980年以来，德国版本的辩诉协商快速并且广泛地扩展到了刑事案件的办理中，尽管德国的成文法典对这一行为并没有明确的法律依据。联邦上诉法院在1997年以积极的态度认可了司法实践的做法，只要符合辩诉协商的条件，这种模式就具有较好的前景。在很多具体的案件中，辩护律师和他所参与协商程序的时间既可以在开庭审理之前，也可以在庭审进程之中。为了达到一种宽容的纠纷处置方式，被告提供一种认罪的态度和倾向，而法庭相对应地表达一种从轻和从宽处罚的愿望。尽管这些协商程序主要发生在被告和职业法官之间，但是检察官经常积极参与并且享有审核和否决的职能。如果检察官决定提起抗诉从而使得已经达成的协议不能发生法律效力，那么检察官的决定就将全部否定先前达成协议的效率价值。这种协商式的司法曾经被学者严厉批评，但是受到了司法实践部门的广泛支持。辩诉协商适用于各类刑事案件，最主要集中在毒品犯罪和白领犯罪。没有任何一种诉讼程序的目的是规避正式的法庭审判程序，在司法实践中，德国大量的案件虽然在立法制度层面上流转出法庭的机会不大，但是协商制度为其提供了巨大的操作空间。

从案件分流的角度看，德国检察机关取消一个可诉罪名时，必须将嫌疑人从刑事诉讼程序中剥离开来。程序分流可以是非权威性的并且不具有惩罚性质，但是分流的手段仍然赋予了犯罪嫌疑人一定的义务和条件。德国的司法制度为程序分流提供了完整的实体法规定，在轻罪和不太严重的违警罪中，检察官可以通过不起诉的方式让犯罪嫌疑人脱离刑事诉讼程序，但是犯罪嫌疑人必须履行相应的义务，如赔偿、社区服务等。在司法实践中，履行义务的方式较为多元，包括向国家支付赔偿金，参与公益性组织的劳动，或者赔偿被害人财产。犯罪嫌疑人可以拒绝履行这些义务，但是他将承担被起诉的风险和接受定罪的现实。另外一方面，如果嫌疑人履行了相关义务，他将可以避免被公开起诉或接受公开审判,并且犯罪记录将会被封存。20世纪80年代开始的刑事诉讼改革提供了一系列和解措施,德国的刑事司法系统相应地进行了系统性的改革,司法实践也创造了一系列被害人与加害人和解程序的分流方案,随着司法实践的不断成熟和完善,德国的司法系统形成了一种共识,即当加害人和被害人之间通过合议的方式完成了社会关系的修复,就失去了国家公共利益存在的空间,因此公权力的介入就应当被限制。[1] 程序分流的实践非常受欢迎,因为这种方式极大缩短了诉讼周期、减少了诉讼资源的消耗,在降低法庭的案件负担的同时,让轻微案件的犯罪嫌疑人和被告人摆脱犯罪标签的影响。在德国,也存在一部分对程序分流机制的批评声音,即程序分流将刑罚判处的权威性从法庭转移到了检察机关,导致分流措施的责任和可行性受到冲击;并且大量使用附带条件的分流措施不仅不能减少国家权力对公民的控制,反而因为附带条件的普适性,加剧了国家对公民权利的渗透和影响(即所谓的网状效应);并且无罪推定原则在分流措施中被忽视,因为犯罪嫌疑人必须接受分流的处理,不然他们一旦进入正式的起诉和审判程序将面临更加严厉的处罚。尽管存在理论上的争议和批评,但是对于检察官、辩护律师、法庭来说,程序分流措施具有非常积极的效益,并且大部分被告人也乐于接受分流,理论上的争议和批评声音无法阻止司法实践中对分流措施的扩大应用。在德国,附条件撤销起诉制度最开始是为了处理轻微案件设置的制度,现在已经逐渐适用于严重的犯罪,尤其是经济犯罪中,犯罪嫌疑人愿意支付高达10万美元的费用获取检察机关不提起公诉的决定。这种解决方式使得犯罪嫌疑人继续保持

---

[1] 参见卞建林、刘玫主编:《外国刑事诉讼法》,中国政法大学出版社2008年版,第212页。

了无罪的状态,并且检察官可以宣称国家已经获得了足够的作出不起诉的理由,进而避开了审判程序可能面临的风险。为了防止分流机制的滥用,需要设置必要的限制条件,从而保障程序分流的公平适用。德国检察官建立了一系列指导意见从而保障分流的可接受性,包括对罚金的最高限制;嫌疑人和被害人有权决定和解协议是否将接受法官的司法审查;并且对于在分流机制中消极履行义务的被告人,应当设置必要的处罚措施。限制公诉裁量权的主要理由在于在程序分流机制的运行进程中,检察官取代了法官,事实上成了作出终局性裁决的对象,因此德国的司法系统在面临这一问题时,理论界和实务界依然存在不少争议,但这些争议没有影响分流机制的影响力不断扩大的事实。

  德国的程序分流机制除了在发挥检察机关的起诉裁量权方面以外,其处罚令程序作为简化审判方式,对创设新的审理模式也起到了非常积极的效用。处罚令程序作为职权主义模式下的改革产物,其设置的目的主要是强调法官对事实真相的发现职能,而非当事人的独立决策。对轻微的犯罪追究刑事责任对公共利益没有意义时,检察院可以通过向法院申请处罚令而对犯罪人进行分流。[1]在司法实践中,辩护律师与检察官对是否采取处罚令程序进行协商已经成为处理轻微刑事案件时的普遍做法。总体来看,如果被告人愿意接受处罚令的处罚,检察机关也就相应不会增设新的指控,双方就能够针对量刑问题进行进一步协商。协商的空间除了量刑的减轻以外,还包括解除被告人羁押状态的条件,或者以不公开的方式保护被告人的隐私。德国法院系统对于不公开审理有着较为严格的限制和规定,因

---

  [1] 参见宗玉琨编译:《德国刑事诉讼法典》,知识产权出版社2013年版,第283页。

此检察官和法官也会对参与法庭旁听的人员作出严格限制。在案卷材料的流转上,检察官的书面卷宗直接移送给法官,法官往往不对案卷材料的真实性进行审查而是接受检察官关于指控和量刑的建议,因为这些建议往往是与犯罪嫌疑人、被告人协商之后的产物。在处罚令程序的运行规则下,控辩双方的协商是以相互信任为基础的,因此处罚令程序模式改变了控辩双方的对抗状态,由对抗式诉讼模式转为利益博弈型诉讼,如果控辩双方无法达成合意,就存在转为普通诉讼程序进而加重被告人处罚的风险。在处罚令程序的协商合意的效力以及救济问题上,刑事处罚令往往适用于一年以下的有期徒刑,并且,处罚令程序中虽然没有要求被告放弃上诉的权利,但是该权利很少被真正执行。由于处罚令程序的办案模式强调控辩审三方的协作,作为协作模式的成果,协商协议虽然也存在一定的救济机制,但是基于控辩双方的相互信任,打破协商结果进而履行正式诉讼程序的方式受到了严格的限制,进而保障处罚令程序的严肃性。

第三节　联合国刑事司法准则中有关程序分流的指引

联合国刑事司法准则中具有指导功能以及法律效力的文件,在一定程度上也体现了较强的程序分流精神。联合国刑事司法准则中对于刑罚泛化,尤其是对监禁刑以及审前羁押的高适用率持有否定的态度,在推进各国积极适用非刑事化的羁押以及监禁替代措施上做了较多的工作。从1998年起,联合国的一系列决议体现了其推进程序分流的意愿。[1]因此,联合国经济与

---

〔1〕　1998年联合国经济与社会理事会通过《开展国际合作,以求减少监狱人满为患和促进替代性刑罚》的决议。

第四章 经验论：域外刑事程序分流机制现状及简评

社会理事会积极向各成员国推荐社区服务、损害赔偿等措施从而替代监禁手段的实施。联合国刑事司法准则除了采取倡导非监禁、非羁押措施以外，还大力倡导"恢复性司法"模式在各成员国的推进。[1] 为了更好地通过刑事司法修复被破坏的社会关系，在调解人员等主体的参与下，加害人与受害人以及受到该犯罪影响的任何个体或组织成员都可以参与案件的定罪量刑，通过协商的方式决定刑事责任的归属、损害赔偿的标准等。2002 年，《关于在刑事事项中采用恢复性司法方案的基本原则》正式通过。在全球范围内，随着刑事司法的进一步发展，基于权威推进的传统刑事诉讼程序已经越来越暴露出其在刑罚差异化上的缺陷，尤其是在如何让犯罪人回归社会这一个角度上。因此，采取更加灵活的做法不仅仅成为一个共识，更成为各国刑事司法需要正视且大力解决的问题。联合国预防犯罪和罪犯待遇大会在 1990 年通过的《关于检察官作用的准则》（以下简称《准则》）中，明确各国应当充分探讨利用非刑事化的手段解决刑事纠纷，进而在减轻法院负担的同时尽量避免因诉讼程序对被追诉者造成的审前羁押等不利后果。对于少年犯罪，《准则》更是严格控制其适用范围，以避免刑事诉讼程序本身对少年犯的消极影响。为了保障起诉程序不被滥用，1987 年，欧洲理事会部长委员会通过了关于"简化刑事司法"的第 18 号建议，鼓励各成员国在刑事诉讼中采用认罪答辩程序。《罗马规约》在创设国际刑事法院的同时，也引入了认罪协商程序。这些指导性文件都为起诉权的自由裁量提供了较好的参照依据。总的来看，联合国刑事司法准则对于刑事程序分流制度的创设和推进持有积极的态度，在具体的表现方式上，纲领性文件基

---

[1] 参见孙锐：《冲突与调试：国家在刑事诉讼中的角色分析》，中国检察出版社 2012 年版，第 145 页。

本涵盖了程序分流机制的具体内容，为各成员国的具体落实提供了参考和指引。但是联合国刑事司法准则在刑事程序分流机制构建方面也存在一定的局限，首先文件中更多的是建议性和指导性的措施，缺乏有强制力的执行和落实手段；其次，联合国刑事司法准则对程序分流机制的案件适用类型上的规定过于模糊，同时对于分流的标准也没有明确提及，一定程度上影响了该机制在各成员国的落实。总的来看，联合国刑事司法准则为各成员国推进刑事程序分流机制提供了较强的指引，但是在各成员国具体推进该项机制的过程中，还应当充分考虑各国的国情和司法制度，在不影响刑事司法整体秩序的前提下，稳妥推进。

第四节 域外分流实践的总体特征以及对我国的启示

首先，在程序分流机制的运行过程中，国家权力的介入方式从权威型转化为合作型。在推行当事人主义诉讼模式的国家中，国家角色和权力的介入与普通当事人差异不大，对于以职权主义诉讼模式为主的国家，其传统更多在于国家刑罚权的实现过程以及对公共利益的维护。权威型国家往往将国家刑事法治的运行与社会利益和民众诉求天然结合在一起，从程序分流的角度，当轻微刑事案件取代严重犯罪成为各国犯罪的主流趋势时，国家权力的定位以及介入刑事司法的方式必须通过适当地调整才能更好适应社会发展的需要。因此国家权力应当区分案件的类型进而有选择地介入其中。对于轻微刑事案件，国家权力应当适当弱化其追诉者的角色定位，而强化其参与者的功能定位，进而帮助职权主义诉讼模式国家理顺程序分流机制运行的前提条件。在当事人主义诉讼模式国家，虽然国家权力的

第四章　经验论：域外刑事程序分流机制现状及简评

介入已经具有较强的当事人主体色彩，但是在其对抗式诉讼模式的前提下，程序分流机制的运行仍然是对其诉讼理念的进一步调整。由于程序分流机制需要控辩双方的协商和合议，因此对抗的要素被削弱，合作和协商成为程序分流机制的主旋律。

其次，社会个体在程序分流机制中的地位逐步凸显，也对诉讼程序的多元化提出了更高的要求。有别于传统刑事司法将犯罪个体视为被追诉者以保证刑罚的统一性和严肃性等观念，程序分流机制凸显了犯罪人主体的独立性价值。因此在程序分流机制的运行过程中，各国除了解决刑事责任问题以外，将保护犯罪嫌疑人以及被害人群体的利益也作为程序分流机制运行的重要考量标准。在注重刑罚个别化和差异化的过程中，各国刑事司法都以将诉讼程序灵活化的方式，达到了刑罚差异化的目的。其中，英美法系国家基于其相对灵活的诉讼程序，将程序分流机制转变为针对犯罪个体的有特色的"项目"，以项目化的方式完成程序分流的目标。而大陆法系国家则主要通过创设新的程序以及对成文法规定的诉讼制度进行创造性运用等途径，将程序分流机制的运行与国家司法程序的整体运作有机结合在一起。虽然在具体的运作模式上，大陆法系与英美法系国家有所差异，但是其目的都是保障犯罪人处理方式的差异化。通过程序分流机制的运行也能够看出，随着全球化进程的推进，各国间司法程序和运作模式虽然依旧保留了较强的地域和传统特色，但也越来越出现相互融合的趋势，程序分流机制虽然在两种法系国家的表现形式有所差异，但是从具体运行的效果来看，刑罚差异化的模式和重视司法的社会效果已成为各国刑事司法的共同价值取向。[1]

---

〔1〕 参见孙国详："刑事一体化视野下的恢复性司法"，载《南京大学学报（哲学社会科学版）》2005年第4期。

降低犯罪标签对公民个人的影响成为程序分流机制运行的重要目标,其中充分依靠社会力量成为一种主流方式。无论是英美法系国家采取的非正式性的程序分流机制还是大陆法系国家采取的以多元化诉讼制度为主体的诉讼模式,都必须将关注的重心放在犯罪人这一个体上。而如何在保障程序分流机制运行的同时尽量降低犯罪标签可能给犯罪人带来的影响则是一个非常重要的问题,对此,各国司法实践也做出了符合各自国情的选择。如部分国家依托社区,以项目化的方式,通过参与社会服务加速犯罪人与社会的再度融合,进而实现犯罪的非标签化处理。在大陆法系国家,以构造多元化的分流方式打造的程序分流机制能够帮助涉嫌犯罪的公民尽快摆脱诉讼程序对其造成的负担,并且在分流机制的运行过程中,十分重视犯罪记录的封存,通过犯罪记录封存制度,保障了涉嫌犯罪的公民重新回归社会之后的法律地位,保障其在刑事诉讼中的"被遗忘"权利的实现,降低其再次就业、参与社会公共事务的负担,因此程序分流机制不仅仅是复杂案件与普通案件的分流处理或者重罪与轻罪的分流处理,这只是国家层面希望分流达到的目标,而从公民角度,程序分流机制能够最大程度为其回归社会降低负面影响。

最后,我国在推进程序分流机制的过程中,应当在选择、借鉴域外主要国家的分流经验的同时探索出符合自身国情的分流机制。我国刑事程序分流机制的构建必须把握我国诉讼制度的运行特征,由于我国的诉讼模式更类似于大陆法系的成文立法模式,因此程序分流机制的运行仍然需要立法机关的顶层设计,在运行方式上,需要以多元化的制度保障分流方式的多样化,以完备的制度作为程序分流机制的运行基础。而完备的制度不仅仅是程序立法的完善,更应当包括实体法的改良,如果

第四章 经验论：域外刑事程序分流机制现状及简评

实体法不能给量刑问题以更大的协商空间，那么程序分流机制只会单纯保障司法实践中诉讼效率的提升，客观上不仅不能实现诉讼公正，反而会因程序简化损害诉讼公正。因此我国的程序分流机制仍然需要以实体法和程序法的进一步完善为运行基础。根据我国国情，还是应当以正式性的分流措施为主体，非正式分流措施为补充，基层公安司法人员的自主性相对有限，只有通过法律条文的完善，才能让其处理不同案件的分流时拥有更多的法律依据。由于我国程序分流机制离不开公安司法人员的共同参与，在程序分流机制的适用阶段不断前移的情况下，法官、检察官、警察以及社会群体都能够成为程序分流的重要力量。但是必须明确的一点是，程序分流机制的构建在我国必须以诉讼程序内部分流为主体，以诉讼程序外部力量分流为补充；在诉讼程序内部分流的问题上，应当以审前分流为主导，以审判程序的分流为补充；在审前程序分流方面，应当以审查起诉阶段分流为核心，以侦查程序和立案程序的分流为补充。之所以要明确程序分流的主导阶段，也是与我国刑事诉讼运作模式的基本国情相关，我国刑事诉讼模式体现了强大的国家意志，国家公权力在诉讼模式中仍然占有较为主动的角色，因此程序分流机制的运行责任仍然应当由国家权力承担，社会力量作为程序分流机制的重要补充，应当在刑事诉讼程序内部分流的基础上补充运行，逐步过渡为一种重要的分流方式；而在诉讼程序内部，程序分流与审判中心改革是同步的，程序分流机制的运行能够保障将真正复杂、疑难的案件流入审判程序进而发挥庭审程序的功能，而普通轻微的刑事案件通过科学的分流机制都能够通过审前程序合理消化。在审前程序的分流问题上，应当明确审查起诉阶段是程序分流的核心阶段，因为检察官作为专业法律官员，对法律的理解和认识要优于警察，因此充当程序分流的主导者是适格的,并且检察官的执法行为更加具有积极性,基于客观义务可以一定程度上兼顾合法性判断和合理性裁量,检察官在多数情况下能够更加合理地把握国家追诉政策,由检察官主导审前程序的程序分流机制能够促进国家刑事法治和政策的统一实施,符合司法现代化的特征。[1]

---

〔1〕 参见卞建林、谢澍:"'以审判为中心'与刑事程序法治现代化",载《法治现代化研究》2017年第1期。

本体论：中国程序分流机制的现状及评析

第五章

第一节 中国程序分流理念的历史演进

一、德主刑辅思想与程序分流机制的感化教育功能

德主刑辅思想作为儒家思想中治国理念的核心内容，主要包括了以下几个方面的内涵：第一，从统治者的角度来看，应当遵循所谓"天意"对民众进行教育感化；第二，对于动用刑罚基本持肯定态度，但是应当以教育感化作为主体，即"本"，刑事处罚作为补充，即"末"；第三，以汉朝董仲舒的划分，把民众分为上、中、下三个等次，上等人能"循三纲五纪"，是已经被教化的立法实施者和法纪执行者，而贫穷、卑贱的下等人则生性本恶，必须依靠统治阶级的教化才可以大为改善；最后，对不同等次的人实行"德"的教化和"刑"的处罚时应当注重区分，有所差别，少部分上等人天生向善，可以慎用刑罚，对于中间层级的人，以"德"的教化作为主要手段使之为善，所以对上等人和中间层级的人应当"厚其德而减其刑"。对于下等人来说，以"德"的方式教化的功效很难体现，则需要侧重用

"刑"的手段发挥其震慑作用,需要"发刑罚以立其危"。[1]作为封建正统思想的重要内容,"德主刑辅"思想与礼法融合思想相互渗透,构建了儒家法治思想的根基。

"德主刑辅"的思想是封建社会上层统治阶级实施所谓"仁政",用文明的方式和思路约束和规制民众行为。但是作为一种维护封建统治的工具,其方式是侵害和牺牲被统治阶层的利益来维护统治阶级的权益。并且这种将"德"渗透到法律制度、法律实施以及适用的方式和思路,不利于法治的健全与快速发展。从"德主刑辅"的内涵来看,作为封建思想的重要组成部分,其重视人治,轻视法治,注重教育感化,轻视监督制约的思路,是法治发展的巨大阻碍,在当今社会应当被摒弃。但是作为中国传统文化的重要组成部分,"德主刑辅"也具有一定的积极效用,其中有相当一部分内容可以作为程序分流机制的重要指导思想。比如"德主刑辅"理论注重处罚与罪行的相适应性,这里不仅仅涵盖实体处置的相适应性,也应包含程序适用的一致性;此外"德主刑辅"思想强调注重道德教育,倡导感化教育优先,是值得借鉴和吸收的内容,"德主刑辅"将"德"与"刑"并重,两者相互促进的理念也具有相当积极的意义。

二、约法省刑思想与程序分流机制的流程简化

西汉时期汉文帝、汉景帝在位期间,继续坚持"无为而治""与民休息"的治国方略,在推行"轻徭薄赋"的税收政策的同时,在司法制度的构建上推进"约法省刑"。所谓"约法省刑"是指统治阶级制定相对缓和和简单的条文和规则,以便于民众

---

[1] 参见罗大乐、贡绍海:《中国法律文化萃编》,山东人民出版社2014年版,第33页。

第五章 本体论：中国程序分流机制的现状及评析

遵守。[1]"约法"的"约"意味着在立法时应当尽量避免繁琐杂乱的条款，尤其对于对民众严厉苛责的条款应当坚决摒弃。因为法律的存在需要适度，不能过于走向极端，要推崇"吾言甚易知，甚易行"[2]的方式，注重将轻刑作为安抚民众的重要的措施。历史已经证实，重刑理论和政策不能帮助统治者治理国家，反而会引起民怨以及反叛。因此道家的"无为"思想对于犯罪的感化和修复主要基于"无为化刑"，即通过"不妄为"思想对已经犯罪的人进行教导，化解其心结，使其不再次进行犯罪。作为道家"得道"的最高境界，"无为"是指不做违背事物发展规律的事情。对犯罪行为的改造，也需要重点针对犯罪人自身的思想展开，即对犯罪人的改造主要侧重于思想的改造，内心私欲的改造。倡导对犯罪人改造过程中的"无为"思想，即将刑事法律的执行与事物发展的规律相结合，解除犯罪人的心结和私欲，从而提升改造的效果，用"无为"的方式化解犯罪阴影。道家推崇"善恶报应"的理念，有助于犯罪人接受其刑罚的正当性，从而有助于犯罪人安心服从刑罚实施；此外，"无为"思想中的"无争"观念有利于犯罪人通过提高自身修养弱化、进而消灭其犯罪的欲望；最后，"道法自然"的观念要求必须行善，若实施违法犯罪之事，当然属于违背"道"的规律，因此有利于帮助犯罪人自觉内心向善，从而消除犯罪动机。

"约法省刑"观念依托于道家"道法自然"的思想理念，主张"无为而治"，在一定程度上存在否定制度以及程序的独立

---

[1] 参见赵晓耕：《中国法律思想史》，北京交通大学出版社2014年版，第92页。

[2] 参见《老子·大学·中庸》，邓启铜注释，东南大学出版社2010年版，第23页。

价值的倾向，不利于改革的主动性和进取性。[1]这是程序分流机制的构建过程中需要摒弃的内容，但是道家的"无为"思想中"有所不为"的理念一定程度上契合了程序分流机制中的轻刑思想，分流程序的灵活性和非原则性相对于传统程序的僵化性就是一种"无为"，分流程序并不一定要求国家专门机关的强力推进，通过缓和的处理方式使加害人主动意识到犯罪危害也体现了"无为"的思想，相对于国家权力的强势介入，当事人通过自治的模式化解纠纷就是一种更加顺应事物发展规律的纠纷解决措施。因此通过程序分流机制将刑事纠纷的解决方式简化，尽量减少程序对当事人的负担是"约法省刑"理念对分流机制的重要借鉴。

三、宽严相济的刑事政策与程序分流机制的多元构建

宽严相济的刑事政策主要是指国家对犯罪治理轻中有严、宽严适度，核心是宽与严相互配合、紧密结合。作为一项基本的刑事制度，在刑事实体法层面，宽严相济中的"从宽"主要包括不认为是犯罪的情形以及对于自首、立功以及悔罪情节的处理。程序法层面主要体现在自诉案件的处理以及刑事和解制度，还有刑罚执行的替代措施等。另外，宽严相济的"严"包含严格、严厉等含义。在宽严相济的刑事政策语境中，我们应当重视"严格"这一内涵。首先，对严重的犯罪行为必须实施相应的策略和手段，主要采取宽大处理与严厉处罚相结合的刑事政策，通过宽严相济的政策，一方面能够使实施犯罪行为的人充分得到教育，另外一方面对于预防犯罪也有十分积极的功效，通过宽严相济区分了对不同类型人员的处理，体现了人权

---

[1] 参见杨鹤皋：《中国法律思想通史》上册，湘潭大学出版社2011年版，第356页。

第五章　本体论：中国程序分流机制的现状及评析

保障的精神。宽严相济的刑事政策也可以概括为，在刑事政策的执行中，有宽有严，其中宽中有严，同时严中有宽，核心是两者并举，并且两者在共同推进的过程中高度结合。[1]

宽严相济的刑事政策的官方表述主要划分为以下几个阶段。第一个阶段是宽严相济制度政策表述的初级阶段。1986年最高人民检察院、最高人民法院、公安部颁布的《关于严格依法处理反盗窃斗争中自首案犯的通知》最早体现了宽严相济的精神[2]，主要体现了宽严相济中的区别对待原则以及宽中有严原则。虽然该表述产生于"严打"时期，但是官方文件首次明确提出宽严相济的政策具有积极意义。在1992年颁布的《关于开展追捕逃犯工作的意见》凸显了宽严相济的内涵。[3]最后是宽严并举的体现，在同年颁布的有关偷税漏税的解释提纲中，特别注重宽严相济中的"并举"[4]，使得宽和严两者相得益彰，不可偏废。自2004年以后，"宽严相济的刑事政策"的表述在各类政法部门的政策性文件中频繁出现，从不同角度体现了宽严相济的刑事政策的内涵，其中严中有宽、宽中有严、宽严并举的理念逐步得到深化和广泛认同。最高人民检察院、最高人民法院的年度工作报告多次提及宽严相济刑事政策，其中2008年《最高人民

---

〔1〕　参见赵运锋主编：《刑事政策学》，中国法制出版社2014年版，第158页。

〔2〕　1986年《最高人民检察院、最高人民法院、公安部关于严格依法处理反盗窃斗争中自首案犯的通知》明确规定："各级人民法院在召开从宽处理自首的犯罪分子的宣判大会时，应同时适当宣判一些犯罪情节严重，拒不认罪的从严处罚的案犯，以充分体现宽严相济的政策，进一步扩大社会效果"。

〔3〕　1992年《关于开展追捕逃犯工作的意见》指出："坚决贯彻依法'从重从快'的方针。对抓获的各类逃犯，要依法严惩。要充分发挥法律、政策的威力，体现宽严相济。要宽处气派，严出威风……"。

〔4〕　1992年《关于办理偷税、抗税刑事案件具体应用法律的若干问题的解释宣传提纲》指出："各地法、检、公、税机关要严格依据刑法、税法等有关规定，认真执行《解释》……对案件的处理，要遵循该宽则宽、该严则严、宽严相济的原则，要惩办少数，教育多数，并坚持'惩罚'与'预防'相结合的方针"。

法院工作报告》三度提及宽严相济政策，即"严格执行宽严相济是过去五年的重要工作内容，坚持宽严相济作为做好法院工作的认识和体会，将坚持宽严相济作为继续做好审判和执行等工作，维护社会和谐稳定的重要内容"，至此，宽严相济从应对特定问题的办事方针发展为指导刑事司法工作全局的基本原则。

宽严相济从词义来分析，本意为宽大与严格的互相补充。宽严相济的含义也可以概括为如下几个部分，该宽则宽，当严则严，重中有宽，轻中有严。"严"是指严格、严厉，法网恢恢，违法必究。虽然"严"有好几层含义，但是我们应该着重强调的是严格。严重的犯罪一定要作为犯罪处理才能符合刑法的目的，应当受到刑事法处罚的行为就要严格依照法律规定实施处罚，性质严重的犯罪行为就应当严格适用法律进行打击，这样才能起到刑法打击犯罪的效果，实现预防犯罪的目的。而"宽"是指宽容、宽松、宽大等含义，在宽严相济的刑事政策中，应当注重"宽大"和"宽容"的司法理念，轻微的犯罪首先需要国家在对实施特定犯罪行为（主要指轻微刑事案件）的人员进行处理时注重案件的社会效果，客观评估刑罚适用对社会秩序的修复效果，通过对特定行为的宽大处理体现出国家权力的宽容，这样能够尽量修复犯罪行为对社会秩序的破坏。

从实体法的适用角度来看，宽严相济需要从刑罚结构、刑罚种类以及量刑幅度来综合评判。首先，宽严相济刑事政策需要科学的刑罚结构作为支撑。从刑罚结构的设置来看，摒弃重刑主义在我国已经达成共识，总体而言，刑罚趋势走向缓和，因此全面认识刑罚的功能和作用，重新树立科学的刑罚理念是必然，落实宽严相济首先应当建立以轻刑为主体、重刑为补充的刑罚体系，作为宽严相济刑事政策的实体法基础。其次，在具体刑罚种类上来看，应当增设轻刑的刑种，减少死刑的适用

第五章 本体论:中国程序分流机制的现状及评析

和罪名。随着经济和社会的继续发展,新的技术和事物层出不穷,刑罚种类不能仅仅拘泥于现有实体法规定的九种类型,单调的处罚方式只会造成两种结果,即刑罚适用不恰当或刑罚适用的幅度偏重,这样无法实现人权保障的目标。以另外一个角度落实宽严相济的方式主要是对死刑的逐步边缘化,在保留死刑的震慑作用的同时尽量减少适用,通过保持死刑的震慑性体现宽严相济中的"严",通过减少死刑的罪名保障宽严相济中的"宽"。[1]最后还需要科学设置量刑幅度,量刑的幅度直接影响到刑事实体法适用的灵活性,如果量刑的幅度过于狭窄,则意味着法定刑的绝对确定,而相反地将量刑幅度设置过宽则会出现重型和轻刑两极分化的局面,从而影响法律的权威。量刑的幅度和标准是宽严相济刑事政策的重要表现因素。

宽严相济的刑事政策不仅仅影响到了实体法的定罪和量刑问题,更对程序分流机制产生了深远的影响。宽严相济不仅仅是指实体法层面的宽严相济,还包含程序适用层面的宽严相济,"宽"和"严"是相对应的概念,没有绝对性,那么在程序适用层面如何理解"宽"和"严"的关系?这是程序分流机制遵循宽严相济政策的重要议题。第一,需要明确程序分流机制中"宽"与"严"的内涵。对于犯罪行为而言,适用普通刑事诉讼程序,可以理解为从严,因为程序本身就可以给诉讼当事人造成巨大负担,而在普通程序中适用非羁押手段可以理解为从宽,此外,适用相对灵活多样的程序,减少国家专门机关权力的介入也可以理解为从宽。因此在程序适用的问题上"宽"和"严"的界限应当以对当事人的人身自由是否有利为基本原则。第二,宽严相济政策中的宽中有严,要求构建科学的程序分流

---

[1] 参见赵秉志主编:《宽严相济刑事政策在死刑适用中的贯彻研究》,中国法制出版社2015年版,第102页。

体系,将普通程序的严厉性和分流程序的灵活性高度结合,体现"宽"和"严"的差异性,避免普通程序的简约化办理以及简易程序不"简易"的非正常现象,这是刑事程序分流机制构建的基础性要件。第三,程序分流机制中的宽中有严主要体现在普通刑事诉讼程序可以作为分流程序适用不顺畅时的保障措施。由于分流机制主要适用轻微刑事案件的办理,对于轻微刑事案件的当事人来说,对效率和社会关系修复价值的诉求往往高于对法律价值的诉求,因此通过分流程序适用和缓的方式有利于保障分流机制中的"宽",而一旦当事人出现不遵守分流程序的义务和责任的情形,通过转化适用普通程序,可以体现出程序性制裁的效果,因此是宽中有严的重要表现。[1]第四,程序分流机制中的严中有宽主要表现为普通程序中具备多个分流节点,当事人可以随时通过法律允许的方式,以部分权利的放弃为手段,从而选取对其有利的程序模式。严中有宽主要体现在普通程序与分流程序的适用过程中,为当事人的程序选择提供充分便利。第五,分流机制对宽严相济政策的重大创新除了继续坚持和发展宽严相济政策中的"宽中有严、严中有宽、宽严并举"以外,还创设了一条"以宽为主,以严为辅"的精神,将大量普通刑事案件通过分流程序处理,以灵活高效的手段,通过当事人的协商以及国家公权力的有限介入,体现分流程序的独立价值,创设刑事纠纷的非权威化处理方式,体现宽严相济政策的新的内涵,即"以宽为主,以严为辅"。

---

[1] 参见谢鹏程:《论检察》,中国检察出版社2014年版,第191页。

第二节　我国改革开放以来推进程序分流的制度探索

一、简易程序的设立与分流机制的初步构建

（一）简易程序的设立

随着改革开放带来的经济腾飞，社会转型的速度也在加快，因此对刑事司法的效率价值要求越来越高，刑事案件的发案率也呈现出逐年上升的势态，给我国公安司法机关造成了巨大的压力。1979年《刑事诉讼法》仅仅规定了单一的审判模式，即普通审判程序，因此为了应对案件数量激增的现状，更加科学合理地配置有限的司法资源，进一步提高诉讼效率，我国于1996年修改《刑事诉讼法》时，在第一审程序中增设了一种新型的审判程序，即简易程序。[1]增设简易程序在1996年的司法环境下，是司法机关为了结合刑事案件的不同特点而提高审判效率的一种积极的尝试。由于刑事案件的种类千差万别，情节繁杂程度也不尽相同，统一的法律程序的适用显得既没有必要，也缺乏科学性。此外，简易程序的设立有助于避免诉讼的拖延，更好地保护当事人权利。通过简易程序处理部分刑事案件，能够减轻甚至免除当事人的诉讼负担，从而更好保障其基本权益。最后，简易程序的设立对于科学、合理地分流案件也具有积极的意义，从而保障案件的质量。总的来说，简易程序是朝着解决案件分流的目标而设立的，符合司法实践的客观需求。

诉讼效能是简易程序设置的最重要的考量因素之一，但是简易程序的设立不能仅仅从便利司法机关开展审判工作的角度

---

[1] 参见陈卫东：《2012刑事诉讼法修改条文理解与适用》，中国法制出版社2012年版，第262页。

来衡量其积极意义，否则，一种极端的观点也就存在其合理性，如全部案件都适用简易程序或者废除当前的审级制度，可以更大幅度地提高诉讼效能。简易程序的设立与刑事诉讼的目的具有天然的一致性，即惩罚犯罪与保障人权。基于这个前提，国家机关才可以对部分诉讼程序进行简化。简易程序设置的主要动因在于国家机关在应对案件数量井喷的现状时有节约司法成本的需求，因此需要提高诉讼效率，根据台湾林钰雄教授的观点，简易程序之用意，一言以蔽之，主要在于诉讼经济。[1]司法的运行是需要成本的，办理案件需要的人力、物力和财力以及国家司法程序的运作及管理都是司法成本的重要组成部分，有一种形象的比喻，即司法成本是"生产正义的代价"。基层司法机关审理的案件都需要国家给予必要的物质、人力以及财力的投入。虽然国家为司法制度的正常运行提供了基本保障，但是这一保障不尽完善，和国家的财政政策有关联。而缓解基层人少案多的现状则是各国面临案件井喷时必须要思考的问题。刑事诉讼程序是围绕着发现案件事实这一目的来设计的，而发现案件事实主要是针对疑难案件以及复杂案件的事实问题，从而影响法律适用和判断。但是案件的事实往往并不容易认定，人类文明发展的进程经历了神明裁判，往后发展到法定证据制度，以及资本主义社会的自由心证证据制度等，都是人类认定案件事实的探索阶段。以上事实认定程序的构建都是以寻求案件事实真相为基础的。基于案件事实在刑事诉讼中的价值，案件事实认定在刑事诉讼中演变为各种复杂的制度和程序，比如开庭预备、证据交换、控方举证、交叉询问、陪审团、量刑听证等，甚至大陆法系国家还赋予法官一定程度上的调查取证权

---

[1] 参见林钰雄：《刑事诉讼法》（下册），中国人民大学出版社2005年版，第197页。

第五章　本体论：中国程序分流机制的现状及评析

来保障对案件事实的认定。但是司法实践中对于某些犯罪事实清楚、证据确实充分且犯罪嫌疑人自愿认罪的案件，如果再严格依照开庭准备、举证质证、交叉询问、量刑听证等流程审理不仅仅耗时耗力，导致了司法资源不应有的浪费，而且使庄严神圣的法庭审判程序沦为形式，成为"一出被演绎的话剧"。此时刑事诉讼程序发现事实真相的功能虽然已经得到实现和保障，但是其方式却没有体现程序正义的应有之义。除去对当事人基本诉讼权利的保障以外，国家机关投入到发现案件事实真相中的资源应当大幅压缩和简化。因此不管是大陆法系还是英美法系都通过诉讼制度体现出一种倾向，即不需要将所有的流程应用到所有的诉讼案件中。此外简易程序体现出了另外一个积极的要素，就是对当事人权利选择的初步重视。大陆法系国家主要遵循程序法定原则，尤其是在刑事诉讼程序当中，案件的侦查、审查起诉以及法庭审理的推进必须以国家事先制定的程序规则为前提。程序法定原则在国际公约中得到明确，有效防止了国家权力的扩张，但该原则也一定程度上限制了当事人对程序的选择适用，不可避免地会对当事人的选择权产生一定影响。在当事人之间的纠纷从私力救济模式发展到公力救济模式的过程中，国家通过设置一整套解决当事人纠纷的制度和程序，尽力减少当事人的意愿在纠纷解决机制中发挥的作用，决斗、复仇等私下解决的方式因无视国家权威而被统治者禁止。公民之间的人身、财产等各类纠纷被纳入到国家机器的运作和管辖之中，警察、检察官以及法官逐步成为代表国家处理刑事案件争议的专业人士，当事人自行解决刑事纠纷的功能被逐步地削弱。因此，为了防止在程序法定背景下，当事人沦为诉讼客体，各国刑事诉讼法大都规定了当事人的程序参与原则，即任何可能受到刑事判决或者对诉讼有直接影响的主体都应当有充分的机会参与到刑事诉讼过程中来，并对裁判结果的形成发挥一定的作用和影响。但是程序参与权仅仅保障了当事人的参与，在知情权和选择权方面，仍然有待完善。自20世纪60年代以来，随着西方"正当程序"革命的带动，国家强力的色彩在刑事司法中有所淡化，社会合意的价值得到更多的关注和重视。具体到刑事诉讼程序中，当事人以认罪的方式获得更多的程序选择成为一个热点问题，也引发了简易程序中当事人的选择权问题，简易程序的设立不仅仅是立法者在正义与效率之间的取舍，更是在程序推进的过程中，对国家权力和公民权利进行再次分配的初步尝试，从正当程序的角度审视，体现了对被告人个性化选择权利的重视。

（二）简易程序的缺陷以及对程序分流机制构建的价值

刑事简易程序在我国从1996年初步设立起，到2012年《刑事诉讼法》修改后适用范围扩大，期间得到了长足的发展，然而，简易程序在推进的过程中也产生了一些问题，这些问题一方面影响了简易程序适用的效果，但是另一方面，也为我国探索程序分流机制的成熟化提供了有价值的经验。简易程序自1996年设立以来，在运行的过程中，基于其自身存在的缺陷，在程序分流机制中暴露了以下一些问题。首先，简易程序在设立的初期，只适用于第一审程序以及基层人民法院，是对第一审普通程序的相对简化；在简化的方式上，允许独任审判与合议庭审判的方式相结合；在检察官出庭的方式上，检察院有一定的自由裁量权，可以选择出庭公诉或者不出庭；在法庭审判的流程中，简化了法庭调查以及法庭辩论环节；在普通程序和简易程序的转化问题上，也明确了规则；在审理期限上，和普通程序相比较，审理期限大幅压缩。简易程序虽然经过《刑事诉讼法》修改得到了较大完善，但在推进的过程中存在一些先

第五章 本体论：中国程序分流机制的现状及评析

天性的不足。第一，简易程序设立的单一化。一元化的简易程序立法模式不符合多元化立法的国际发展潮流。[1]如德国根据犯罪的类型将审判程序设置为处罚令程序、保安处分程序、一般简易程序、没收财产程序、罚款程序等5种。而在1996年，简易程序尚属于新鲜事物，虽然一定程度上体现了繁简分流的制度设计思路，但是分工还比较粗糙，仅仅以刑期为依据，导致简易程序适用对象模糊，因此单一的简易程序的立法设计还不足以支撑程序分流制度的运行。第二，被告人在简易程序的适用上话语权较弱，并没有明确被告人在简易程序的启动权和适用变更权问题上的决策和参与机制。在简易程序的启动上，虽然我国2012年《刑事诉讼法》规定需要征求被告人的意见，但是起决定作用的仍然是专门机关，并且变更简易程序的权利仍然由人民法院行使，被告的意见属于从属性质，而简易程序与普通程序的转化作为程序分流机制的重要组成部分仍然由国家机关主导，并且转化是朝着对被告有利还是对被告不利的方向都全部由国家专门机关把控，导致简易程序在分流机制中运作不顺畅。第三，在法律适用层面，简易程序存在的最大的障碍就是与普通程序相比，简易的幅度并不明显，在简易程序的运作中，法庭外办案流程的简化与法庭审判的简化有着同等重要的地位，而法庭外的办案流程不简化直接影响了简易程序的适用效果。庭前大量的事务性工作仍然和普通程序一样按部就班、循规蹈矩地开展，层层审批的办案流程和逐级汇报的手续使得简易程序在法庭外部的流程"不简易"。在独任法官审理的案件中，审前请示与审后的汇报成为必经环节，裁判文书也需要层层审批，简易程序简化法庭审判的成效在严密的法院内部

---

[1] 参见刘玫、鲁杨："我国刑事诉讼简易程序再思考"，载《法学杂志》2015年第11期。

管理机制下已经受到巨大的冲击。在保障当庭宣判方面，法院的判决结果以及法官的心证并没有形成于庭审现场，依然是案卷中心主义，影响了简易程序审判的权威性。[1]由于审理期限的限制，简易程序仅仅是缩短了刑事责任的确定期限，对于附带民事纠纷的解决则往往无法在审限以内达成一致，因此法官为了避免这种程序超期的风险，将本应采取简易程序审理的案件转化为普通程序办理，降低了简易程序的适用效果。第四，在简易程序的转化上，由于没有赋予当事人明确的救济性权利，因此法官在适用简易程序的过程中，对于案件是否可以从简易程序转化为普通程序有着较大的自由裁量权，而被告在案件程序转化上的话语权十分有限，因此存在着向对被告不利的程序转化的可能。

  简易程序的设立作为我国在刑事程序分流机制上的初步探索，其积极意义和局限性都是值得我们关注和反思的，简易程序的设立标志着我国程序分流构建迈出了第一步，而简易程序设立存在的一些局限性也有助于我们在构建程序分流机制的过程中更好地借鉴、完善相关要素，从而打造一个科学的分流体系。简易程序的设立首先体现出我国司法实践部门对于案件分流的迫切需求，司法实践机关通过大量案件的办理发现了普通程序的局限性，因此通过创设新的程序来消化种类多样的司法案件，是刑事程序分流机制构建过程中的重要制度探索。其次，通过设立简易程序实现了区别对待，体现出分流机制减少重复流程、取消交叉环节的重要制度精神。由于简易程序针对的是案件事实问题争议不大且被告自愿适用的案件，因此通过简易程序的设立探索减少普通程序内部的中间环节，降低没有必要

---

  [1] 参见谢登科："论刑事简易程序扩大适用的困境与出路"，载《河南师范大学学报（哲学社会科学版）》2015年第2期。

的庭审手续，是一种简政放权的制度尝试，具有积极的效益。再次，简易程序从1996年设立到2012年修改的过程中，对司法实践中出现的问题进行了部分修复，尤其是简易程序中对被告人适用简易程序意愿的尊重以及对辩护律师的权利的修改，体现出我国在探索程序分流机制的过程中已经开始关注当事人的诉求，并且将其视作一项制度能否顺畅运行的重要基础，从而摆脱了被告人在程序法定主义的诉讼模式下可能出现的被客体化的倾向。最后，简易程序的设立会引发简易程序与普通程序的转化问题。研究两种程序转化的方式和原则能够为促进程序分流机制的完善提供必要的制度支持。然而，简易程序的设立仅仅局限于审判阶段，并没有扩展到整个诉讼阶段，因此其适用的效果大受局限，并且简易程序并没有考虑到法庭审理以外的流程简化，仅仅依靠对庭审程序本身进行改良，其简易效果的达成势必是以增加其他方面的工作量为代价的，因此表面上的司法资源的节省被背后司法资源的增加所抵消，这是值得我们反思的现象。此外，简易程序在具体的法律适用上存在较多的"真空地带"，对于司法人员的法律素养有着较高要求，如果司法人员不能很好地把握简易程序的内在特征，很有可能导致简易程序与普通程序在法律适用上的差异不明显，而审理期限的差异很可能会加剧司法人员适用简易程序的压力和负担，进而影响其适用简易程序的积极性，导致制度被虚化。由于司法人员对简易程序与普通程序的转化问题有着较大的自由裁量权，因此在程序适用的转化问题上，往往会以有利于结案为目标作出选择，从而忽视被告人的利益。

二、简化审模式评析以及对完善审判阶段程序分流的启示

（一）简化审模式简介

1996年《刑事诉讼法》设立了简易程序审判模式，但是基

于简易程序存在的缺陷,司法实践中出现了简易程序与普通程序界限模糊,简易程序的使用率偏低的问题。因此,为了进一步缓解司法实践中案多人少、案件长期积压等矛盾,2003年起简化审模式作为我国刑事程序分流机制的新一轮探索开始在基层推进。[1]简化审模式首先强调的是部分审判环节的简化,是在案件事实问题争议不大的情况下的一种程序调整或者程序选择。因此简化审模式以公诉案件中被告人认罪或部分认罪为前提。在2003年出台简化审模式的背景下,简化审作为简易程序的一种补充,定位为经审判可能判处3年以上有期徒刑以上刑罚、无期徒刑以下刑罚的刑事案件的一种审理模式。[2]同时简化审模式明确将被告人自愿认罪作为简化审模式和普通审判程序的重要区分标准,简化审模式的启动权专属于人民检察院和人民法院。在庭审流程的具体环节上,主要简化了被告人对起诉书指控事实的陈述环节、控辩审等诉讼主体对被告人的讯问和发问环节、对控辩双方无异议的证据认定环节以及罪名的确定和刑罚适用的辩论环节。简化审模式只保留了相当有限的一部分开庭审理的流程,因为被告人的认罪和对简化审模式的同意适用,可以将一些庭审的常规流程进行简化或者省略。在简化审的证明标准问题上,依然坚持案件事实清楚、证据确实充分的标准。即使是被告人自愿主动认罪,也需要在查明案件事实的基础上进行定罪量刑。在被告人认罪的激励机制上,除了简化法庭审判的必要环节以外,在量刑上还将其作为一个酌情处罚的情节。最后,由于简化审模式省略或者简化了必要的庭

---

[1] 2003年最高人民法院、最高人民检察院、司法部联合发布了《关于适用普通程序审理"被告人认罪案件"的若干意见(试行)》的司法解释。

[2] 参见高丽蓉:《我国刑事司法改革研究》,中国检察出版社2015年版,第217页。

审环节,因此人民法院可以在开庭之前进行阅卷,从而保障简化审模式的推进。

(二)简化审模式的运行的效果及特点

简化审模式作为1996年《刑事诉讼法》设立简易程序的一种补充,具有一定的过渡性质。简化审模式对法庭审理产生了一定的积极的变化,首先是通过简化庭审的一些环节,使得庭审时间大大缩短,从而相应地缩短了整体的审理期限,一定程度上提高了诉讼效率,由于简化审模式以当庭宣判为原则,一定程度上落实了直接言词原则。此外,通过简化审模式,使得案件的上诉、抗诉率大幅下降,有效减少了上级法院改判以及发回重审的情形。由于适用简化审模式的案件往往以被告人自愿认罪为前提,因此法庭审判中解决定罪问题的流程基本被简化,而被告人因为认罪而获得了量刑上的从轻处罚,因此上诉率往往较低。公诉机关的指控也因为被告人认罪而往往获得法庭支持,因此简化审判模式在避免审判程序的重复、反复启动以及精简流程方面具有积极的效用,相应地节省了因程序重复启动的司法资源的损耗。[1]

简化审模式之所以能取得上述成效,与其运行模式有较为紧密的关系。首先,普通程序简化审的性质仍然是普通程序,在决策的形成过程中采取的是合议制,部分情况为独任审判。由于案件的审理是以被告认罪为基本前提的,因此被告人的罪行问题不是审理的主要内容,案件争议和审理的重点都放在了罪名的确定和量刑的使用上,相对于普通程序的审理难度大大降低。并且采取简化审的方式进行的庭审采用的原则、证据规则以及审理流程都与普通程序有着很大的差异,最高法院当时

---

〔1〕 参见徐美君:"刑事诉讼普通程序简化审实证研究",载《现代法学》2007年第2期。

以《刑事诉讼法》为根本指导,并没有突破简化审的普通程序的性质,但是其运行的过程与简易程序审理之间的差异基本不大,与简易程序相比,是一种适用范围更广的,打着普通程序名义进行审理的简易速决程序。[1]而基于其普通程序的性质,法官在庭审中的职权性大大加强,与非普通程序庭审过程中法官消极、居中的态度截然不同,在当时的立法背景下,为了防止同一个合议庭在适用简易程序和简化审程序中思路的混乱,最好的应对方式是设置专门合议庭负责简化审理模式,进而与简易程序的审理组织分开。然而理论上的构想在实践中很难得到贯彻,由于基层面临人少案多的现状,在实际办案过程中,实际办案人员负责制成为现实。合议庭被虚化的现状并没有因为简化审模式的推广而得到改善,事实上简化审模式下合议庭组成的要求较普通程序相比可以适当降低,因为案件的争议往往是罪名和罪数的确定以及量刑问题,因此固定的职业法官加随机遴选的陪审员的合议庭组成方式更加适合简化审模式。其次,自1996年开始,我国《刑事诉讼法》通过立法修改已经由传统的职权主义模式转向当事人主义模式,对庭审中控辩双方的举证、质证的责任和要求提出了更高的标准,目的是增强庭审的对抗性。这就要求法院转变主动讯问、发现事实真相的功能,从而转化为消极、居中的审理。简化审模式较为突出提升效率的职能,对于庭审环节的一些流程进行了大幅度的简化,但在简化庭审流程的过程中,依然保留了"事实清楚、证据确实充分"的证明标准。也就是说在维持现有证明标准的前提下大幅简化庭审流程,必须通过加强法官对法庭审理的指挥和控制职能,才能达到在相对有限的时间内通过庭审查清案件事实

---

[1] 参见刘根菊等:《刑事诉讼程序改革之多维视角》,中国人民公安大学出版社2006年版,第373页。

的目的,而这个过程又增强了司法的职权性和主动性,意味着控辩双方无法像普通程序一样针对案件的争议问题开展对抗。简化审通过简化庭审的流程间接增强了法官的职权主义倾向。具体来说,1996年《刑事诉讼法》取消了检察院的卷宗移送,以"主要证据复印件"代替,为了贯彻庭审的直接言词原则,不允许法官庭前阅卷,只有经过庭审质证的证据才能作为定案的依据。简化审模式基于其普通程序的属性也不允许法官在庭审之前阅卷,但是简化审理又简化了庭审流程和证据调查环节,如果不让法官在庭前对证据材料进行必要了解,则很难把控庭审的方向,容易影响庭审的实际效果,进而影响案件的公正审理。因此简化审模式又赋予了法官在庭审之前的阅卷权,加强司法主动性。此外,简化审模式比较注重被告人认罪的自愿性,为了在这个前提下尽量减少庭审的时间和流程,司法实践中往往先由法官确认被告人是否自愿认罪,再由公诉人简要宣读起诉书。这种审理方式的微调能够有效避免法庭审理时间的不必要浪费,这也是法官主动行使职权的体现。在庭审的过程中,法官的职权更加充分地行使,因为法官拿到案卷以后,会结合案卷对被告人提出问题,基本上掌握了庭审的整个过程,发挥了审判阶段的指挥核心作用。在量刑问题上,法官的自由裁量权也有所扩大,直至2010年《关于规范量刑程序若干问题的意见》出台,明确了检察院的量刑建议权,一定程度上限制了法官在简化审模式下的自由裁量权。在普通程序与简化审模式的转化上,并没有明确要求变更合议庭,实践中也基本上由原合议庭继续审理。

(三)简化审模式的缺陷以及对程序分流机制构建的启示

简化审模式的出现在当时的历史条件和司法背景下具有必然性,具有较强的过渡性质,一方面,简化审模式为了弥补

1996年设立简易程序以后出现的不足，是司法机关在完善程序分流机制方面的积极尝试，另一方面，简化审模式以不突破《刑事诉讼法》现有模式为前提，起到了在新法修改之前的缓冲功能。虽然简化审模式存在一些难以克服的缺陷，这些缺陷也直接决定了简化审理模式无法作为合理分流审判程序的替代程序，但是简化审模式的设立和推广又为构建符合我国基本国情的审判阶段的分流审理模式积累了宝贵的制度经验。

1. 简化审模式的缺陷

首先，将简化审模式定性为普通程序，是简化审程序的一个根本性的理论缺陷，也直接影响了其内涵和适用。该定性混淆了庭审过程中普通程序与简易程序的差异，不利于两者的区别化发展。普通程序简化审模式和刑事简易程序都是以控辩双方适度放弃对抗职能为前提，以开展一定程度的协作为基础，而普通程序却是以控辩双方平等对抗、发现案件事实真相为基础；在法官职权的运作上，简化审模式要求法官适度加强职权，而普通程序又要求法官适度消极中立，因此出现了法官职能定位的错乱，此外，简化审模式并不受到普通程序中直接言词原则、质证原则的限制和约束，对于没有争议的证据，在庭审中可以省去质证环节，并且审理对象都是被告人自愿认罪的案件，很难区分与简易程序之间的差别。[1]在当时的立法背景下，由于《刑事诉讼法》修改遥遥无期，通过司法解释创设新的程序，存在不符合上位法精神的问题，尽管相关司法解释反复说明是一种审判方式的改革，但是其合理性仍然存在争议。在当时1996年《刑事诉讼法》修改的背景下，简化审模式的推广很可能抵消我国审判模式从职权主义转向当事人主义的成效，导致

---

[1] 参见林少平、卢赛环："理性的选择和现实的期待——对刑事案件普通程序简化审的思考"，载《西南政法大学学报》2007年第1期。

"开倒车"的现象。因为法官的职权性通过简化审模式明显加强,庭审的要求不变,但是又要省略庭审流程,必然要求法官加强对庭审的指挥和控制。在当时的历史环境下,简化审模式在普通程序性质的引领下,恢复了1996年《刑事诉讼法》刚刚废止不久的庭前阅卷,若将简化审模式推广,则会使得改革出现停滞甚至倒退。因此将普通程序简化审定位为普通程序不利于区分简易程序和简易速决程序,会影响案件的合理分流,进而加剧司法的负担。

其次,简化审模式的适用范围没有得到合理规制,导致其正当性存在争议。简化审模式作为简易程序的补充,其适用范围包括三年有期徒刑以上刑罚到无期徒刑的案件,将审判机关从基层法院扩大到中级法院,对适用的案件范围和法院级别都进行了扩张,诉讼效率的提升效果也更加显著。然而,在理论上,对于无期徒刑适用简化审模式无疑极大地影响了案件审理的公正性和对人权的保障。对于检察院来说,公诉人不需要经常讯问被告,出庭支持公诉的庭前准备工作大为减少;对于法院来说,书面证词的大量使用也压缩了庭审时间。但是这都是以压缩被告人权利为前提的,在程序的启动上,被告人属于从属地位,往往被动地适用简化审模式,在律师帮助缺位的情况下,很难保障认罪的自愿性,以压缩被告人基本权利为前提的效率提升很难得到社会信服,其正当性也因此饱受质疑。

2. 简化审模式对程序分流机制的启示

简化审模式作为我国审判阶段程序分流的尝试和探索,不能忽视其在程序分流机制中的借鉴意义。简化审模式之所以能够通过司法解释推广,一方面在于迎合了当时司法实践的需求,另一方面,通过常规的立法修改模式提升审判阶段的案件分流效果往往受到一系列因素的制约,如立法修改遥遥无期,立法修改可能不能达到实践预期等。因此简化审模式作为司法机关在不突破现有制度模式下的实践探索，仍然具有相当积极的意义。简化审模式简化了庭审的必要流程，虽然客观上影响了当事人的基本权利，但是也符合程序分流机制中简化重复流程的目标；法官为了适用简化审模式高质量完成案件的审理，必须通过庭前阅卷来指挥庭审进程，法官职能的定位存在较大的优化空间；以被告人认罪为前提的简化审理模式虽然存在一定的争议，但是整个程序仍然有进一步简化的空间。即我国简化审模式的出现，一方面体现出实践中对审判阶段程序分流的强烈诉求，另一方面，简化审模式的改革虽然存在一定的缺陷，但是从当前的角度来看完全具备进一步改进和优化的空间，即通过简化审模式积累的经验将简化审模式进行进一步的制度改造，作为中国的处罚令模式。简化审模式之所以能够作为中国特色的处罚令模式主要基于以下几大原因：首先，简化审模式压缩了庭审流程，使得庭审的环节大幅度简化，法官可以通过开庭前阅卷了解案情，如果继续以简化审的模式推进庭审，只会使得庭审虚化，不符合诉讼规律。在此不如换一种思维，既然我国法官有如此强烈的职权倾向，法庭审判的对抗精神被简化审模式消减，为什么不考虑创设新的制度模式，一方面符合审判规律和国际标准，另一方面符合我国当前的国情和司法实践的现状呢？如果说简化审模式还能够进一步简化的话，那就是将庭审整体简化，但是庭审整体简化需要设置一个基本条件，即严格控制处罚令程序的适用范围，构建普通程序、简易程序、处罚令程序三个层级的审理方式，进而最大程度地发挥处罚令程序的简化功能，同时推广简化审模式的优点。其次，简化审模式主要是简化了一审程序的必要流程，在构建以普通程序、简易程序、处罚令程序为主的一审的前提下，二审程序完全具备简化的条件。虽然我国刑事二审遵循全面审查原则，但是全面审查原则不影响通过二审审理方式的改良提高诉讼效率，首先可以简化的环节就是与一审相同的诉讼流程以及一审中被告人没有争议的案件事实，将审理的重点放在当事人有争议的环节，这样能够平衡二审全面审查原则与庭审环节简化之间的关系，通过简化二审程序的必要环节，明确一审程序和二审程序的分工，即以审判为中心的诉讼制度改革的重点是一审程序，而一审程序的重心是案件的事实问题，二审程序的重心为法律适用，二审中对于当事人没有争议的事实问题，在庭审中可以适度简化，从而明确二审程序的定位。

三、刑事速裁程序试点与程序分流机制实践探索的深化

（一）速裁程序设立背景

自2014年6月起我国在部分地区开展刑事速裁试点[1]，目的是通过速裁试点解决刑事司法中人少案多的现实问题，维护当事人在诉讼进程中的合法权益，促进社会的和谐发展及稳定，同时需要通过速裁程序为改革以及完善《刑事诉讼法》积累实务经验。速裁程序试点专门制定了相关办法，从以下几个方面对刑事速裁程序进行了全面的规定。第一，该办法明确了速裁程序的基本适用对象和适用条件，以可能判处有期徒刑一年为基本条件；第二，初步建立速裁程序中的值班律师制度；第三，规定了公安机关在侦查终结阶段对速裁程序的启动建议权，以及辩护律师经过犯罪嫌疑人同意的相对独立的建议权。此外，还明确了人民检察院的量刑建议权以及向人民法院提出

---

[1] 2014年6月，全国人大常委会表决通过授权最高人民法院、最高人民检察院在北京等全部直辖市以及部分省会城市及较大的市开展刑事案件速裁程序试点工作，试点期限为两年。

速裁程序的建议权,将审查起诉阶段的期限压缩到受理案件的8个工作日内,并且可以适度简化起诉书。第四,在速裁程序的审理方式上,规定了审判员独任审判,且可以省略法庭调查和法庭辩论流程,保留了被告人最后陈述的权利。另外,专门增设以信息安全为理由可以不公开审理的适用条件。第五,在速裁程序的审理期限问题上,明确应当在7个工作日内审结。最后,在适用速裁程序的量刑问题上,规定了特定条件下可以从宽处罚的情形。

基层公安司法机关面对案件数量井喷的现实压力,对案件分流有着强烈需求,通过司法实践积累的经验也为我国推进刑事速裁程序试点打下了良好基础。如果说简易程序是随着1996年《刑事诉讼法》的修改而新创设的制度,意图在于推进案件审理的流程简化,简化审程序是简易程序设立后的一种过渡性质的补救措施,那么速裁程序试点则是基于我国长期的司法实践以及立法试点模式进行的程序分流制度探索。我国的速裁试点始于2011年3月最高法院在全国90个基层法院开展的小额速裁试点,民事司法实践的试点积累了宝贵的经验,也为2013年生效的《民事诉讼法》所吸收。我国刑事速裁程序试点在一定程度上吸收和借鉴了民事速裁试点的经验和办法,早在2006年,最高人民检察院就对轻微案件的办理颁布过规范性意见[1],刑事速裁程序试点是2013年《刑事诉讼法》修改以后我国司法实践对合理配置有限的司法资源展开的新一轮的探索。随着刑法修正案不断地扩大犯罪圈以及降低入罪门槛,程序法必须作出相应调整。此外,劳动教养制度的废除削弱了刑事案件的分流功能,也必须设立新的入罪程序而加快案件办理。现行《刑事

---

[1] 2006年最高人民检察院《关于依法快速办理轻微刑事案件的意见》明确提出对于特定的轻微刑事案件,在遵循法定程序和期限、确保办案质量的前提下可以简化工作流程、缩短办案期限的工作机制。

诉讼法》单一的简易程序存在严重的分流功能的不足，需要速裁程序进行全程简化，也标志着我国程序分流从单一化走向多元化。2013年新修订的《刑事诉讼法》扩大了简易程序的适用范围，增加了庭审方式，但是由于其自身的缺陷，使得"案少人多"的矛盾并没有得到缓解，也使得引入速裁程序有了可能。刑事速裁程序不仅仅是简易程序中庭审模式的再次简化，更是对审前程序，尤其是审查起诉程序的精简。与简易程序相比，速裁程序的适用范围更加狭窄，在程序的启动方式上，速裁程序的建议启动主体更为广泛。在是否公开审理的适用上，速裁程序增设了因信息安全为由可不公开审理的规定。从审理期限来看，简易程序的审理期限最长为一个半月，而速裁程序仅仅为7个工作日，并且对审查起诉期限也作出了明显的简化，因此从程序本身的特征来看，相对于简易程序，速裁程序对案件审理的优化和提速效果有了大幅的提高。

（二）速裁程序的分流缺陷

为期两年的速裁程序试点为我国的程序分流积累了宝贵的司法实践经验，但是也暴露了一些问题，一方面，最高人民法院、最高人民检察院、公安部、司法部《关于在部分地区开展刑事案件速裁程序试点工作的办法》（以下简称《刑事速裁程序试点办法》）存在一些制度层面的缺陷，影响了速裁程序的适用效果，另一方面，在速裁程序的实践中，由于机制体制的缺陷，也暴露了一系列问题，影响了程序分流机制构建的效果。第一，速裁程序的适用对象具有一定的局限性，速裁程序仅仅适用于一年有期徒刑以下刑罚的案件，而没有涵盖三年有期徒刑以下刑罚的犯罪，限制了试点的影响力。一方面，基于我国当前高羁押率的现状，很多时候法院判决的刑期事实上受到被告人审前被羁押期限的影响；另一方面，作为试点程序，对速裁程序的适用没有大幅度推广的思路可以理解，但是将刑事速裁的适用范围以一年有期徒刑以下为标准进行缩限明显不符合司法实践的需求。从国际标准来看，刑事案件划分轻罪和重罪以能否判处三年有期徒刑以下刑罚为基础，并且从《中华人民共和国刑法修正案（八）》到《中华人民共和国刑法修正案（十）》都是在不断扩大犯罪圈，具体方式是大量增加了轻微刑事犯罪，而相应的刑事速裁程序试点基于其适用范围的限制，无法起到通过速裁程序充分发挥案件分流作用的程序法效果。第二，刑事速裁试点可能影响司法公开。《刑事速裁程序试点办法》增加不公开审理的情形对于轻微犯罪的被告人摆脱犯罪标签，更好地回归社会有着积极意义，符合尊重和保障人权的立法精神，但是"信息安全"的表述语意模糊，给了法院操作和解释的空间。法官在司法实践中存在作出对自身工作有利解释的可能，因此也存在着滥用自由裁量权的风险，间接扩大了我国不公开审理刑事案件的范围。第三，对于被告人从宽处罚方式的规定用语模糊。《刑事速裁程序试点办法》中"可以依法从宽处罚"的表述并不能消除当事人对适用速裁程序的忧虑，不利于被告人基本权利的保障以及速裁程序的适用。"可以"的表述赋予法官在从轻处罚层面的解释空间，法官可以根据具体案件的进程、被害人及近亲属是否接受被告人认罪以及谅解的具体情况酌情从宽作出处罚。但是另一方面，法官也存在相当大的可能性不适用从宽处罚的规定，使得被告人对自身处罚的心理预期往往处于不确定状态，进而缺乏足够的源动力认罪和适用速裁程序，相反，"可以从宽处罚"的规定有可能成为讯问过程中引诱被告人认罪的手段。第四，从被害人的权益保障来看，《刑事速裁程序试点办法》的条款对于被害人的权益保障没有明确提及，不能体现保障人权精神的全面落实。速裁程序除了保障犯罪嫌疑人、被告人的权利以外,也不应当忽视被害人在刑事诉讼程序中的基本权益,被害人缺乏参与速裁程序的法律途径,权利保障机制还不尽完善,其合理诉求往往被放在相对次要的位置,甚至被遗忘。首先,《刑事速裁程序试点办法》中提到犯罪嫌疑人、被告人的条款数量高达30余条,但是提及"被害人"的条款仅仅只有3条,且没有明确规定被害人及其诉讼代理人在不同意速裁程序适用决定时应当面对哪些法律后果,使得有限的几条有关被害人权利的条款也缺乏相应的强制力。其次,由于速裁程序在审判阶段是对简易程序的再次简化,取消了庭审的法庭调查和法庭辩论阶段,法官对案件事实的确定依赖于庭前收集的案卷材料,而《刑事速裁程序试点办法》并没有明确规定被害人在不同意检察机关指控时的救济方式,因此不利于被害人程序参与权的保障,削弱了法官查明案件事实真相的职能。[1]最后,《刑事速裁程序试点办法》的改革主要集中于审判程序,以及与之对应的审查起诉程序,对于侦查程序的简化并未涉及,因此被害人权利的保障不健全,不利于保障被害人在刑事诉讼中的程序参与权利。

(三)速裁程序试点对程序分流机制构建的启示

速裁程序通过两年的试点,成为了我国探索覆盖诉讼全过程的简化和分流程序的一次努力,作为优化诉讼全过程的分流方式,速裁程序试点对于程序分流机制的积极效用不可忽视。首先,以试点先行,为立法修改作出参考的模式,可以成为未来《刑事诉讼法》立法修改的基本范式。[2]由于《刑事诉

---

〔1〕 参见汪建成:"以效率为价值导向的刑事速裁程序论纲",载《政法论坛》2016年第1期。

〔2〕 参见樊崇义:"刑事速裁程序:从'经验'到'理性'的转型",载《法律适用》2016年第4期。

法》涉及众多国家专门机关以及诉讼参与人，其修改往往"牵一发而动全身"，而反观历年我国《刑事诉讼法》的立法修改进程，很多新的规定一经颁布立即成为理论上的热点，但是司法实践却对此反应冷淡，使得新制度仅仅停留在纸面上的探讨，这种现象对司法公信力的构建有着相当消极的作用。从1996年设立的简易程序我们就可以看出，该程序在立法修改的初期被寄予厚望，认为能够有效分流刑事案件，贯彻落实宽严相济的刑事政策。但是自从该程序设立以来，司法实践并没有将简易程序的精神落到实处，无论是简化审模式还是后来的速裁程序试点都不断地希望能够激发简易程序的制度活力，可惜收效甚微。《刑事诉讼法》的修改如果脱离司法实践的诉求，只能使规定沦为纸面的制度，作为直接影响《刑事诉讼法》实施效果的程序分流机制，更需要审慎考量其制度效用，理论层面的正当性探讨无法替代司法实践的成效。因此速裁程序试点对程序分流机制构建的积极效用就在于，以试点的方式推广新的诉讼模式，一方面不会过分拘泥于原有诉讼程序，另一方面，试点程序基于其灵活性，能够具有一定的容错性和调试性，有利于理论和实践层面的纠偏。一些在颁布初期在理论层面热议并且被赋予较强法律意义的制度在实践中的落空，就是没有通过试点而仅仅依靠理论探讨的结果，如2010年《关于办理刑事案件排除非法证据若干问题的规定》就没有起到排除非法证据的良好效果，不然也就没有必要在2017年再次颁布《关于办理刑事案件严格排除非法证据若干问题的规定》。程序分流机制的构建在于创设一系列新的制度，与普通诉讼程序一起形成一个层级鲜明的分流系统，因此创设任何一项新的制度都必须符合两个方面的条件，首要的条件就是该制度的设立不能在理论上具有重大缺陷，如简化审程序的普通程序性质就直接在理论上宣告其不能成为分流的有效手段，最终实践也证明简化审程序在实际运用中的异化。更为重要的是，新设制度必须经过试点的考验，通过试点地区的实践探索逐步发现存在的问题，并随时进行修复和完善。

　　构建程序分流机制是一项系统性和全局性的工作，除了审判环节的改革，更需要侦查、起诉、执行阶段的全面跟进。在速裁程序中，单独优化某一个诉讼阶段的流程，其积极效用必然会因为其他领域的问题而抵消，从而影响了速裁制度的分流效果。因此，构建程序分流机制也更需要参考和借鉴速裁程序试点积累的经验。在速裁程序中，侦、诉、审、执、司需要进一步的联动，《刑事速裁程序试点办法》主要省略和简化了速裁程序中的庭审和公诉环节，然而案件事实真相的查明依然需要依靠审前程序，尤其是侦查程序来实现。因此在程序分流机制的构建上，公检法等主要国家机关的沟通和协作是十分必要的。此外速裁程序的"速"不仅体现在诉讼流程的简化，刑事案件办理工作机制的简化也是非常关键的环节，由于办案人员的数量在短期内基于国家的财力和对司法资源的投入是相对稳定的，因此工作机制的简化有时会比诉讼流程的简化更能够让基层公安司法人员拥有获得感。[1]此外，需要重视程序分流机制的构建过程中，程序的启动权和回转机制的运行。速裁程序的启动权主要由人民法院行使，建议权主体包括公安机关、检察院以及经过犯罪嫌疑人同意的辩护人，而程序的回转主要是指速裁程序和普通程序的转化问题，《刑事速裁程序试点办法》将程序回转的权利赋予人民法院，但从健全程序分流机制的角度来看，还需要适度赋予犯罪嫌疑人、被告人必要的建议权和意愿表达的权利，增强程序适用的协商性，适度减少程序回转过程中的

---

〔1〕　参见陈瑞华："'认罪认罚从宽'改革的理论反思——基于刑事速裁程序运行经验的考察"，载《当代法学》2016年第4期。

国家职权的介入。

四、认罪认罚从宽试点与程序分流机制的功能定位

(一) 认罪认罚从宽试点简介

2016年11月，开展认罪认罚从宽的试点正式启动，标志着我国在刑事程序分流机制上的新一轮探索。[1]其中重点标志是《关于在部分地区开展刑事案件认罪认罚从宽制度试点工作的办法》（以下简称《认罪认罚从宽试点办法》）的出台，《认罪认罚从宽试点办法》共29条，从实体和程序两个角度对认罪认罚从宽问题进行了全面规定。第一，明确了认罪认罚从宽的适用条件；第二，明确了认罪认罚从宽试点应当遵循的原则；第三，明确了犯罪嫌疑人、被告人有权获得法律帮助，细化了值班律师制度。在强制措施的适用上，应当明确认罪认罚可以作为无社会危害性的重要考量情节。第四，明确了被害人在认罪认罚从宽制度中的作用；第五，明确了认罪认罚的适用程序，明确侦查机关具有告知义务以及应当听取值班律师意见，发挥侦查阶段的基础性作用，严格规范撤销案件的适用条件和适用程序，并且对侦查阶段涉案财物的处置作出了明确的规定。第六，在审查起诉阶段明确检察机关的告知义务和听取辩护人以及值班律师的意见的职责。第七，明确检察院在提起公诉时提出量刑建议的义务，细化量刑建议的内容，以及不起诉的适用条件。第八，在审判阶段，认罪认罚从宽制度和速裁程序相比扩大了适用的范围，也明确了量刑建议的采纳条件，同时还规定了对速裁程序不服的案件，二审可以不开庭审理。《认罪认罚从宽试点办法》不仅仅是新一轮试点改革的开始，更是总结之前两年

---

〔1〕 2016年11月，《最高人民法院、最高人民检察院、公安部、国家安全部、司法部关于在部分地区开展刑事案件认罪认罚从宽制度试点工作的办法》。

速裁程序试点运行经验后的再次尝试,通过新一轮认罪认罚从宽的试点,有利于进一步落实我国的宽严相济刑事政策,加强刑事诉讼中的人权保障,有利于法律的统一适用。

(二) 认罪认罚从宽制度的内涵解读

由于认罪认罚从宽试点的工作仍然在推进过程中,有了前期的速裁程序试点的积累,在已经开展一年认罪认罚从宽的试点中,也能够挖掘出一些有借鉴性质的经验。认罪认罚从宽在我国司法实践中并不算是新鲜事物,其中对"认罪认罚"的犯罪嫌疑人、被告人需要根据案件的情况进行从宽处罚是我国司法实践中的通行做法。认罪认罚从宽试点从其内容来看兼顾了实体法和程序法的内容,不能将认罪认罚从宽试点孤立地看作是一种程序法上的制度创新。[1]从实体法的角度来看,认罪认罚表明了相关人员对犯罪行为的一种认知,客观上证明其社会及人身危险性较小;从程序法的角度来看,犯罪嫌疑人、被告人的认罪认罚而削弱了诉讼程序中发现案件事实真相的职能,从而将案件审理的难度大幅度降低,一定程度上提高了司法效率。我国刑法有关规定和刑事程序法中具有分流功能的具体制度以及"速裁试点"都符合认罪认罚从宽的精神和原则。因此,认罪认罚从宽试点与刑事实体法以及刑事程序法的多项制度高度关联,具有较强的包容性,当前该项制度的理论探索还不够成熟,该制度的试点运行也暴露了一些问题,需要进行必要的探讨,从而为程序分流机制的构建提供必要的理论和实践依据。

首先,认罪认罚从宽试点制度的体系完整性需要进一步提升,机制健全程度还有待加强。实践中对认罪认罚从宽制度的理解和把握更加侧重于程序层面的要求,部分司法机关人员对

---

[1] 参见陈卫东:"认罪认罚从宽制度研究",载《中国法学》2016年第2期。

该项制度的理解也局限于程序法层面的从简从快以及从宽，因此认识存在一定的片面性。同时现行刑事程序法也对完整的认罪认罚从宽机制缺乏有效规定，对于审查犯罪嫌疑人、被告人认罪自愿性的程序机制还应当进一步完善。对于制度表现形式来说，《认罪认罚从宽试点办法》颁布以后，虽然有一定的串联作用，但是总体来看，认罪认罚从宽制度散落在刑事实体法以及刑事程序法的各项规定之中，没有系统化。《认罪认罚从宽试点办法》具有一定的临时性，它的功能更多强调实体法和程序法的统一适用，而不是对我国现有的认罪认罚从宽制度的处理。[1]

认罪认罚从宽试点需要明确的一个关键问题就是对"认罪"内涵的把握。"认罪"是犯罪人处于悔过或者自责的心态，明示或者暗示自己做出了某种犯罪行为。"认罪"必须结合犯罪嫌疑人、被告人主观心态和客观行为进行综合的考量，并且应当把中心放在客观行为层面。在主观方面，犯罪嫌疑人、被告人应认识到自己行为的危害性，真心认罪悔罪，而不是放任或者宣泄自身行为的危害性；从客观方面来说，犯罪嫌疑人、被告人应对自己的犯罪行为基本上供认不讳，通过一定的途径作出认识到自身行为的错误及危害性的意思表示，表达的方式可以有所变通，明示的方式和间接的方式（如主动供述犯罪事实、积极赔付被害人、主动参与劳动改造等）都可以认定为有"认罪"行为。需要注意的一点是，对认罪行为的认定不应过严，犯罪嫌疑人、被告人在认罪过程中提出对自己有利的辩解不影响认罪的认定。

在明确认罪内涵的基础上，对"认罚"的标准应当进一步明确。在认罪认罚的程序中，如果认罪且认罚的行为是犯罪嫌

---

[1] 参见陈光中："认罪认罚从宽制度实施问题研究"，载《法律适用》2016年第11期。

疑人、被告人自动作出的话，那么被告人的上诉权理应受到严格的限制。而我国的司法程序实行两审终审，上诉权是被告人的法定权利，如果以被告人的认罪认罚限制其上诉权，可能存在不符合法律规定以及法律精神的现象。从司法实践的角度来看，速裁程序中上诉权较少被适用，在《认罪认罚从宽试点办法》中，上诉的案件数量和比例也比较低。而认罚的一个基本前提是犯罪嫌疑人、被告人对自身行为可能判处的刑罚以及认罪以后能够获得量刑上的优惠有一个清晰的认知和了解。认罚需要以犯罪嫌疑人、被告人充分了解认罪以及不认罪、认罚以及不认罚在程序法和实体法中的区别为基本前提，需要在量刑标准、量刑裁量权以及相关告知义务等问题上进一步完善。

（三）认罪认罚从宽试点的缺陷与程序分流机制构建的深化

程序分流机制的科学运行以犯罪嫌疑人、被告人对部分案件基本权利的放弃为前提，因此需要将部分权利的放弃作为一个法定的从轻处罚条款。认罪认罚从宽试点的推广对于刑事诉讼中的程序分流具有相当积极的意义，程序科学合理分流是认罪认罚从宽制度顺利推进的成效，但是根据刑事一体化的观点，认罪认罚从宽首先需要解决实体法问题，即通过认罪认罚程序达到对被告人有效"实体从宽"的效果。虽然《认罪认罚从宽试点办法》对于认罪认罚从宽制度的初步建立具有积极的成效，但是该办法过于侧重程序法价值，对于认罪认罚从宽制度中"从宽"这一关键问题没有规定全面的适用规则。此外，《认罪认罚从宽试点办法》只是提供了一些方向性的原则，并没有提及任何有关协商的内容，在量刑的问题上，没有明确是否能够存在协商的空间。并且在犯罪嫌疑人、被告人认罪的从宽问题上，采取的用语是"可以"而不是"应当"，认罪认罚所起到的激励效果还不够明显。因此为了提升案件的分流效果，应当注重将认罪认罚作为从宽的法定情节。刑法将自首、立功以及坦白以外的"认罪认罚"视为酌定的量刑情节,由于在司法实践中没有对这一点达成一致的认识,司法机关在酌定情节的认定上具有较大的自由裁量权,在同样的情况下,不同地区对认罪认罚的理解可能存在偏差,影响了法律的统一适用,从而也破坏了程序分流的效果。《认罪认罚从宽试点办法》没有很好地解决这一问题,因此认罪认罚的酌定化容易造成司法实践中的量刑不均衡,为了更好保障程序分流机制的运行,将认罪认罚作为法定的量刑情节是非常有必要的。由于程序分流是以犯罪嫌疑人、被告人自动放弃部分权利为前提的选择,如果犯罪嫌疑人、被告人无法因此得到刑事实体法的优待,那么其宁愿选择对其不利的程序方式来追求实体公正。[1]

确保程序分流机制构建的效果还应当注重量刑标准的灵活性和量刑标准的层级性,从而提高犯罪嫌疑人、被告人放弃部分权利的积极性。犯罪嫌疑人、被告人放弃部分权利必须以自愿为前提,而自愿性也必须以权利放弃能够获得相对等价的利益为基础。在认罪认罚制度中,认罪已经是一种权利的放弃,认罚则是基于量刑上的必要让步,而我国的刑事诉讼程序并没有区分定罪程序和量刑程序,并且量刑程序的公开性和透明度也有待加强,因此检察官作出的量刑建议以及法官作出的判决在量刑问题上存在一定的不可预测性,从而影响了当事人认罪认罚的效果,存在因为量刑问题导致的国家司法公信力受损的现象。因此,构建科学合理的程序分流机制需要以"阶梯化"的量刑幅度为必要保障。构建阶梯化的认罪认罚从宽的量刑幅度,也与程序分流机制中科学的、成体系的程序设置密不可分。

---

[1] 参见陈瑞华:"认罪认罚从宽制度的若干争议问题",载《中国法学》2017年第1期。

第五章 本体论：中国程序分流机制的现状及评析

在构建阶梯化的量刑从宽幅度方面，可以重点关注以下几个问题。首先是从认罪的方式和程度上考量。彻底认罪的量刑幅度应当高于不彻底认罪。其中彻底认罪主要是指从案件的侦查到最后的执行环节，被告人都能够深刻反思并且认识到自身行为的危害性，并且愿意接受相关惩罚，积极向被害人赔偿。彻底认罪体现出被告人对认罪的坚决性和诚意，因此相对来说再次犯罪的可能性较低。不彻底认罪主要是指被告人的认罪缺乏诚意，其认罪是处于一时兴起或者利益选择，随着司法程序的推进往往会出现翻供等反复现象，其社会危害性较大，因此需要加大刑事处罚的力度。因此在打造层级化量刑从宽幅度时应注重认罪是否彻底这一关键情节。其次，认罪的时间和诉讼阶段也是需要重点关注的环节，一般来说，认罪的诉讼阶段越早，越能获得量刑层面的优惠，并且从程序法的适用来看，也利于案件的及时流转。最后，从轻处罚的幅度也是非常有必要明确的问题，一般来说，明确的量刑从轻幅度有利于当事人根据自身情况选择是否放弃基本的权利。

认罪认罚从宽试点的推进对程序分流机制的构建目标进行了进一步的明确。认罪认罚从宽试点的根本目的是达到罪责刑相适应，因此程序分流机制的科学构建是认罪认罚从宽制度的表现形式，而认罪认罚从宽的核心是通过认罪认罚构建实体从宽的认定与处理程序。为了达到这一目标，首先需要进一步加强对被追诉方在侦查阶段的基本权利的保障。之前改革的侧重点都未深入到侦查阶段，因此在侦查阶段对于犯罪嫌疑人的认罪认罚自愿性的保障还存在一定的困难。其中，值班律师制度的定位是侦查阶段犯罪嫌疑人认罪认罚自愿性的一个重要保障，目前来看，值班律师制度是政府投入资源为涉嫌犯罪的人提供的基本法律服务，我国将值班律师定位为提供法律帮助的人员，值班律师并没有阅卷权，只能提供基本的法律咨询以及相关申诉控告职能。[1]而对侦查阶段的认罪认罚自愿性的保障，恰恰是以犯罪嫌疑人对案件的定罪量刑的幅度和认罪认罚的量刑优惠幅度的知晓为前提的，并且侦查阶段对于案件事实的发现和确认具有基础性作用，司法实践部门之所以反映适用简易程序、简化审程序以及速裁程序的法庭审判程序存在庭审流程化的现象，关键就在于法庭审判程序针对的问题是已经经过犯罪嫌疑人、被告人自动认罪的问题，而认罪认罚的自愿性以及量刑从轻的科学性才是认罪认罚从宽制度的重点。侦查阶段的自愿性直接影响到案件的进程以及犯罪嫌疑人、被告人在以后的诉讼进程中可能获得的程序法和实体法的优惠，因此是程序分流机制构建中不能忽视的问题。程序分流需要把案件区别对待，但是目的不是迅速结案，而是为了贯彻刑罚的罪责刑相适应原则，因此对认罪认罚从宽试点的制度定位有利于程序分流机制的目标构建。

五、刑拘直诉模式的评价与程序分流机制构建的实践样态

（一）刑拘直诉模式及其积极效应

所谓"刑拘直诉"模式，在学理上并没有统一的称谓，该模式是在司法实践中逐步探索出的产物，其主要内涵包括公检法机关对于简单、轻微的刑事案件，认为犯罪事实清楚、证据确实充分的，且犯罪嫌疑人无异议的情况下，不对其采取逮捕措施，直接在刑事拘留期限以内完成移送起诉或者提起公诉的诉讼程序。[2]在刑拘直诉模式下，法庭审判流程往往效率较高，

---

[1] 参见闵春雷："认罪认罚案件中的有效辩护"，载《当代法学》2017年第4期。

[2] 参见顾顺生、刘法泽："'刑拘直诉'的方式值得商榷"，载《人民检察》2016年第20期。

第五章 本体论：中国程序分流机制的现状及评析

以当庭审判为原则。而刑拘直诉模式的最大特点在于被追诉者在审判之前未经过逮捕程序，公检法机关仅仅依靠拘留阶段的羁押期限完成刑事诉讼的侦查、起诉和审判的全部流程。一般来说，通过刑拘直诉模式办理的刑事案件具有以下一些特征。第一，刑拘直诉的适用对象主要包括可能判处有期徒刑以下刑罚，并且社会危险性较小，不符合逮捕条件的案件。这些类型的案件出现的原因主要在于《刑法》修正案扩大了犯罪圈，而扩大的类型主要集中在轻微刑事案件上，因此办理这类案件容易面临两难的局面，即一方面，犯罪嫌疑人处于被羁押状态，判决之前容易出现羁押时间较长，导致法院以审前被羁押的时间为依据出现的轻罪重判，以羁押期限倒挂刑期等问题；另一方面，犯罪嫌疑人如果处于非羁押状态，也可能出现未及时到案、影响诉讼正常推进等问题，无法保障案件进程的有序性。第二，刑拘直诉模式的适用罪名主要以轻微刑事案件为主，主要包含危险驾驶罪、盗窃罪、容留他人吸毒罪、非法拘禁罪、容留卖淫罪等轻微刑事案件，适用的前提是公安机关已经掌握了案件的基本事实。疑难、复杂的案件，涉及未成年人案件以及有重大社会影响的案件等均不能适用刑拘直诉模式。第三，在刑拘直诉的保障机制上，往往以公检法三机关在案件流转的过程中达成一致和共识为基础。如为了保障刑拘直诉模式的顺利推进，三机关的案件报备、不定期的联席会议、对重点信息的及时通报等制度都是必要手段，公安机关一旦启动刑拘直诉程序，检察机关以及审判机关会第一时间知晓，从而保障了案件启动的信息通畅，也有利于公检法三机关共同研究刑拘直诉模式中出现的问题，统一法律适用。最后，在办案期限上，大幅缩短了办案时间。由于刑拘直诉模式主要在刑事拘留期限内犯罪嫌疑人被羁押的状态下做出，因此为了不突破现行《刑事诉讼法》的规定，公检法机关往往在 30 日以内完成案件的侦查、起诉、审判，部分简单轻微的刑事案件，甚至可以在 7 日以内完成刑事诉讼的整体流程，相对于传统的办案模式，大幅度缩短了办案期限。因此随着实务部门的逐步探索，该模式的推进有着逐步扩大的趋势，已经日益引起理论界以及实践部门的关注与重视。

　　刑拘直诉模式作为司法实践部门面对案件数量井喷现状的一次实践探索，其出现有一定的原因，并且作为司法实践部门通过案件办理经验的积累形成的一种办案模式，必然存在其合理性。对于司法实践中出现的新样态，有必要对其积极性进行一个初步的总结和归纳。首先，刑拘直诉模式有利于体现宽严相济原则。实体从宽往往相对容易得到实现和保障，而基于我国目前的刑事诉讼程序，程序从宽还有待司法实践部门达成基本的共识。刑拘直诉模式能够有效起到对轻刑案件的犯罪人进行教育改造和挽救的效果，促使他们通过刑拘直诉模式认罪伏法，早日回归社会。同时由于刑拘直诉模式的灵活性，又可以有效避免长期羁押对轻罪犯罪嫌疑人造成的不利影响。刑拘直诉模式是在现有法律框架下进行的程序简化，没有超越法律的界限，另外对于缓解社会矛盾能够起到有效的作用。其次，刑拘直诉模式具有较强的针对性，能够有效减少对司法资源的不当使用。刑拘直诉模式具有"快速、灵活、精细、准确"四大优点。在司法实践中，因容易操作受到公安司法机关的欢迎；由于拘留期限最长不得超过 37 天，其快速的优势显而易见；另外，通过刑拘直诉模式办案能够根据案件的实际情况灵活选择适用速裁程序或者在审判阶段是否适用简易程序，在刑拘直诉模式下，认罪认罚的案件同样也能按照认罪认罚从宽试点制度办理；在精细办案方面，由于逮捕过于严厉，刑拘直诉模式能

第五章　本体论：中国程序分流机制的现状及评析

够有效避免司法实践中"构罪即捕"所导致的犯罪嫌疑人被逮捕后轻刑率过高的问题，又能针对司法实践中取保候审、监视居住适用不当而导致的犯罪嫌疑人逃脱或者引发新的社会危险等问题，起到一个有效的缓冲作用。最后，刑拘直诉模式保障了当事人的合法权益，由于基层案多人少现象较为突出，而刑拘直诉模式创设出一种专属于轻微犯罪的办案模式，与普通办案程序分开，能够有效地起到程序分流的实践效果。对于犯罪嫌疑人来说，刑拘直诉模式有效降低了轻微刑事案件中的程序负担，通过规避逮捕程序更好体现出罪责刑相适应原则。[1] 综上，刑拘直诉模式作为司法实践部门在探索程序分流的重要实践探索，一方面没有突破现行法律的规定，另一方面，有效保障了与速裁程序、认罪认罚从宽试点以及简易程序的有效衔接，从而保障了诉讼效率的大幅度提升，作为基层公安司法机关创设的新的程序模式，具有较强的理论意义和实践效用。

（二）刑拘直诉模式的缺陷

刑拘直诉模式虽然在促进案件流程简化，推进程序分流上有十分积极的效益，但是其缺陷也非常明显，需要谨慎对待刑拘直诉模式存在的问题，避免其消极影响被不当扩大。首先，刑拘直诉模式的推进虽然没有突破现行《刑事诉讼法》有关拘留和逮捕羁押期限的规定，但是刑拘直诉模式本身已经违背了《刑事诉讼法》的立法初衷。对《刑事诉讼法》有关刑事拘留和刑事逮捕的条款进行分析可以发现，刑事拘留期限是相对固定的，如果需要延长刑事拘留期限，须以"需要逮捕"为前提条件。如果公安机关在拘留期间决定直接移送人民检察院审查

---

[1] 参见"山东青岛市南区检察院'刑拘直诉'让轻刑案件办理提速"，载 http://www.jcrb.com/procuratorate/jcpd/201706/t20170615_1766076.html，最后访问日期：2018年1月。

起诉,就意味着公安机关认为被拘留的犯罪嫌疑人已经没有被逮捕的需要,而在这种情况下,又不满足刑事拘留期限延长的条件,因此通过延长拘留期限延续犯罪嫌疑人被羁押的状态已经违背了《刑事诉讼法》的规定。按照《刑事诉讼法》的立法本意,公安机关作为侦查机关在决定对犯罪嫌疑人不提请批准逮捕的情况下或者决定在拘留期限内直接移送审查起诉之前,应当变更强制措施或者释放。而在刑拘直诉模式下,犯罪嫌疑人、被告人被拘留的状态直接延续到人民检察院的审查起诉阶段和人民法院的审判阶段,也就是说,在起诉和审判阶段,犯罪嫌疑人仍然以刑事拘留的名义被羁押,这样会产生两个违背《刑事诉讼法》立法精神的现象,即刑事拘留是专属于侦查机关的一种紧急情况下的强制措施,而检察机关和审判机关无权享有该权利,但是刑拘直诉模式使得检察机关和审判机关变相享有了刑事拘留的决定权;此外,犯罪嫌疑人和被告人是在不同诉讼阶段的不同称谓,刑拘直诉模式下,被拘留的犯罪嫌疑人到了审判阶段仅仅是称谓发生变化,不利于保障其基本权益。

其次,刑拘直诉模式在运行过程中削弱了检察院在刑事诉讼中的侦查监督职能,与之相应的是直接架空了逮捕后的羁押必要性审查工作。紧急性和临时性是刑事拘留最重要的特征之一,而刑拘直诉模式则无法体现刑事拘留的紧急性和临时性,如果通过刑拘直诉模式将拘留状态从侦查阶段延伸到审查起诉阶段或者审判阶段,不仅违背了《刑事诉讼法》的立法本意,还造成了实践中,办案部门没有经过严格的提请批准逮捕程序,却实际利用刑事拘留期限的延长达到了与强制逮捕相近的羁押效果,不仅严重削弱和挤占了检察机关的侦查监督职能,还会造成检察机关无法对侦查行为的合法性进行及时、必要的审查判断。

最后，刑拘直诉模式对刑事拘留期限的不当延长无法起到有效的约束作用，进而影响了其他强制措施的合理实施。根据《刑事诉讼法》的立法本意，延长刑事拘留的期限需要正当理由，如办案机关需要时间进一步通过侦查完善证据从而为提请批准逮捕做好准备，而不是为了直接起诉进而做出判决。刑拘直诉模式可能导致本来可以在法定的拘留期限内完成提请批准逮捕或者变更强制措施的普通刑事案件以"刑拘直诉"为由被不当延长期限，这不仅仅会造成刑事拘留期限不当延长现象的加剧，增加审前监管机关的办案成本和压力，同时对于轻微刑事案件的犯罪嫌疑人和被告人来说，不当延长侦查羁押期限也不利于其认罪伏法。此外，刑拘直诉模式的推广不利于取保候审的适用，由于刑拘直诉模式将羁押期限延长，影响了侦查机关办理刑事案件时适用取保候审的动力，对于不应当被逮捕的轻微刑事案件的犯罪嫌疑人，即使不具备社会危险性，也一律以刑拘直诉模式结案，违背了强制措施适用的比例原则。

（三）刑拘直诉模式对程序分流的借鉴意义

尽管刑拘直诉模式在司法实践中具有一定的局限性，部分内容甚至不符合《刑事诉讼法》的立法本意，但是，作为一项新事物，刑拘直诉模式之所以能够受到公安司法机关的认同并推行，必然存在其理由，并且刑拘直诉模式作为一种新的轻微刑事案件的办案机制，客观上对程序分流机制的构建也起到了相当积极的作用。首先，刑拘直诉模式反映了基层公安司法部门的实际需求。案件数量井喷、基层案多人少已经不再是新议题，而是司法实践中长期存在的顽疾，进入21世纪以来，司法实践部门对于理论的呼声反应仍然较为冷淡，体现出理论和实践的脱节。此外，立法的顶层设计并没有全面缓解基层的办案压力，由于基层公安司法机关相对于立法部门更能够直观感受到司法程序在运行过程中存在的问题,因此刑拘直诉模式的出现也是基层有别于立法机关探索程序分流的有效尝试。自 1996年设立简易程序以来,立法部门从未中断过对程序分流的努力,但是这种自上而下的立法改革落实到基层公安司法部门,能否真正成为有益于刑事诉讼程序分流的有效手段,仍需要时间的检验。刑拘直诉模式作为基层公安司法机关创设的一种处理轻微刑事案件的办理模式,其推广和范围的扩大对于传统刑事诉讼程序的去中心化和构建科学合理的程序分流机制的积极效用不可小觑,不能因为该模式存在的缺陷而否定其存在的意义。基层公安司法机关积极主动探索轻微刑事案件的办理模式,客观上也是基层公安司法机关发挥主观能动性,在当前刑事政策的大环境下的有利探索,为了保障基层公安司法机关的办案活力,也不应当轻易否定刑拘直诉模式的分流潜力。[1]

其次,刑拘直诉模式淡化了我国传统刑事诉讼程序中的"流水作业"的办案模式,有利于创设符合诉讼规律的轻微刑事案件办理模式,进而真正起到利用新的办案模式实现程序分流机制构建的效果。所谓"流水作业"办案模式,主要是指在刑事诉讼的不同诉讼阶段,公检法三机关各自负责、各司其职,导致诉讼流程的阶段化和流程化。从刑拘直诉模式取得的实际效果来看,该模式绕开了办理方式繁琐、审批期限冗长的审查批准逮捕程序,客观上使得犯罪嫌疑人、被告人不再需要被采取逮捕的强制措施。该模式的确大幅度缩短了犯罪人被判处刑罚之前实际被羁押的期限,一方面对公检法等专门机关办理刑事案件发挥了较强的督促功能,另一方面也给人民法院依法作出判决提供了较为宽松的条件,极大地避免了司法实践中长期

---

〔1〕 参见熊波:"认罪认罚从宽改革视阈下'刑拘直诉'制度之重塑",载《北京政法职业学院学报》2017 年第 2 期。

存在的人民法院以被告人实际被羁押的期限作为量刑幅度重要依据的现象。从本质上来看，刑拘直诉模式淡化了诉讼阶段的概念，突破了侦查、审查起诉、审判的天然界限，打破了我国"流水作业"的诉讼构造，在刑事拘留期限内通过侦查、审查起诉以及审判程序的合并或者说叠加，减少了公检法三机关办理案件流程的简化。[1]在刑拘直诉模式下，为了保障诉讼周期的合法性，公安机关必须快速移送检察院审查起诉，检察院经快速审查后交给法院作出迅速的判决，客观上促进了侦查、审查起诉以及审判三大程序的衔接，因此重复性的审查和繁琐的事务性工作必须被简化。为了在刑事拘留的期限内完成案件的侦查、起诉和审判，公检法三机关在办理案件过程中的内部审批和决策环节必须大幅度简化，从而适应刑拘直诉模式的需求。因此，刑拘直诉模式能够真正保障由案件的主办人员，即亲自办理案件的侦查人员、检察人员以及审判人员独立作出决策，不需要再经历繁琐的案件审批程序和逐级汇报机制，客观上通过刑拘直诉模式实现了公检法三机关内部办理刑事案件流程的规范化和清晰化。

六、小结

（一）我国程序分流机制构建的四大态势

总体来看，在我国刑事程序分流机制的构建过程中，出现了以下几大发展态势。第一，程序分流机制的内涵进一步扩大，程序分流始于审判程序的改革，进而从审判程序扩大到审前程序；第二，从程序分流机制构建的方式来看，从单一的程序改造转变为系统性的实体法与程序法并行改革；第三，从程序分

---

[1] 参见陈瑞华："论刑事诉讼的全流程简化——从刑事诉讼纵向构造角度的分析"，载《华东政法大学学报》2017年第4期。

流构建的思路来看，从简化诉讼流程和手续到简化流程与尊重当事人意愿相结合。第四，从程序分流机制构建的推进模式来看，从立法引领走向试点先行。

第一，程序分流机制的内涵进一步扩大。在构建程序分流机制的过程中，由于刑事审判是刑事诉讼的中心环节，基层司法机关对案件审理的难易程度有着直观的认知，因此最先认识到对案件区别对待的重要性的紧迫性，进而以创设新的审判程序的方式推进了程序分流机制的初步构建。而在创设刑事简易程序的过程中，由于缺乏可借鉴的经验，刑事简易程序对程序的分流效果没有得到充分发挥，尽管随着《刑事诉讼法》的修改和完善，立法机关不断改良简易程序，但是简易程序似乎仍然没有起到在审判阶段作为程序分流的关键制度的功能，简易程序的简化效果以及简易程序与普通程序的转化关系仍然是影响审判阶段程序分流机制运行的重要因素。然而，简易程序在刑事程序分流机制中的作用和功能仍然不能小觑，立法机关以创设新制度的方式意图达到分流刑事案件的思路仍然值得肯定。随后的简化审模式虽然在我国的刑事司法的进程中仅仅起到了一个过渡的功能，其理论定位以及实践运行均存在着难以克服的缺陷，但是简化审模式作为司法机关在简易程序无法充分发挥功效的情况下对分流的尝试和探索，也明确了程序分流机制的构建方向，并且通过简化审模式的试行，也为我国探索构建符合我国国情的处罚令程序提供了实践素材。通过简易程序的设立和简化审模式的推进，立法机关也认识到单纯依靠审判程序的优化和分流无法达到刑事诉讼程序整体的分流效果，为后面的速裁程序和认罪认罚从宽试点提供了良好的借鉴。其中刑事速裁程序试点明确了案件的适用范围和简化的方式，不仅仅简化了审判阶段的审理模式，也对简化审查起诉环节提出了明确要求，这是程序分流机制构建的一个重大进步。

第二，程序分流机制的构建方式从程序的优化提升扩大到实体与程序的同步改革。以认罪认罚从宽试点为例，仅仅从程序法角度打造全方位的程序分流体系，可以从制度层面保障多元体系的构建，但是实体法与程序法之间相辅相成与密不可分的关系决定了一项程序性质的改造离不开实体法的辅助与推进。[1] 首先，程序分流是以犯罪圈扩大和轻微刑事案件数量增加为前提的，刑事司法程序为了应对案件数量井喷的现状，必须以多元化的方式处理各类案件，而仅仅优化程序设计而忽视实体改良，会出现实体法和程序法运行目标的偏离，程序法的科学运行是以实体法的明确依据为前提的。在认罪认罚从宽试点中，如果没有对认罪的内涵和认罚的幅度作出明确规定，也就难以通过必要的程序设计来保障犯罪嫌疑人、被告人认罪认罚的自愿性，认罪认罚的自愿性是以实体法对认罪认罚行为规定了明确的定罪量刑优惠为前提的，程序从简作为犯罪嫌疑人、被告人认罪认罚的一项等价措施，如果没有实体法的保障，很难保证科学的运行。此外，没有科学化、层级化的认罚后的量刑优惠，犯罪嫌疑人、被告人的认罪认罚积极性难以得到有效的激励，案件随时有可能回到普通程序，使得犯罪嫌疑人、被告人的程序负担加重，也不利于专门机关对案件的区别对待，影响了程序分流机制的运作。

第三，在构建程序分流机制的过程中，对当事人意愿的重视程度逐步加强。我国程序分流机制构建的初期，追求诉讼效率往往是公安司法机关的首要目标，为了追求效率就必须精简一些办案流程和内部手续，但是在简化诉讼流程的过程中，也

---

[1] 参见肖波：《刑事庭审调查制度的正当性》，上海人民出版社2015年版，第12页。

难免基于国家权力的强大惯性，忽视对当事人基本权益的保障。在程序分流机制的运行中，当事人的权益主要包括以下几个方面，首先是意愿的表达权，其次是当事人对程序的选择权，再次是当事人获得法律帮助的权利，最后是当事人获得程序性救济的权利。从当事人的意愿表达权来看，我国在程序分流机制构建的过程中，基本上做到了对当事人意愿的重视，在普通程序或者分流程序的选择问题上，对当事人程序选择的意愿表达有较好的保障。从保障当事人的程序选择权上来看，当事人（主要是犯罪嫌疑人和被告人）经历了被告知可以适用分流程序到被动选择分流程序，再演进为可以通过放弃部分基本权利的方式获得分流程序适用的发展过程，当事人在程序分流机制运作过程中的话语权逐步加强。国家专门机关在程序分流机制的构建过程中也逐步认识到，当事人的意愿和当事人对自身权利的行使对于程序推进具有重要意义。最后，从当事人获得法律帮助和程序救济的层面来看，当事人从广义上的有获得辩护的权利到值班律师制度的设立，是一个巨大的进步，但是该项制度仍然存在完善的空间，需要依靠辩护制度和值班律师模式的进一步成熟而深化和完善。

第四，从程序分流机制构建的方式来看，立法修改前的试点工作愈发体现出其重要性。1996年简易程序的设立是立法机关首次寄希望于依靠审判程序的改革推进案件的繁简分流，而简易程序自设立之日起，在司法实践中就出现了一系列问题，虽然随着刑事诉讼法和司法改革的进一步推进，简易程序也在不断地修改和完善，但是作为立法机关确认的一项新的制度，本应当有更好的立法修订模式，这样才能够更好维护立法机关的权威。自2014年开展速裁程序试点以来，结合速裁程序试点过程中的经验，我国于2016年又开展认罪认罚从宽试点，是一种较为科学的立法修改的模式,对于程序分流机制的构建显得十分重要。如果立法机关设立一项新的制度无法满足程序法的需要,只会导致立法机关对条文的修改变成纸面上的法律,而试点制度一方面给了基层公安司法部门一个试行的机会,另一方面又可以给立法部门及时修改、完善法律提供科学合理的第一手资料。对于程序分流机制构建这样一个实践性较强的问题,显得十分必要,程序分流机制作为一种运行系统,更应该有必要的试错机制,从而保障我国刑事司法程序的优化。

(二)我国程序分流机制构建的三大短板

我国程序分流机制构建除了以上四大发展态势以外,也存在一些值得思考和总结的地方,这也是今后我国程序分流机制的发展方向。比如在程序分流机制的构建上过于依赖国家权力的主导作用,忽视社会和公民的参与;注重程序法和实体法的层级化打造,忽视证明标准的差异化;诉讼阶段意识过于明显,应当重新理清事实问题和法律问题的界限。

第一,程序分流机制的构建过于依靠刑事司法内部的优化设计来解决案件的分流问题,没有重视社会主体的积极参与。对于轻微刑事案件,尤其是社会危害性较小的案件,我国刑事实体法通过不断扩大犯罪圈的方式,加剧了基层案多人少的矛盾[1];在行政司法和刑事司法对接问题上,过分注重刑事司法的参与,客观上加剧了司法负担;随着收容审查、劳动教养等制度的废除,如何妥善处理好轻微刑事犯罪,也是刑事司法必须面对的议题。尽管刑事司法程序面临的负担在进一步加重,但是在我国程序分流机制构建的过程中,国家机关似乎仍然希望能够以一种权威型、权力掌控型的司法模式主导案件的分流,

---

[1] 参见杜辉:《刑事法视野中的出罪研究》,中国政法大学出版社2012年版,第80页。

即使是简单轻微的刑事案件,也寄希望于通过诉讼流程的简化来达到案件分流的效果,进而导致了一些问题。对于轻微刑事案件的处理,完全可以换一种思维模式,将程序分流机制打造成多元化、立体化的运作模式,由于轻微刑事案件的犯罪嫌疑人、被告人最终会回归社会,因此社会力量的提前参与和介入成了必然,与此同时,程序分流的内涵也就随之扩大,不仅仅是刑事司法程序内部的分流处理,更加扩大到了社会力量与国家司法机关的分工协作。

第二,程序分流机制构建的过程中,重视程序运作的简化,轻视证明标准的差异化。程序分流机制的构建首先是要解决案件繁简分流的问题,而案件的繁简分流除了依靠科学的程序设计支撑和实体法保障以外,还要考虑到基层公安司法人员的办案压力和办案诉求。如果分流程序依然要采取普通程序的证明标准,只会加剧基层公安司法人员的工作负担,将表面上"简化"的诉讼流程和办案期限转变为看不见的加班加点,并且案件的繁简分流最终要落实到基层,基层办案人员如果采取分流程序,却仍然要面对办理普通案件时所必须承担的冤假错案的风险,将极大影响基层公安司法人员运用分流程序的积极性,从而影响了程序分流机制的运作效果。而证明标准的差异化也符合诉讼规律的基本需求,允许基层公安司法人员在分流程序中拥有认定案件事实问题的自由裁量权,运用逻辑与经验法则,理解证明标准并对案件的特殊情况作出认定,将会极大激发程序分流机制的运作活力。因为任何一项制度都是由基层公安司法人员通过案件的办理来落实的,激发基层公安司法人员的工作活力一定程度上就能激发程序分流机制的制度活力。

第三,程序分流机制的构建过程中依然保留了较强的"流水作业"的色彩,没有注重分流机制的整体性。从简易程序的设立和简化审模式的改革来看，我国程序分流始于审判阶段，通过速裁程序和认罪认罚从宽试点扩大到审前程序，依然保留了较强的"诉讼阶段论"的色彩。即使是客观上已经冲击了"流水作业"机制的刑拘直诉模式，其诉讼流程的简化也没有摆脱侦查、起诉、审判三个阶段，仅仅是在刑事拘留期限内集中完成。也就是说对于刑事案件的流程简化依然需要完整走完侦查、起诉、审判三个阶段，并且适用的案件范围和处罚方式依然较为有限，甚至采取该模式的刑罚力度和强制力还不如部分行政机关作出的行政处罚，流程简化的过程依然没有体现出分流程序的灵活性、高效性以及非权威性目标。因此程序分流机制的构建需要突破以诉讼阶段简化为主要手段的思路，一方面发挥每一个诉讼阶段的分流功能，打造层级化的分流模式，另外一方面，需要认识到轻微刑事案件的审理重点在于犯罪嫌疑人、被告人权利放弃的自愿性和权利选择的自主性，并且对案件事实问题和法律问题的认定也需要打破诉讼阶段论的限制，需要高度重视侦查程序在事实认定问题上的核心作用。由于轻微刑事案件以当事人对部分权利的放弃达到事实真相的发现，因此审查起诉和审判阶段不应当把事实问题作为审查重点，而应当将自愿性作为重点审查对象，此外，应当允许案件在不同诉讼阶段随时分流，淡化诉讼阶段理念，强化办案人员的主导地位，从而更好达到轻微刑事案件办理过程中的法律效果和社会效果的统一。

第三节　中国刑事诉讼普通程序的分流功能潜力及分流现状

随着2014年我国新一轮以审判为中心的诉讼制度改革的推

进，如何理顺审前程序与审判程序的关系成为了改革的重点，其中审前程序是否能够充分起到程序分流和案件过滤职能也直接影响到了审判中心改革的成效。我国刑事诉讼普通程序中，鲜明的、由不同国家机关主导各自诉讼阶段的"流水作业"模式一直是诉讼改革进程中的顽疾。虽然"流水作业"模式存在一定的缺陷，但是从程序分流的角度来看，这种诉讼进程在我国运行了多年，其仍然存在一定的合理性，并且具有巨大的程序分流的制度潜力。我国刑事诉讼流程的阶段性较强，不同诉讼阶段的界限也十分鲜明，并且在司法实践的运行过程中，在事实上承担着案件分流的职能。基于国家权力的惯性以及考核方式的制约，在审前程序中一些具备明显分流功能的制度并没有完全发挥其分流潜力，而我国总是寄希望于设立新的制度或者推进新的试点加强程序分流机制的构建，这种思路也值得反思。忽视普通程序具备的分流潜能而"另起炉灶"，可能从表面上完善了程序分流机制，但是其忽视了原有制度的潜能以及与新的分流机制的衔接，必然会在程序分流的具体运行中产生新的问题。[1]理想状态的程序分流机制应当遵循充分挖掘普通程序的分流潜力与构建新的程序分流机制相结合的思路，从而使得程序分流机制的构建更加体系化与科学化。

一、审前程序中各个诉讼阶段的分流潜力没有得到充分发挥

首先，立案制度作为刑事诉讼普通程序的启动阶段，其承担的程序分流功能没有受到理论以及实践的充分重视。刑事立案作为影响案件启动和程序分流的重要制度，其理论上的定位

---

[1] 参见左卫民："审判如何成为中心：误区与正道"，载《法学》2016年第6期。

第五章 本体论：中国程序分流机制的现状及评析

以及诉讼中的功能始终处于研究的盲区，导致其分流功能受到了不应有的忽视；从司法实践的运行来看，由于在刑事普通程序中不立案制度运行的不规范，导致立案制度的程序分流功能被大幅度削弱，没有在法律层面起到合理认定纠纷性质、科学引导程序分流的效果。刑事立案制度是中国刑事诉讼特有的诉讼制度之一，直接影响案件启动。立案制度本身起到了提高诉讼门槛的功能，对于案件从源头层面的分流起到了至关重要的作用。[1]我国刑事立案程序直接影响到侦查机关对公民、法人限制或者剥夺人身自由或者对财产的强制措施和侦查行为的适用，因此国家对立案决定设立了较高的法律门槛，即"有犯罪事实发生，需要追究刑事责任以及符合管辖的条件"。从统一案件准入门槛的角度，立案程序确实起到了源头上的把关和掌握功能，但是不能忽视的一点是，立案阶段仍然处于案件的起点阶段，案件性质是否能够被及时认定和得到妥善处理还并不能最终确定，过于强调案件准入功能可能导致的后果就是立案程序被架空甚至被异化。刑事诉讼的重要目的之一是发现案件事实真相，立案阶段属于案件的初始阶段，而现行立法对立案证明标准的表述与在侦查终结、提起公诉甚至作出有罪判决时的表述差异不大，显然值得商榷。从法理层面来看，国家机关发动诉讼应当从"简单的嫌疑"到"有罪判决可能"最终过渡到"有罪判决之确信"这样一个阶段，因此立案程序的高准入门槛显然与诉讼规律存在相违背的地方。从程序分流的角度，设置较高法律门槛的立案程序将相当一部分案件从诉讼启动阶段隔离出刑事诉讼之后，理应为其提供充足、合理的分流和解决措施。首先，由于案件事实的发现是一个逐步实现的过程，因此

---

[1] 参见樊崇义主编：《刑事诉讼法学》，中国政法大学出版社2013年版，第402页。

程序分流机制的构建就应当考虑到案件材料再次进入刑事诉讼的可能性；其次，如果立案制度起到了相应的过滤案件的功能，那么与之相对应的案件材料的处理和消化流程应当高效、合理且符合当事人意愿。我国当前刑事立案制度的分流和救济手段仍然存在较大的改良和提升空间，第一，对于立案材料的处理，良好的分流以妥善处理立案材料为前提，仅仅一个不立案决定不能打消报案、控告、举报主体的疑惑；第二，从刑事案件材料的获取问题上，存在来源多而不能有效整合资源的问题，如涉及贪污受贿的案件材料，检察院、纪委、检察部门、被举报者单位都能够接受和处理，但后续的对接和查处机制仍需进一步明确；第三，对于性质有争议的案件，往往存在行政处罚终局的现象，即所谓刑事司法与行政执法的衔接问题，这也是影响程序分流机制的重要因素；第四，对于立案阶段程序分流出现障碍时的监督问题，检察院监督制度和自诉制度本身也存在较大的提升空间。

其次，基于法律定位的模糊，侦查阶段的撤销案件制度未能起到程序分流的基础效果。我国刑事诉讼的侦查阶段除了管辖制度本身具备的分流功能以外，分段式的诉讼流程也存在着大量诉讼的外部分流，侦查阶段的程序分流需要以轻罪和重罪为区分界限，对于轻罪可以赋予侦查机关当场处理和决定的权利，而重罪则必须严格限制其分流程序并且受到充分的监督。首先，我国刑事案件只要跨过"立案"这一法律门槛，其适用的侦查程序往往与案件本身的性质关联不大，影响案件办理的主要因素在于案件的社会影响和办案的人力，往往不能体现良好的程序分流效果。从法理的层面来看，轻罪案件由于其社会危害性相对较低，能够采取一些诉讼外的纠纷解决替代措施，可以通过借鉴民事诉讼的方式达到程序分流的目的，通过特殊

第五章 本体论：中国程序分流机制的现状及评析

程序或者诉讼外渠道完成案件的终局性处理；而重罪案件往往需要侦查阶段打下良好的基础，所谓良好基础主要指两个要件，一个是关键的定案证据，另一个则是犯罪嫌疑人。当前我国侦查阶段面临的挑战在于对重罪案件尚未有明确定义，难以集中整合资源进行案件的事实发现工作；此外从法律要件的角度来看，我国侦查阶段规定了撤销案件的条款，而法律要件却限制为"不应当追究犯罪嫌疑人刑事责任的情形"，使得分流的法律空间极其有限。从我国刑事司法实践的角度来看，曾经长期存在的劳动教养制度在客观上起到了分流的效果，但是作为一种行政化的非诉讼解决渠道已经不符合现代法治国家的需求，被废止也是时代的选择。此外，侦查阶段案件被撤销并不意味着案件的终局性处理，我国的行政处罚起到了事实意义上的分流效果。[1]在行政执法和刑事司法的衔接问题上，由于行政程序的办理具有更加灵活和高效的特点，更容易让案件启动，并且"违法"和"犯罪"行为的界限经常存在模糊的状态，而实体法并未针对此问题作出明确规定，因此往往能够成为刑事程序的前置性程序[2]；另外一方面，法律上规定撤销案件以犯罪嫌疑人不应当被追究刑事责任为前提，但是其仍然需要基于同一行为承担行政责任或者履行相关义务，而侦查机关在认定案件性质的过程中往往是根据证据材料的充分程度进行相应的法律定性。从长远的角度来看，应当在提升侦查机关侦查能力的前提下对其侦查权力进行必要的限制，其中关键的一点就是必须严格限制侦查机关对案件法律性质的认定，而将其重点转移到

---

[1] 参见卞建林等：《中国司法制度基础理论研究》，中国人民公安大学出版社2013年版，第109页。

[2] 参见周剑云、谢杰：《金融刑法：问题、争议与分析》，上海人民出版社2016年版，第7页。

对案件事实和证据材料的发现功能，这样才能避免将追究行政责任作为无法追究刑事责任时的分流情形，真正达到保障犯罪嫌疑人基本权益的目的。撤销案件制度本身更侧重于侦查行为和侦查阶段的终止，而没有对终止以后案件应当如何处理给予明确的制度导向，因此撤销案件作为一种制度，不应当仅仅从普通程序的视角来设计，更应该科学全面地认识其分流功能，使其成为程序分流机制的重要补充。

最后，受到考核机制的制约，不起诉制度没有起到程序分流的核心作用。不起诉制度是指具有控诉权的机关在特定情形下作出不起诉决定的情形。不起诉制度又分为几大分支，其中法定不起诉和证据不足不起诉属于案件因不符合法定起诉要件而暂停或终止处理的方式。酌定不起诉对程序分流的影响体现得更加明显，是指放弃将符合特定条件的案件及嫌疑人起诉到法院的制度。检察机关基于其在刑事诉讼中的特殊地位，起到了审前程序中的监督职能、领导侦查的职能以及审判过程中的案件过滤和起诉主导功能，因此在保障刑事程序分流机制的顺畅运行中起到了核心的作用。不起诉制度作为传统大陆法系中"起诉法定主义"的变通和补充，是刑事程序分流的重要制度载体，也是"起诉便宜主义"的理论表现。在英美法系国家，检察官对案件进程的掌控享有更大的自由裁量权，无论是大陪审团的起诉主导模式还是以检察官为主导的量刑模式，起诉权的掌控方都能根据证据和公共利益的考量，对刑事诉讼的程序分流起到基础作用。而比较明显的是暂缓起诉制度，该项制度在各国的表述存在一定的差异性，其共性是将不起诉的决定附加一定的义务和考验期，根据犯罪嫌疑人在考验期内的现实表现和义务履行情况来决定是否起诉。大陆法系国家往往对不起诉制度中暂缓起诉的程序分流功能抱有一定的期望值，希望依托

第五章 本体论：中国程序分流机制的现状及评析

该制度在刑事与立法政策等方面起到减轻司法负荷，预防犯罪行为再次发生的功效。而需要注意的是，暂缓起诉制度的建立往往依托于现实的成文法规定，犯罪嫌疑人要获得暂缓起诉的制度适用往往以履行一定义务为条件，参与程度相对有限，从某种程度上扩张了检察官的权限，甚至可以说暂缓起诉制度为检察官提供了一条模棱两可的另类出路。[1]从程序分流的角度来看，暂缓起诉制度能够发挥大量消化案件的功能也是理论上值得探讨的问题，从立法初衷来看，暂缓起诉决定是通过设定附带条件和考验期控制案件进入审判阶段的有效手段，但是从暂缓起诉决定的作出到生效以及监督和考察的义务都在检察机关内部，因此检察机关采取暂缓起诉的权威性还有待商榷。在缓起诉决定的做出和暂缓起诉考验期间，检察机关掌控了大量的裁量权，审判机关的介入十分有限，这都是程序分流机制可以优化和完善的空间；此外，暂缓起诉的程序分流功能体现在分流后的终局性，分流后的案件及相关当事人不能仅仅将案件过滤出刑事司法程序，必须构建出一套系统的针对不起诉人的教育和改造体系，这都是程序分流机制必须面对的问题。因此，为了更好地发挥暂缓起诉在程序分流机制中的功效，除了在立法上建立相对应的制度以外，在该项制度的执行层面，应当对程序分流以后案件及当事人的妥善处理等问题予以足够的关注。不起诉制度除了理论定位和制度设计本身存在一定的局限性从而影响了程序分流机制的运行以外，在我国还受到行政考核的影响，其程序分流的潜能尚未充分发挥，这不仅仅是制度层面的局限性，更加体现在国家司法运行的观念仍需进一步完善，如果不能摆脱国家公权力对轻微刑事案件的介入，国家权力这

---

[1] 参见陈健民：《刑事诉讼法要论》，中国人民公安大学出版社 2009 年版，第 230 页。

只"无形的手"仍然在轻微刑事案件的解决模式中陷入过深，不利于社会关系的修复和刑事诉讼普通程序制度活力的释放。[1]

综上，程序分流机制的科学运行离不开普通程序和分流程序的良性互动，一方面，分流程序必须具备较强的去中心化的特征，能够作为普通程序的替代措施，在轻微刑事案件的处理过程中起到良好的分流效果。另一方面，程序分流机制离不开普通程序内部的科学运行，离开普通程序的运行机制而单纯打造新的程序分流机制只会让原本运行不畅的制度更加边缘化，从而影响了刑事诉讼普通程序本身分流效果的发挥。如果说分流程序是简化版的普通程序，那么不同诉讼阶段的诉讼节点就是案件能够依靠普通程序分流出刑事诉讼之外的基础，也就客观上形成了程序内部分流和程序外部分流的科学结合。程序分流机制应当具备层次分明的案件流出机制，因此立案制度、撤销案件以及不起诉制度理应成为案件流出的三大节点，其中应当重视立案制度的分流功能，发挥侦查阶段撤销案件制度对案件分流的基础性作用，最后应当发挥检察机关在审前程序分流中的核心作用，充分发挥不起诉制度的分流潜力。

二、审判阶段的分流功效仍然存在提升空间

我国审判阶段的程序分流主要依靠审判方式的改革来推进，案件进入审判阶段，也就意味着审前程序已经将案件进行了必要的分流和过滤，从而对需要接受审判的案件进行最终审理。我国已经具备简易程序的审理方式，经过立法的修改与完善，我国审判阶段的程序分流已经具备了基本的制度基础，并且曾

[1] 参见赵鹏："酌定不起诉之现状考察及完善思考"，载《法学》2011年第9期。

经开展过一段时期的简化审模式也体现出基层对审判阶段程序分流的强烈需求,通过刑事速裁程序试点和认罪认罚从宽试点,审判阶段的分流功能和分流制度处于不断的完善和发展阶段,因此审判阶段程序分流的制度改进空间已经相当有限,但是并不意味着该机制已经完全建立并且充分发挥其职能。自诉案件的审理长期作为公诉程序运行的补充机制,却并没有被纳入到近期开展的速裁程序和认罪认罚从宽试点改革的范畴中,自诉程序基于其天然存在的公诉补充的性质,具有较强的分流潜力,而又基于其能够绕开侦查、起诉程序的特点,具有较强的程序简化的功能,因此在审判阶段构建程序分流机制、进一步激发普通程序的分流潜力的重点就在于如何将自诉程序纳入到程序分流体系中来。

将自诉程序纳入到程序分流体系中具有较强的现实价值,虽然从我国的司法实践现状来看,自诉案件的数量相对较少,即使纳入到速裁程序以及认罪认罚从宽的试点当中,对案件办理效率的提升效果也不是特别明显,但是从程序分流机制构建的角度来看,将自诉案件纳入到速裁程序以及认罪认罚从宽试点中具有独到的理论及实践价值,既能够完善程序分流机制的内涵,又能够丰富程序分流机制的理论内核。

将自诉案件纳入到速裁程序和认罪认罚从宽试点的范畴能够拓宽我国当前改革试点的适用范围。如果说认罪认罚从宽试点是对速裁程序适用范围的第一次拓宽,那么将自诉案件也纳入到认罪认罚从宽试点就是新的一轮适用范围的扩展。在适用范围和适用对象的扩大中,将自诉程序纳入到改革试点中,无疑增加了试点改革的全面性,也是对自诉案件程序改革的一次良好的实践探索。此外,将自诉案件纳入速裁程序和认罪认罚从宽试点,能够体现出对自诉案件被告人程序选择权利的重视和尊重,体现平等保护原则。被告人不仅仅包括公诉案件的被告人,也应当涵盖自诉案件的被告人,我国当前自诉案件的数量较低不仅仅是制度设计的原因,还有自诉的潜力没有被充分挖掘的因素。如果当事人能够认识到自诉比公诉更能达到高效、公正的效果,那么自诉案件的适用数量和频率也会被提高。从程序选择权的角度,如果将自诉案件排除在认罪认罚从宽试点的适用范围之外,实际上也就剥夺了自诉案件被告人对程序的选择适用。[1]《认罪认罚从宽试点办法》的条文基本上是对公诉案件的程序改造,对于自诉案件是否适用该办法的表述不够明确。由于我国的侦查权基本上被国家公权力机关垄断,自诉人不可能像掌握大量国家权力和司法资源的公诉机关一样对案件的事实涉及的证据进行全面收集,因此在自诉案件的办理中,对于审判机关而言,法官查明案件事实问题的工作可能会更加繁重,遇到的实际问题更多,可能导致法院不受理自诉案件,转而要求自诉人向公安机关报案。在当前我国《刑事诉讼法》将侦查权垄断于国家机关的前提下,赋予自诉人及社会机构调查取证权是不切实际的想法,因此将自诉案件纳入到认罪认罚从宽试点,淡化对案件事实真相的价值追求才是更加理性的制度选择。如果在自诉案件中,被告人选择适用速裁程序以及《认罪认罚从宽试点办法》的相关规定,自愿陈述案件事实,则可以大幅度减轻法官对案件事实进行调查的工作负担,将案件审理的重心放在被告人对程序选择和自认的自愿性身上,对案件处理效率的提升效果不言而喻。最后,自诉案件相对于公诉案件而言,较少涉及国家权力的介入,将自诉案件纳入速裁程序与认罪认罚从宽试点有利于对社会矛盾的化解。自诉案件中,

---

〔1〕 参见吴卫军、肖仕卫:《刑事自诉制度研究——基于文本与实证的双重分析》,中国政法大学出版社2014年版,第58页。

第五章 本体论：中国程序分流机制的现状及评析

如果被告人选择适用速裁程序和认罪认罚从宽，就必须积极履行赔偿、悔过等义务，主动修复与自诉人的关系，从而获得案件从轻从快处置的待遇，有利于弥补被告人犯罪行为对社会关系造成的破坏。

从自诉程序与速裁程序和认罪认罚从宽试点改革的价值目标来看，两者也存在着一定的契合度。首先，自诉案件的设计初衷就是作为公诉案件的必要补充，给予当事人更多的程序选择，在客观上提供了公诉程序的分流模式。与追求诉讼效率提升和司法资源优化配置的目标高度契合，自诉程序基于其独特的程序设计，可以绕开公诉程序中繁琐的侦查和审查起诉阶段，直接将案件转入审判阶段，与公诉程序相比更具备灵活性。同时自诉案件中存在一种公诉转自诉的制度设计，是立法者为了保障公诉程序失灵的一种制度补救，也体现出了较强的普通程序去中心化的制度设计。[1]因此，从程序分流的角度来看，自诉案件的程序设置具有较强的分流功能和去中心化功效，理应与速裁程序和认罪认罚从宽试点的精神高度吻合。从自诉案件的适用对象和运作模式来看，将自诉案件纳入到认罪认罚从宽试点也具有实体和程序上的可行性。从实体法的角度来看，自诉案件判处的刑罚轻微，社会危害性相对较小，被告人承担刑事责任有限。在司法实践中占据绝大多数的是告诉才处理的案件，与速裁程序和认罪认罚从宽试点中社会危害性较小的轻微刑事案件的受理范围保持了高度一致。从程序法的角度来看，刑事自诉往往适用于轻微刑事案件，因此多半适用于邻里关系、家庭成员之间，社会危害性相对较小，并且自诉程序往往具有高度的灵活性，在审判方式上可以选择简易程序，还能够适用

---

[1] 参见李奋飞："我国'公诉转自诉制度'的结构性缺陷及其矫正"，载《中国检察官》2006年第1期。

和解，并且自诉人有撤回自诉的权利，程序设置上较为灵活，体现了较强的非权威性，与当前开展的认罪认罚从宽试点可以有效的结合，一方面提升普通程序的分流效果，另一方面丰富程序分流机制的内涵。在考虑将自诉案件纳入到速裁程序和认罪认罚从宽试点的过程中，也需要充分考虑到自诉程序的特点，毕竟自诉程序不像公诉程序，没有国家强制力的介入，因此更需要司法机关尤其是人民法院对被告人认罪答辩的真实性和自愿性进行严格的审查，必须保证被告人在认罪和程序选择的过程中，是在充分知晓行为可能面临的实体法和程序法的法律后果的前提下进行陈述的。[1]自诉案件如果适用《认罪认罚从宽试点》的相关规定，那么法官查明案件事实真相的依据主要依靠被告人的供述，被告人认罪相当于为自己也为办案法官提供了一个快速通道，导致在司法实践中存在法官为了查明案件真相诱导被告人认罪的现实可能性。此外，自诉案件基于其特征，相对于公诉案件，罪与非罪的界限往往并不是那样明显，因此社会危害性较低，从最高人民法院颁布的数据来看，自诉案件的无罪判决率相对较高，更加要求法院对被告人认罪的自愿性进行严格的审查和把关，避免本来可能判处无罪的自诉案件因为程序选择的失误而被错误定罪。因此认罪认罚从宽试点与自诉程序的结合能够扩大程序分流机制的内涵，进一步提升审判程序的分流功效。

三、特别程序的分流功能有待进一步整合

2013年《刑事诉讼法》设立了特别程序，其中当事人和解的诉讼程序被视为亮点之一，对于修复被破坏的社会关系有着

---

[1] 参见于志刚："亲告罪的司法困境及其解决"，载《法学》2008年第5期。

较为积极的意义。同时，从程序分流的角度来看，当事人和解能够成为公诉程序中侦查机关、检察机关以及审判机关及时作出诉讼中止决定的重要依据，对于程序内部的分流也有着较为积极的作用。从程序分流机制构建的角度来看，当事人和解的诉讼程序能够有效促进案件及时流转出刑事诉讼程序，尽早帮助犯罪嫌疑人、被告人以及被害人摆脱诉讼负担。但是由于当事人和解的诉讼程序本身存在一些理论定位不准确的问题，从司法实践的角度来看也存在着一些不利于实务部门操作的局限性，因此阻碍了特别程序分流功能的发挥。

(一) 当事人和解的诉讼程序的分流潜力

首先，将当事人和解的诉讼程序纳入到特别程序的范畴，导致当事人和解的诉讼程序的理论定位模糊，影响了程序分流机制的运行效果。当前，我国立法中特别程序的内涵以及其与普通程序之间的关系仍需要在理论层面进一步厘清，从而更好挖掘特别程序对于普通程序的补充功能，也相应地能够明确当事人和解的诉讼程序的理论定位。[1]第一，刑事和解作为特别程序，必须以刑事诉讼普通程序为基础和前提。在推进刑事和解这一特别程序时应当注重不能违背普通程序的规律和价值观。在当事人和解的诉讼程序中，仍然应当注重其为普通程序服务的附属价值。第二，由于当事人和解的诉讼程序适用于公诉案件，因此刑事立案与犯罪事实被部分确认是当事人和解程序启动的基础性条件。第三，特别程序在运行的过程中需要以普通程序作为补充。其当事人和解的诉讼程序的一个重要职能是帮助刑事普通程序的分流，其中以促进检察院不起诉、人民法院从宽处理为重要目标。特别程序和普通程序之间也存在着流畅

---

[1] 参见孙春雨、王伟、朱超然：《刑事和解制度专题整理》，中国人民公安大学出版社2015年版，第77页。

的相互转换的关系，如果当事人和解的诉讼程序在运行中存在障碍，案件可以随时转为普通程序办理。综上，我国刑事特别程序与普通程序之间相互关联、相互依赖，通过这种动态发展的关系体现出特别程序中的特殊性价值。但是刑事案件中当事人之间的和解的特殊性并没有通过将和解纳入到特别程序中体现出来，并且当事人之间的和解也是依托普通程序进行的，其特别之处在诉讼法领域的意义并不明显，仅仅是通过当事人的和解达到促进普通程序不起诉以及法院从宽处理的效果，因此当事人和解的诉讼程序的价值并不在于程序的特别性，而在于通过当事人的和解促进案件的及时分流，达到案件处理的非刑事化。然而，遗憾的是，理论层面对当事人和解的诉讼程序的讨论主要在于其适用范围的局限性等针对和解程序自身特点的问题，对于当事人和解的诉讼程序对于刑事普通程序的分流价值和对普通程序分流潜力的挖掘的阐述还远远不够深入，从而影响了当事人和解诉讼程序的理论定位，进而限制了其分流作用的发挥。

其次，当事人和解的诉讼程序在司法实践的运行过程中，存在一定的制度局限性，也影响了其程序分流的实践效果。我国当事人和解的诉讼程序除了适用范围存在局限性以外，在司法实践的运作中，忽视了审前程序的分流功能，从而影响了分流的实践效果。当事人和解的诉讼程序局限于公诉案件，以立案程序的启动为基本前提，将自诉案件排除在当事人和解的诉讼程序之外，是立法上的一大缺憾，自诉案件中自诉人与被害人之间基于其犯罪性质的轻微性，更容易达成和解。此外，当事人和解的诉讼程序以立案程序的启动为基本前提，而事实上，在案件启动的初级阶段，当事人之间就已经存在和解的可能性，在专门机关在对案件的性质进行判断的过程中，完全有条件与当事人之间的和解同步进行,即在刑事立案程序之前当事人的和解也存在可能性,而当事人和解的诉讼程序忽略了立案程序的分流功能,由于立案程序能够从源头上对纠纷的性质到底是刑事犯罪、治安案件或者仅仅是民事纠纷作出初步的判断,对促成当事人和解有着积极效用,因此立案程序的启动以及分流价值对于达成和解协议的作用是十分明显的,在当事人和解的诉讼程序中,忽略了立案程序的分流价值,从而影响了该制度的实施。此外,侦查阶段往往是案件事实真相发现的黄金时期,如果错过在侦查阶段对案件事实的查明,到了审查起诉以及审判阶段则难度进一步加大,侦查阶段适用刑事和解能够发挥侦查机关的优势资源,由于刑事和解并不受到诉讼阶段的限制,因此越早达成和解协议越有利于案件的及时处置,随着刑事诉讼进程的推进,当事人达成和解所需要的时间成本和精力也会逐步增加,诉讼当事人的心理压力也会逐步加大,只会增加刑事和解协议达成的难度,因此在案件的初期启动和解,对于被害人和加害人的利益都能够提供更加积极的保护,有利于他们从诉讼的开始阶段主动选择将诉讼程序终结的机会。然而我国的和解程序严格限制撤销案件程序的启动,仍然要求将案件移送到人民检察院,不符合当事人和解的利益与诉求,从而影响了当事人和解程序的适用。

再次,刑事和解的诉讼程序与认罪认罚从宽试点存在着整合的空间,诉讼分流潜力还没有充分被释放。认罪认罚从宽改革试点仍然需要将案件推进到审判阶段,是以简化案件诉讼流程为目标的程序内部分流机制,而当事人和解的诉讼程序是以推进案件及时脱离普通程序,以案件不进入审判阶段或者以审判阶段及时终止案件为目标的程序外部分流机制,即以非刑事化为目标,两者共同构成了我国程序分流机制的内容。当事人和解的诉讼程序与认罪认罚从宽试点都存在程序分流的功效，只是诉讼分流的方式不同，因此两者在实践的运行中存在一定的相似性。[1]比如都以提高案件的效率为重要目标，都需要实体法作为基本保障，同时也以当事人的自愿性作为审查的重点。因此当事人和解的诉讼程序与当前开展的认罪认罚从宽试点也具有高度的匹配度，能够丰富和完善我国程序分流机制的内涵。从和解的内涵来看，当事人和解的前提就是加害人的认罪，这符合认罪认罚从宽试点的基本前提，而加害人的悔罪和赔付也是认罚的部分表现，并且从现行的法律规定来看，当事人和解的诉讼程序与认罪认罚从宽试点都对从宽处理有着明确的规定和要求，因此两者存在天然的契合度，具备整合的空间，从当前正在开展的认罪认罚从宽试点来看，将当事人和解的诉讼程序与认罪认罚从宽试点进行整合既具有必要性，也存在可能性。

（二）少年司法程序的分流价值和制度效能仍有扩大的空间

未成年人刑事诉讼程序作为特别程序的重要组成部分，体现出了较强的程序分流的特征，并且未成年人刑事诉讼程序中体现出的理论价值和特色制度能够成为我国程序分流机制构建的重要参考。虽然未成年人刑事诉讼程序的适用对象和适用范围相对有限，但是未成年人刑事诉讼程序的一些特殊的理念和制度也是依托于刑事诉讼普通程序而实施的，对于挖掘普通程序的分流潜力具有十分积极的效用。

首先，未成年人刑事诉讼程序的理念和价值观对程序分流机制的构建具有较强的参考价值。相对于普通程序，未成年人刑事诉讼程序淡化了国家机关的权威性，同时增加了诉讼程序的灵活性。第一，未成年刑事诉讼程序的指导方针可以作为我

---

〔1〕 参见顾永忠："关于'完善认罪认罚从宽制度'的几个理论问题"，载《当代法学》2016年第6期。

国刑事程序分流机制构建的重要参照。"教育、感化、挽救"是我国处理未成年犯罪的基本方针，公安司法机关在办理案件的过程中应当注重说服教育工作，促使未成年犯罪嫌疑人服从法律处罚，通过司法程序的改造尽快重新成为对社会有用的人。对于犯罪的未成年人，要在办案过程中坚持教育功能的发挥和矫正职能的履行，尽量采取非刑事化、非刑罚化的方式，从而有利于未成年人尽快回归社会。这样的指导方针和办案模式同样适用于我国刑事程序分流机制，由于分流机制的重点在于轻微刑事案件，轻微刑事案件基于其数量大和社会危害性较小这两大特征，也要求在办理这类案件时应当注重修复因轻微犯罪对社会关系所造成的破坏，通过加害人和被害人之间的和解促进对加害人的感化和挽救，对于轻微刑事案件，重社会关系修复、轻刑事惩罚的理念与未成年人刑事司法程序的理念存在目标的一致性。第二，未成年人社会背景调查和轻罪的犯罪记录封存制度体现了较强的人权保障功能，对于淡化犯罪标签有着较为积极的意义。成长经历、犯罪原因以及监护教育情况往往不属于办案内容，但是在未成年人犯罪中，对上述内容的关注体现了较强的精细司法的职能。从办理轻微刑事案件的角度来看，注重案件的社会效果就应当通过背景调查全面了解犯罪嫌疑人、被告人的动机和目的，并且这项工作更需要专业的社会机构承担，体现出较强的社会参与意识，能够加强司法程序的社会参与度。[1]犯罪记录封存制度则更有可能成为轻微刑事案件的辅助性制度，由于犯罪行为的性质较轻微，同时加害人已经通过履行部分义务完成了对被破坏的社会关系的修复，因此犯罪记录封存制度能够保障轻微刑事案件的犯罪嫌疑人更好地

---

[1] 参见王耀世、侯东亮：《未成年人刑事案件社会·司法模式研究》，中国检察出版社2015年版，第81页。

回归社会。第三，未成年人刑事司法程序基于对未成年人的保护，严格限制羁押性强制措施的适用，对轻微刑事案件的办理也具有较强的指导价值。其中未成年人刑事诉讼程序要求严格限制适用逮捕措施，其严格的要求与标准还有待明确，但是对于轻微刑事案件的办理也应当遵循同样的理念，由于轻微刑事案件的办理更应当以国家权力的适度淡化为前提，因此降低羁押措施的适用是一个重要标志。从多地开展的对轻微刑事案件采取的"刑拘直诉"办案模式可以看出，该模式虽然存在一定理论和法律适用层面的争议，但是该模式对于限制逮捕措施的适用仍然具有相当积极的意义，因此能够成为提高轻微刑事案件办案效果的重要参照。

其次，未成年人刑事诉讼程序中的附条件不起诉制度具有较大的改进空间，能够成为审前程序分流机制的基础性制度。附条件不起诉制度作为未成年刑事诉讼程序中的一大亮点，其对程序分流机制的借鉴价值主要体现在以下几个方面。第一，附条件不起诉制度是以国家强制力保障为前提，即通过正式的立法修改确定了附条件不起诉的适用条件、适用对象以及适用方式，我国的程序分流机制构建也离不开国家司法资源的专门性投入，需要在国家力量的主导下进行必要的修改，这是符合我国基本国情的改革思路。第二，附条件不起诉制度要求检察院在作出不起诉决定时需要听取多方意见，并且赋予拟被不起诉人一定的义务来作为是否起诉的依据，体现了较强的社会参与性。由于附条件不起诉往往以当事人承担一定的公益活动或者社区服务为主要方式，因此附条件不起诉体现出了较强的社会参与性，并且所依附的条件可以根据案件性质的差异有所变化，也体现了较强的灵活性，不仅仅适用于未成年犯罪嫌疑人，也完全具备适度扩大的条件，对于没有被害人的轻微刑事案件，

第五章 本体论：中国程序分流机制的现状及评析

犯罪嫌疑人也能够以履行一定义务的方式来修复其对社会造成的损害，因此附条件不起诉的适用范围具有较大的拓展空间。并且附条件不起诉制度需要听取多方意见，具有一定的公开性，也体现了较高的社会参与属性。[1]其中所附带的监督和考察条件一方面具有较强的监督和矫正职能，另一方面又能够体现出刑事处罚的替代性，并且能够根据不同类型犯罪嫌疑人制定出差异化的附带条件，更好体现司法精密化。由于附条件不起诉制度对于司法人员的专业性有着较高要求，因此也会激发对社会力量参与的需求，从而提高刑事司法的社会属性，通过附条件不起诉制度合理分流案件，充分发挥其制度活力，从而避免了作出不起诉决定以后不能较好帮助犯罪嫌疑人回归社会的问题。附条件不起诉制度当前面临着适用范围有限、适用对象严格等问题，这些问题恰恰是我国程序分流机制构建过程中需要提高和重视的地方，并且目前开展的认罪认罚从宽试点完全可以吸收附条件不起诉制度的分流潜能，其中对于认罪认罚从宽的案件，应当注重审查当事人认罪认罚的自愿性，相对于案件的事实问题和法律问题，更应当注重适用认罪认罚从宽中"从宽"的内涵，不仅仅是刑罚适用的从宽，还包括程序选择的从宽，附条件不起诉所附带的条件就是一种科学的"从宽"方式，这种以案件不提交法庭审判，而依托具有矫正职能的机构对犯罪嫌疑人进行监督作为刑事案件的终结方式，能够更好地达到刑事程序分流的效果，并且同时提高案件的诉讼效率。因此未成年人刑事诉讼程序中的附条件不起诉制度有必要、也有可能成为我国审前程序分流机制的核心制度，对于轻微刑事案件，不能仍然以刑事处罚作为修复社会关系的主要方式，替代性措

---

[1] 参见刘学敏："检察机关附条件不起诉裁量权运用之探讨"，载《中国法学》2014年第6期。

施的出现才能够更好体现司法的差异化,从而保障对已经破坏的社会关系的修复。

第四节 影响我国程序分流机制的制约因素

我国程序分流机制的构建除了需要正视普通程序的分流潜力以外,还应当关注影响程序分流机制构建的制约因素,其中制约因素又包括两个方面,即内部制约因素和外部制约因素。普通程序内部的制约因素主要体现在刑事普通程序的运行中,司法实践中部分运行机制阻碍了普通程序内部运行的分流效果,背离了程序分流机制的运行目标。外部制约因素主要表现在通过打造新的诉讼模式导致在程序分流的效果上,在案件准入和案件导出机制上,仍然存在制度上的真空地带,成为程序分流机制的瓶颈。

一、程序分流机制的内部制约因素:撤回起诉与程序倒流

我国的刑事诉讼程序是以国家强制力为保障的,其中公权力的行使尤其需要慎重,而诉讼程序也只有在公权力合理运行的前提下才能朝着符合诉讼规律的方向运行。从程序分流的角度来看,应当正视我国司法存在的惯性,即强烈的追诉倾向,只要诉讼程序涉及国家机关权力的行使,任何一个国家机关都难以克制其冲动,从而不可避免地造成对公民权利的侵害。因此科学合理的程序分流机制能够促使国家专门机关理性运用诉讼程序的权力。审查起诉程序作为审前程序分流的核心阶段,也是刑事普通程序内部分流的关键环节,对案件进程的推进和程序流转起到了较为关键的作用,但是仍然有一些制度和实践运行的模式阻碍了程序分流模式的科学运行,人民检察院的撤

回起诉制度在司法实践的运行中导致了刑事诉讼的程序倒流，与程序分流机制的理念相违背，事实上成了程序分流机制运行的一种制约因素。

"撤回起诉是指人民检察院在案件提起公诉后、人民法院作出判决前，因出现一定法定事由、决定对公诉的全部或者部分被告人撤回处理的诉讼活动"。[1] 从法律层面来看，撤回起诉并不等于撤销起诉，因为撤回起诉后，人民检察院可以在30天之内做出不起诉的决定，如果认为符合侦查条件的，应当将案件转交给侦查机关。撤回起诉制度对于程序的运行有着较强的导向功能，从民事诉讼的角度，公民选择起诉或者撤回起诉，是能够自主并且自愿选择的权利，毕竟尊重当事人意思自由和意思自治是一项民事诉讼的基本前提。而刑事诉讼涉及国家与公民的关系，诉讼的启动对公民的基本权益影响较大，而公诉启动是一个较为严肃的活动，象征着国家对涉嫌犯罪的公民进行正式的控诉，如果可以撤回或者撤回程序没有经过严格限制会极大影响公诉程序的严肃性；此外，在法庭审判阶段做出撤回起诉的决定也是公诉权渗透到审判权的一种表现，撤回起诉制度对于保障起诉的准确性和严密性起到了积极的作用，但是撤回起诉制度产生的程序倒流的效果，本身对程序分流机制起到的作用可能是消极甚至是负面的。第一，撤回起诉制度在立法层面的法律位阶存在疑问，有自我授权的嫌疑。我国《刑事诉讼法》中并未明确规定公诉案件起诉后可以撤回，只是在自诉案件中对庭审过程中的撤诉有明文规定，因此仅仅在最高检刑事诉讼规则中存在的撤回起诉规定不可避免地存在部分扩权的可能；第二，从公诉权的性质和内涵来看，撤回起诉制度也存

---

[1] 陈卫东：《〈人民检察院刑事诉讼规则（试行）〉析评》，中国民主法制出版社2013年版，第275页。

在较大的弊端。公诉的发起、追加和变更都是围绕着起诉法定主义下公诉如何更符合法律规范行使而展开，而撤回起诉意味着公诉权的终止，在审判阶段存在着侵犯法官保留原则的可能；第三，撤回起诉制度的顺利运行需要以被告人享有充足救济权利为前提，而我国撤回起诉制度更多倾向于对检察院和法院内部的审查和规制，显然影响了公民基本权益的保障。根据我国有关撤回起诉的规定，其缺乏对撤回起诉决定作出后被告人享有的申请复议和复核的权利的保障，同时也没有明确法院在庭审阶段对撤回起诉制度的审查功能，使得撤回起诉制度的主动权完全掌握在人民检察院手中；第四，撤回起诉制度可能引起程序倒流甚至违反相关法律原则。根据我国有关撤回起诉程序的规定，人民检察院在作出撤回起诉决定以后，可以在规定期限内作出不起诉决定，可是不起诉决定理应在审查起诉阶段之内完成，因此这是典型的程序倒流，对程序分流机制的构建非常不利，因为程序分流机制首要的追求目标就是诉讼效率；此外，我国撤回起诉机制规定对于可能需要继续侦查的案件，退回侦查机关办理。这种类型的分流违背了刑事诉讼一事不再理的原则，变相延长了侦查机关的侦查期限，并且也加重了被告人的忍受义务，不利于程序分流机制的构建。

  撤回起诉制度事实上起到了程序倒流的法律效果，客观上符合了侦查中心主义的特征，不符合诉讼规律，但是撤回起诉制度仍然存在改造空间，保障程序分流机制的运行。分析我国的司法实践，大量的无罪判决的案件通过检察院撤回起诉机制从而被消化，而我国无罪判决率本来就已经非常低下，通过撤回起诉制度，加速了程序倒流，出现了司法惯性的回溯，但是司法惯性的回溯基本上都是对当事人不利的倒流，而司法惯性

第五章　本体论：中国程序分流机制的现状及评析

本身总是朝着作出对犯罪嫌疑人、被告人不利的判决的方向发展。[1]以撤回起诉制度为例，从国家专门机关的角度来看，包括检察机关在审判阶段主动提出撤回起诉的申请，也包括审判机关建议检察机关撤回起诉的情况；撤回起诉制度客观上可以保护被不起诉人员，但也为规避法院作出无罪判决提供了操作空间。在司法实践中，司法机关撤回起诉主要都是基于考核指标的考量，将撤回起诉制度作为规避人民法院作出无罪判决的处理方式。其中，以证据不足为理由撤回起诉主要是检察院为了规避无罪判决的风险的做法，但是这种做法已经偏离了无罪推定原则的精神，事实上属于滥用公权力，并且导致程序倒流，不仅仅加剧了公安司法机关的工作压力，也事实上进一步加剧了当事人的程序负担。司法判决是一项结合专业性和主观性的认识和判断活动，无论是有罪判决还是无罪判决，都不能仅仅理解为对追诉工作的单方面肯定或者是否定性评价，应当从两个认识主体对同一问题的看法和理解有差异这个角度来理解，不能仅仅从简单的对错角度来看待，因此撤回起诉制度事实上起到了程序倒流的效果，也体现出部分司法人员的司法理念仍然有待提升。因此，程序倒流的现象主要是在检察机关的引导下促成的刑事诉讼程序反向运行的现实。通过程序倒流，撤回起诉制度与侦查中心追求的目标是一致的，检察机关通过撤回起诉以后的补充侦查或者重新侦查以及其他相关补充性的工作，对侦查机关在侦查阶段的基础性的侦查工作进行了系统而细致的弥补，从而尽力保障侦查机关在侦查阶段作出的有罪意见能够通过再次起诉获得人民法院的接受。从保障犯罪嫌疑人、被告人的诉讼权利的角度，通过程序倒流的方式完善证据从而获

---

〔1〕参见韩成军：《中国检察权配置问题研究》，中国检察出版社2012年版，第98页。

得有罪判决，侵害了辩护权的行使，也使得追诉权的严肃性受到冲击。但是从侦查机关的有罪意见被法院接纳的角度来看，检察院的撤回起诉却起到了一定程度的促进和帮助作用。侦查机关和检察机关在人民法院作出无罪判决的问题上，存在利益的重合，所以立场会保持相对一致，因此程序倒流事实上加强了侦查中心主义向审查起诉和审判阶段的延伸。[1]从程序分流机制构建的角度，撤回起诉虽然事实上导致诉讼程序倒流，加剧当事人的诉讼负担，成为程序分流机制构建的障碍，但是该项制度也包含了检察院通过撤回起诉确认被告人没有犯罪事实或者不需要追究刑事责任的情形，因此撤回起诉制度也蕴含着有利于当事人的制度因素，从而存在较大的改良空间。撤回起诉制度本身存在的争议以及在司法实践的运行中出现的问题并不影响对撤回起诉制度的分流价值的评价和判断，只要从当事人的利益出发，符合当事人利益的程序倒流有时也能成为分流机制运行的补充手段。

二、程序分流机制的外部制约因素：案件流入机制的模糊与案件流出机制的局限

随着收容审查、劳动教养的取消，我国刑事诉讼程序的准入门槛进一步放宽，一大批处于行政处罚和刑事犯罪之间的行为在刑事诉讼程序的启动阶段难以得到有效的处置，出现了刑事程序分流机制运转的真空地带，随着《刑法》修正案不断将犯罪圈的范围扩大，刑事诉讼程序对案件的分流需求，尤其是对轻微刑事案件的分流需求也在逐步加大。其中，近几年司法实践部门提出的行政执法与刑事司法的衔接问题，即两法衔接

---

[1] 参见万云松：“论撤回起诉的实践难题与理论破解”，载《中国刑事法杂志》2014年第5期。

第五章 本体论:中国程序分流机制的现状及评析

机制的运行直接影响到了程序分流机制的案件准入机制。由于我国长期存在行政执法程序与刑事司法程序分头运行的现状,因此明确两法衔接机制的发展方向对于我国刑事程序分流机制的构建起到了基础性作用。由于两法衔接机制中的行政执法行为涉及我国众多行政机关,当前如何理清刑事诉讼程序启动前的案件分流问题以及案件流入刑事诉讼程序以后的程序分流是司法实践的迫切需求,并且相当一部分行政处罚的强制力和对公民人身权利的影响程度不亚于轻微刑事案件判处的刑罚,因此探索构建符合我国基本国情的行政案件在进入刑事诉讼程序前的案件流入机制和进入刑事诉讼后的案件分流机制显得尤为必要。

(一)从两法衔接机制看刑事诉讼普通程序案件流入机制的缺陷

所谓两法衔接机制,是指为防止行政执法机关以罚代刑、有罪不究、渎职违纪等问题,建立行政执法与刑事司法相衔接的工作机制,通过两法衔接机制达到有效整合执法信息资源,建立网络信息共享平台,实现行政执法机关之间、行政执法与刑事司法之间、行政执法与执法监督之间的信息互联互通,实现案件网上移送、网上办理、执法动态交流和业务研讨、案件信息的流程跟踪和监控,促进行政执法机关依法查处行政违法案件,确保涉嫌犯罪案件及时进入司法程序。[1]从程序分流机制构建的角度,信息共享是两法衔接的基本前提,以避免行政执法机关以罚代刑问题为重点解决对象,目的是促进符合刑事诉讼程序的行政案件顺利进入刑事司法程序,是我国程序分流机制中的一种案件准入方式的探索,具有较强的行政色彩。由

---

[1] 参见王圆圆:《行政执法与刑事司法衔接研究——以食品安全两法衔接为视角》,中国政法大学出版社2016年版,第17页。

于行政案件主要的推进方式都依赖于国家专门机关的职权运作，对于当事人权利的保障基本上只字未提，此外行政执法的处罚一定程度上与轻微刑事案件的刑罚存在一定的重复性，因此如何理顺案件准入是程序分流机制需要解决的重要问题。我国行政机关数量众多，权力繁杂，理清行政执法和刑事司法的衔接，完善案件的准入规则是程序分流机制必须面对的问题，然而我国的两法衔接机制存在着一定的局限性，是一种多部门联合执法的联动模式，不具备诉讼程序流程化的特征，因此从长远来看，必须正视两法衔接机制存在的问题，从而为我国刑事诉讼程序分流机制打造良好的案件准入方式和准入门槛。

首先，案件流入机制的科学运行需要实体法作为保障。我国刑法与行政法本身存在衔接不紧密的现状，直接导致行政执法与刑事司法的衔接出现困境，行政执法案件进入刑事司法程序的准入标准较为模糊。行政法强调合目的性，客观上存在为达到目的而扩张处罚和制裁范围的风险。而以安定性为指导原则的刑罚则禁止随意扩张；适用刑法有关行政违反加重犯的法条时，不能将行政法禁止的一般性违法结果作为刑法禁止的犯罪结果。[1]我国很多行政法规中规定的违法行为的表述与刑法中对犯罪行为的规定没有大的差异，展现了我国现行法律体系中行政违法与犯罪竞合的情形。在我国现有法律体系中，刑法中有诸多条款规定了以违反行政法规范为前提的犯罪，另一方面，又有相当多的行政法规范规定了犯罪，被刑法学界定为"附属刑法"，面对一个违反行政法义务的行为所产生的社会危害性，基于何种判断标准在行政处罚与刑罚之间划出一个清晰的界限？有的学者运用"质量的差异理论"，认为"量"是指

---

[1] 参见刘军："刑法与行政法的一体化建构——兼论行政刑法理论的解释功能"，载《当代法学》2008年第4期。

违法性达到了一定程度的严重性,"质"是指阻却给予刑罚的违法性情形。前者可以从被侵害的"法益"和行为方式两个方面判断,后者从是否有必要给予刑罚方面判断。借此分析现有制度与规范,并梳理了大量的个案判决后,从情节、后果、条件、数量、主体等若干方面厘清了两者之间的界分。[1]司法解释是在司法实践中解决争端时的选择,但是颁布司法解释并不能从源头上解决行政法规与刑法的重合问题,针对部分行为和罪行颁布的司法解释只能解决局部性和临时性问题,对促进法律体系优化的功效还有待考证。随着社会经济的发展,这种解决问题的思路只会让司法机关不堪重负,并不能为法律体系完善和法律适用提供积极的帮助。在建设法治中国的过程中,除了法律体系的优化,还应当考量立法的严肃性。"两法衔接"机制的运行没有体现《中华人民共和国立法法》的精神,一定程度上也影响了法律的权威。[2]

其次,为了保障案件流入机制的平稳运行,程序法自身也需要进行一定的完善。刑事诉讼程序在启动阶段存在一定的局限性,成为"两法衔接"机制进一步优化的现实障碍,影响了案件启动阶段的程序分流。两法衔接机制的重点是对行政执法中涉及犯罪的案件应当及时移送,而对于移送案件的程序运作和证明标准并没有明确提及,并且对通过衔接移送的案件适用刑事诉讼普通程序还是速裁程序,行政执法的事实认定与刑事司法的法律判断之间的分工等问题都有待进一步明确,此外,如果发现已经进入刑事司法程序的案件仅仅符合行政处罚的标

---

[1] 参见章剑生:"违反行政法义务的责任:在行政处罚与刑罚之间——基于《行政处罚法》第7条第2款之规定而展开的分析",载《行政法学研究》2011年第2期。
[2] 《中华人民共和国立法法》第8条规定:诉讼制度、犯罪与刑罚制度均属于全国人大及其常委会法律保留范围。

准,如何确定科学的衔接程序也是值得推敲的问题,并且在衔接的过程中,程序法对如何保障当事人的基本权利也只字未提,因此两法衔接机制的程序法改造还有相当多的工作要做。程序法的工具价值需要以诉讼程序能够发挥其功能为基础,而我国的刑事诉讼程序和行政执法程序的立法模式更加侧重各自体系内部的完整性,对不同性质的程序之间的衔接和协调采取了不应有的忽视态度。其中一个典型的表现就是刑事立案程序的粗疏。我国刑事诉讼的立案条件中"有犯罪事实、需要追究刑事责任以及符合管辖"的条件,必须依托明确的实体法依据才能得到有效运用和实施,而在当前的刑事实体法中,难免有些难度。在程序保障的层面,虽然我国明确了行政执法机关收集的实物性证据的可采性,但是对于移送的期限,审查主体,监督方式,救济途径,责任分配等问题都缺乏明确依据,导致行政执法案件的移送不能够顺畅化运行。另一方面,行政执法机关出于高效的目的,往往倾向于采取行政处罚的方式。而在行政执法与刑事司法互涉的前提下,行政处罚存在着与刑事处罚折抵的可能性,影响了行政执法机关移送案件的积极性,此外,行政案件的移送加大了司法机关的办案压力,若没有科学合理的分流机制,势必影响司法机关介入的效率。从我国当前的有关移送的规定来看,有关移送期限的规定较为分散,比如《公安机关办理刑事案件程序规定》要求公安机关3日内作出审查,而对于多长时间移送,检察院如何监督,违法移送或者怠于移送的追责都并不明确,因此影响了程序性制裁的效果。案件移送问题恰巧处于刑事程序法和行政程序法的真空地带,形成了法律层面的空白。我国刑事立案程序存在的天然缺陷导致移送案件存在着证据要求高、法律依据适用模糊的现状,同时检察院的诉讼监督职能并没有完全贯彻到立案程序以及立案之前的

第五章 本体论：中国程序分流机制的现状及评析

移送程序。我国检察机关的职能重心在于公诉职能和监督职能，随着司法改革的进一步推进，检察机关的监督职能也应当进行相应的优化设计，由当前的诉讼阶段监督转型为以审前程序尤其是侦查程序监督为主，以庭审程序监督为辅。由于行政权在其行使过程中具有扩张性的特点和倾向，而检察机关监督的力度会直接影响到制约效果，目前监督行政违法行为的案件大多集中于行政执法过程中发现的违法犯罪案件及少部分职务犯罪案件，监督仍然集中于事后诉讼监督以及移送案件后的立案监督，对事中不移送及行政执法行为合法性的监督力度有限，监督力度不足直接导致监督效果弱化，不利于两法衔接机制的优化完善。[1]

（二）从社区矫正制度的内涵看刑事诉讼普通程序案件流出机制的局限性

我国刑事程序分流机制的基础是案件的准入，影响刑事案件合理分流的因素包括刑事诉讼普通程序内部的科学合理分流，保障案件的分类处理。但值得注意的是，国家权力永远都难以控制扩张的冲动，刑事司法领域意图通过国家权力的行使达到惩罚犯罪和保障人权的目标往往会导致国家权力的不当扩张，在处理被犯罪破坏的社会关系上，依靠社会的力量是一种理性选择。[2]从程序分流机制构建的角度，我国刑事诉讼普通程序的三个诉讼阶段，即在侦查、审查起诉、审判以及执行阶段，都具备将案件流转出刑事诉讼的条件，基于前文的论述，普通程序的分流潜能受到了一定程度的限制，这些限制既包括国家权

---

[1] 参见练育强："人民检察院在'两法'衔接中职责之反思"，载《政法论坛》2014年第6期。

[2] 参见汤啸天主编：《刑事诉讼研究的新视角》，上海人民出版社2008年版，第272页。

力的扩张性,也包括刑事诉讼程序考核方式的制约,但是更重要的原因在于,在专门机关作出程序终局性裁决以后,如何保障不起诉、撤销案件等决定以后,这些程序终局的决策能够达到程序法的预期目标,将直接影响到程序分流机制运行的实际效果。我国刑事诉讼普通程序的分流潜能被抑制的重要原因在于,脱离国家权力为保障的刑事诉讼程序以后,社会力量和配套措施无法保障刑事诉讼程序的目的实现,因此直接导致了刑事诉讼程序尤其是审前程序案件流出机制的局限性。

程序分流机制不仅仅需要保障案件通过必要的程序达到科学合理的分流,更重要的一个目标是需要通过分流机制使得案件得到妥善处理。当前作为刑事诉讼执行阶段的社区矫正机制起到了很好的案件分类处理和刑事诉讼程序分流的效果。通过对我国的社区矫正制度进行初步的研判,以程序分流的视角进行进一步的分析和研究,能够发现该制度对于我国程序分流机制中案件流出机制的重要贡献和功能。社区矫正作为一项专业性极强的工作,需要专门机关以及专业的人员来完成,随着刑事诉讼程序的主要任务逐渐转变为解决轻微刑事案件,社区矫正制度必将具有极大的发展空间。在部分发达国家,社区矫正和监督体系下监管和控制的人员和数量远远超出监狱和羁押部门,因此社区矫正系统能够掌握更丰富的信息和数据,在预防犯罪方面,也能够发挥更重要的基础性作用,科学健全的社区矫正系统除了继续发挥监督、管理、矫正和积极帮扶职能外,也对提高民众的法律意识有着相当积极的意义。从程序分流的角度来看,社区矫正制度的运行也有着其独到的价值。首先,社区矫正机制丰富和完善了程序分流机制的内涵,程序分流机制的内涵主要是通过打造一个科学的体系,达到案件分类处理的效果,而案件的分类处理不仅仅包括刑事诉讼程序内部的分

第五章　本体论：中国程序分流机制的现状及评析

类处理，更包括将没有必要纳入刑事诉讼程序的案件及时分流的功能，因此社区矫正制度依托社区这一基层组织，能够丰富程序分流机制的参与主体，从而扩大了程序分流机制的适用范围。从程序分流机制的运行来看，社区矫正制度的丰富和完善能够使得刑事诉讼程序各个诉讼阶段的分流潜能得到充分发挥，从而丰富程序分流机制的运行模式。[1]当前我国的社区矫正机制事实上承担了刑罚执行的替代功能，而从程序分流机制构建的角度，社区矫正制度存在较大的改造空间和发展潜力，进而成为程序分流机制中案件流出机制的重要载体。

社区矫正制度的理论定位直接决定了该制度在程序分流机制运行中的地位和效果。从程序分流的角度来看，社区矫正制度需要进一步明确其理论内涵才能更好发挥案件流出的效能，由于社区矫正制度在我国适用于刑罚执行阶段，我国曾经将社区矫正定位为与监禁矫正相对应的行刑方式，由专门的国家机关在相关社会团体和民间组织以及社会志愿者的帮助下，在判决、裁定或者决定的期限内，矫正其犯罪心理和行为恶习，并促进其顺利回归社会的非监禁刑罚执行活动。[2]将社区矫正定义为非监禁刑罚执行活动严重限制了社区矫正制度的功能和效果，导致其外延较为狭小，适用对象局限性较强，不利于社区矫正价值的全面体现，也与刑事程序分流机制的"去中心化"精神不符，限制了其发展空间。由于社区矫正制度的理论定位为补充性刑罚执行方式，也必然意味着该制度的实施仅仅限制在刑罚执行阶段，并且仅仅具备补充性的特点，没有体现其独

---

〔1〕　参见蔡巍：《检察官自由裁量权比较研究》，中国检察出版社2009年版，第57页。

〔2〕　参见李川：“修复、矫治与分控：社区矫正机能三重性辩证及其展开”，载《中国法学》2015年第5期。

立价值。因此，对社区矫正制度的理论定位，不仅仅关系到社区矫正制度的具体适用，还会对未来社区矫正的制度完善和发展方向起到根本性影响。理论层面对社区矫正制度的定位不能受到现实法律适用的影响，应当以更长远的角度来审视，从而为司法实践提供价值引导。第一，通过社区矫正制度的执行也能够看到社区矫正是全社会普遍参与的一种社会活动，将不需要监禁的罪犯或者其他违法人员，以社区为单位，由国家机关在相关社会团体、民间组织以及其他人员的参与和帮助下，通过一段时间的监督和矫正，帮助其尽快回归社会的非监禁性质的刑事执法活动。通过这样的理论定位，可以强化社区矫正中社区参与的特征，与国家权力的介入相比，体现了较强的去中心化的目标；第二，社区矫正的适用对象除了犯罪人以外，对于有矫正需求的存在违法犯罪心理的人员也能够适用，体现了适用范围的普遍性；第三，在理论定位上，由刑罚执行变为刑事执法活动，能够将适用的阶段提前，体现了较强的延伸性。综上，理论定位的转变能够帮助社区矫正制度更符合程序分流机制的运行目标，从而保障其案件流出机制的顺利运行。

社区矫正的适用阶段和适用对象的局限性也反映出该制度具有较大的改造空间，能够成为程序分流机制的重要组成部分，完善程序分流机制中的案件流出机制。我国程序分流机制的实践探索经历了从审判阶段扩展到审前阶段，从刑事诉讼程序内部分流到刑事诉讼程序内部与程序外部分流相结合的两大阶段。社区矫正制度的分流潜力也需要依照一定的路径进行发展和完善，进而演变为程序分流机制运行的重要制度载体。[1]社区矫正制度的适用阶段具有较大的前移空间，但是适用阶段的前移

---

〔1〕参见欧渊华：《社区服刑人员教育矫正理论与实务》，中国法制出版社2016年版，第234页。

第五章 本体论：中国程序分流机制的现状及评析

并不意味着所有的诉讼阶段都适宜采取社区矫正的模式。审判阶段就不满足社区矫正的适用条件，由于审判阶段往往是对疑难案件的事实认定和法律判断，因而矫正制度具有一定的惩罚性和改造性，在审判阶段适用社区矫正不符合无罪推定的原则和精神，因此审判阶段的程序分流不能以案件流转出刑事诉讼的方式进行，而是应当以审判方式的分类处理来达到程序分流的目的。侦查阶段适用社区矫正具有一定的争议性，首先侦查阶段还处于案件事实真相的发现阶段，因此国家权力有较强的扩张性，如果侦查机关作出撤销案件的决定，是否有采取社区矫正的空间这一问题还有待商榷，但是如果轻微刑事案件的犯罪嫌疑人确实有认罪悔罪情节的，可以考虑适用，并且社区矫正中的监管职能能够帮助侦查机关在适用强制措施时，选择将社区监管作为取保候审的辅助措施，有效保障在侦查阶段打击犯罪和保障人权双重目标的实现，因此在侦查阶段适用社区矫正具有可行性，但是需要严格分析其适用对象和适用条件。社区矫正制度最适宜推广的诉讼阶段应当是审查起诉阶段，由于审查起诉阶段起到了案件的过滤和筛选功能，通过未成年刑事诉讼制度创设的附条件不起诉制度以及审查起诉阶段的微罪不起诉制度与社区矫正有着天然的衔接关系。从程序分流机制构建的角度，社区矫正能够成为案件在审查起诉阶段流转出刑事诉讼程序的最佳处理方式，成为程序分流机制中审前程序分流的核心制度，进而激发不起诉制度的分流潜力。

构造论：完善中国刑事程序分流机制的构想

第六章

第一节 中国刑事程序分流机制构建的基本要求

首先，构建我国刑事程序分流机制应当以正确认识我国刑事诉讼的模式为出发点，在程序分流机制的构建上，应当以刑事诉讼普通程序内部分流为主导，其中普通程序内部分流又以审前程序分流为主导，审判程序分流为补充。我国刑事程序分流机制的构建需要结合我国刑事诉讼模式的特征开展，当前我国刑事诉讼程序的模式既蕴含了传统要素，又受到司法现实、国际环境以及社会发展的影响，因此我国刑事诉讼模式具有多元性、变动性以及矛盾性等特征，但是整体来看，我国的刑事诉讼依然处于转型时期，并且表现出以国家权力本位为特征的一种诉讼样态。所谓多元性主要是指我国当前刑事诉讼模式的影响因素和实际运行非常的复杂多样，既包括国情等内在因素，也包括全球化等外在因素；既包括立法层面的因素、也包括司法实践的因素；既包括传统文化的影响，也包括现代政策的制约。从法律体系的划分来看，具有强烈的职权主义的色彩，也蕴含了当事人主义的萌芽。在刑事诉讼程序的实际运行上，既包括正式立法的程序规定，也包括实践中广泛运用的非正式的

第六章 构造论：完善中国刑事程序分流机制的构想

操作，因此我国刑事诉讼模式仍然是一个混合产物。刑事诉讼程序的变动性主要是指我国刑事诉讼程序的价值观念和诉讼结构处于动态的变化进程中，从单纯的打击犯罪过渡到打击犯罪与保障人权相结合，在经济领域，随着经济的快速发展和社会的进步导致案件数量激增以及司法资源相对的有限，受到以上这些因素的影响和制约，我国刑事诉讼模式的发展也日趋朝着兼顾多元化、合理处置国家权力和公民权利的角度进行变革。[1]所谓矛盾性，主要是指在司法实践的运行中立法条文与司法运行存在一定的不协调，实体法与程序法的不同步，案件数量激增与普通程序的僵化等一系列矛盾。因此只有客观认识到我国刑事诉讼模式的特征及其复杂性，才能明确程序分流机制构建的方向。由于我国的刑事诉讼模式具有极强的国家权力本位色彩，因此程序分流机制的构建也仍然应当以普通刑事诉讼程序内部分流为主导，具体表现为以刑事诉讼程序内部分流作为程序分流机制的核心。由于刑事诉讼程序的运行离不开国家权力的保障，因此程序分流的制度构建也需要依赖国家权力的运作。在刑事诉讼程序内部的分流方式上，又要结合我国以审判为中心的诉讼制度改革作为程序分流机制构建的重要参考，即以审前程序的分流为程序分流机制的主体，以审判程序为程序分流机制的补充。其中审前程序中需要重视侦查阶段对案件事实发现的职能，作为程序分流的基础性阶段；重视审查起诉阶段的程序分流，将审查起诉的案件过滤功能与程序分流机制相结合，打造成程序分流机制的核心阶段；在审判阶段，程序分流主要表现为审理方式的差异化，可以通过对进入到审判程序的案件进行分类审理的方式完成程序分流机制的运行目标。

---

〔1〕 参见陈光中、徐静村：《刑事诉讼法学》，中国政法大学出版社2015年版，第38页。

第二,以案件处理的非刑事司法化作为程序分流机制的必要补充,在构建程序分流机制的过程中,注重社会力量和科学技术的辅助功能。刑事诉讼普通程序内部分流主要朝着程序简化和效率提高两大目标推进,而诉讼程序外部分流则主要依靠案件处理的非刑事司法化为目标。所谓非刑事化的处理方式是与传统刑事诉讼程序相对应的解决方法,作为帮助犯罪人改过自新和尽快回归社会而采取的一些替代性措施,将案件从刑事诉讼程序中脱离出来,采取其他的处置方式。非刑事司法化主要涵盖在刑事诉讼程序启动到刑事裁判作出有罪认定之前的阶段。非刑事化主要能够避免当事人因为刑事诉讼程序而引起的程序负担和心理压力,同时也相应减轻了公安司法机关的办案负担。同时,将刑事案件中的轻微刑事案件从普通诉讼程序中剥离开,可以采取更丰富和更有效的手段加强对社会关系的修复。非刑事化不是绝对的,应当符合一定的条件和手段,并且需要以当事人履行一定的义务等为基本前提,具有较强的分流意义。非刑事化的手段主要能够帮助公安司法机关的司法精力从大量的轻微案件中解放出来,并且从当事人的角度,采取非刑事化手段解决问题,对帮助当事人尽快回归社会起到了非常积极的意义。并且非刑事化处理,客观上扩大了社会对个人的控制和影响,相对于国家权力的约束,社会力量的介入范围和覆盖面更加广泛,客观上加强了社会网络的控制力。[1]此外,相对于普通刑事诉讼程序的权威性和正式性,非刑事化的处理方式相对温和,具有较强的裁量性。相对于国家权力的僵化,案件通过非犯罪化的处理方式显得更加灵活多样。我国程序分流机制的构建主要依靠国家权力的推动,但是社会主体作为一

---

〔1〕 参见沈柳兰:"我国非刑事化处置的路径选择与模式构建",载《中国刑事法杂志》2006年第1期。

第六章 构造论：完善中国刑事程序分流机制的构想

股新兴力量，在刑事司法领域的作用和功能也必须受到充分重视，在程序分流机制的构建过程中，应当重视社会力量的积极参与，对于轻微刑事案件，将案件尽快分流出刑事诉讼程序有时比快速作出判决更能够维护案件的社会效果和当事人的基本利益。因此程序分流机制除了应当以诉讼程序内部速决为目标以外，还应当构建灵活多样的非刑事司法的处理方式作为必要的补充。不仅社会力量和专业人士的参与显得尤为必要，对于刑事诉讼程序的分流机制，基于其数量大和灵活性的特征，可以考虑利用科学技术的部分功能，将刑事司法与科学技术适当融合，从而更好地顺应时代发展的潮流。

再次，结合认罪认罚从宽试点的经验，激发刑事诉讼普通程序中部分制度的分流潜力，从而使程序分流机制的运行更加协调。认罪认罚从宽试点不仅仅是程序法层面的改革完善，也涉及实体法的细化，而认罪认罚从宽制度从实体法的角度来看，也存在一些缺陷，如"认罪"与"认罚"的内涵界定仍需要进一步明确，"认罪""认罚"的法律后果需要进一步规范，"认罪""认罚"的量刑激励措施仍然没有得到充分发挥等。从刑事诉讼程序法的角度来看，认罪认罚从宽试点的体系性仍需要加强，分流程序和分流机制的体系仍然有待完善；认罪认罚从宽试点没有与其他程序良好衔接，容易导致诉讼进程的效率降低等。我国认罪认罚从宽制度的价值导向决定了该试点必须与实体法和程序法全面衔接，才能更好发挥其功效，一方面促进了认罪认罚从宽试点实施效果的全面提升，另一方面也激活了刑事诉讼普通程序的分流功能。我国认罪认罚从宽制度的完善必然需要法律规范层面的重新整合，在法律规范的重新整合方面，也需要以正确的价值和理念为指导，进而保障制度完善的目标。程序分流机制作为认罪认罚从宽制度科学运行的附带产物，也同样需要以认罪认罚从宽理念的价值观为指引。认罪认罚从宽作为一个集实体与程序于一身的综合性改革，必须注重公平和效率之间的关系。而在刑事诉讼程序中，始终以公正为主要价值，但是在轻微刑事案件的办理中，可以适当兼顾效率，但是兼顾效率是以不牺牲案件的公正价值为前提的。不管是大陆法系国家还是英美法系国家，对效率的追求也是以不违背案件客观真实和不放纵犯罪为基本的限度。从刑事诉讼参与的各方价值追求来看，公安机关、人民检察院、人民法院以及犯罪嫌疑人、被告人等虽然角色各异且诉求不同，但是在诉讼中对效率的追求是具有一致性的。公检法机关对效率的追求主要基于案件数量激增的现实矛盾，犯罪嫌疑人、被告人主要是从迅速获得公开审判这一人权保障的内在要求出发追求效率。但是从公正价值的角度，诉讼的不同主体容易因为立场不同对公正价值造成不应有的损害。在认罪认罚从宽试点中，客观上起到了程序效率提升的效果，但是公正价值作为司法的本质属性，不能因为认罪认罚从宽制度的实施而遭到侵蚀。因此程序分流机制的构建离不开认罪认罚从宽试点与刑事诉讼普通程序的衔接和协作，充分发挥普通程序的分流功能和认罪认罚从宽试点的全面性，从而在提升效率的同时进一步保障公正价值的实现。认罪认罚从宽试点作为一项系统性工程，完全具备衔接和激活刑事诉讼普通程序中某些具体制度的分流潜力，从而将程序分流机制的构建朝着进一步体现司法公正的角度发展，为了实现这一目标，必须仔细审视刑事诉讼普通程序与认罪认罚从宽试点的规定中还尚未充分匹配的制度，从而为程序分流机制的构建确定重点完善的方向。

第六章　构造论：完善中国刑事程序分流机制的构想

第二节　程序分流机制证明标准的重建

一、证明标准差异化的必要性

刑事案件的繁简分流是程序分流机制运行的基本保障，而刑事案件的繁简分流需要以证明标准的差异化为基本的保障。虽然我国已经开展了多轮次的案件分流的尝试，但是实践效果与理论的预期还存在较大差距，忽视证明标准问题是一个重要原因。第一，由于庭审省略了证据调查和核实程序，而证明标准又维持不变，通过庭审程序省去的时间只能依靠庭前阅卷弥补，进而法官在审理案件时需要耗费大量时间阅卷；检察官在办案质量等考核的压力下，需要压缩办案时间，又因为较高的证明标准，出庭公诉环节节省的部分时间根本无法弥补审查起诉工作整体的强度和负担。以基层法官和检察官的视角来审视，统一适用的证明标准只能促成诉讼程序和办案流程的统一，无法起到促进繁简分流的效果。只有证明标准的差异化才能成为促进案件繁简分流的源动力。第二，证明标准差异化不仅仅能够促进程序分流机制的构建，更重要的是，在促进程序分流机制构建的过程中提升被分流的轻微刑事案件的办理质量。对于证明标准的差异化，需要明确证明标准差异化的内涵，即差异化仅仅针对认罪的案件。对于犯罪嫌疑人、被告人认罪悔罪且又性质轻微的案件，适当放宽原有的证明标准，不会因证明标准的降低而导致错误定罪量刑。对于速裁程序和认罪认罚从宽试点程序，由于事实问题已经明确，唯一可能在定罪上出现问题的就是犯罪嫌疑人、被告人认罪是违背意愿这一前提。因此设计必要的制度确保当事人认罪认罚意愿的自愿性，最大程度地预防错案的发生,也是证明标准差异化构建的基础性条件。第三,通过证明标准的差异化构建,能够引导司法资源更加集中于重大复杂的案件的审理中,进而推进案件繁简分流的真正实现,促进案件办理质量的全面提升。[1]从近几年来发生的冤假错案来看,重大、复杂案件往往是错误发生的重灾区,司法人员如果不分案件繁简,统一办案精力,只会力不从心。因此差异化证明标准也可以成为基层司法人员办案的重点导向。第四,证明标准的差异化符合审判中心的要求。以审判为中心的诉讼制度改革并不是要求所有的刑事案件都要经过审判程序,而只是针对重大、复杂和疑难案件,因此在审判之前,保障无需经过审判的案件被合理分流,也是促进审判中心主义实现的必然需求。如美国通过辩诉交易制度将绝大多数的案件分流出刑事诉讼外,德国设置了多种简易程序从而确保正式的审判程序必须适用于重大疑难案件,程序分流的运行效果通过案件的合理分流体现出来。此外,证明标准的差异化已经成为司法实践的迫切需要,从司法实践的运行来看,不同案件的证明标准的差异化是客观存在的,案件的证明标准也会随着犯罪的严重程度、可能判处刑罚的轻重以及罪名类型而呈现出差异性。不承认证明标准的差异化,事实上造成了对司法实践现实情况的有意或者无意的忽视,没有遵循客观规律,因此理论层面的争议必须考虑到刑事司法实践的客观需求。

二、对客观真实和法律真实之争的反思

所谓客观真实与法律真实的争论在理论界由来已久,客观真实说指司法机关在刑事诉讼中所认定的有关犯罪嫌疑人、被

---

[1] 参见李勇:"证明标准的差异化问题研究——从认罪认罚从宽制度说起",载《法治现代化研究》2017年第3期。

告人刑事责任的事实必须与客观上实际存在的事实一致，要求司法人员的主观认识必须符合客观实际。[1]所谓法律真实说是在批判客观真实说的基础上提出的，法律真实说的观点认为运用证据对案件事实的认定应当符合刑事实体法和程序法的规定，应当达到法律角度认为是真实的程度。[2]法律真实说强调客观真相不可能全面实现。两种学说争论激烈，但事实上有相通之处，法律真实是客观真实的部分还原，客观真实在诉讼中的存在也要通过法律手段实现，而我国"犯罪事实清楚、证据确实充分"的立法表述事实上涵盖了两个概念的内涵，既可以理解为客观真实，也可以解读为法律真实。并且刑事诉讼法学作为一门实践性较强的学科，应当注重解释学，法律真实与客观真实的争论从司法实践的角度出发，意义较为有限。如果说客观真实是追求案件事实的最高目标的话，法律真实就是诉讼程序启动和实体法运用的最低目标，如果认定的案件事实只能还原部分客观真相，也就是所谓的法律真实或者说部分的客观真实，就只能按照这部分事实作出实体裁决或者程序处理，所以割裂法律真实和客观真实的意义有限。从程序分流机制构建的角度来看，在轻微刑事案件中犯罪嫌疑人、被告人的认罪认罚既有可能是客观真实，也可能是法律真实，完全取决于公安司法人员的主观判断，而且在轻微刑事案件的诉讼程序中，可以将犯罪嫌疑人、被告人的认罪理解为客观真实，只要认罪行为符合自愿性的特征。从证明标准的差异化构建的角度，法律真实和客观真实的区分无法起到有效的辅助作用，因此在坚持以客观

---

[1] 参见樊崇义："客观真实管见——兼论刑事诉讼证明标准"，载《中国法学》2000年第1期。

[2] 参见樊崇义、赵培显："法律真实哲理思维"，载《中国刑事法杂志》2017年第3期。

真实为基础的前提下，将客观真实细分为定罪事实、量刑事实和程序性事实，更符合程序分流机制的构建目标，也有利于证明标准差异化的具体落实。

三、证明标准差异化的实现路径

(一) 定罪事实、量刑事实、程序事实证明标准的区分

程序分流机制的构建首先需要立足于刑事诉讼普通程序的内部分流，而内部分流的核心就是案件的繁简分流，且繁简分流的核心又在于轻微刑事案件的办理模式。当前我国单一的证明标准比较严格，更加适合普通刑事案件的事实认定，对于轻微刑事案件的证明标准，仍然需要进一步明确。从域外司法实践的经验来看，无论是大陆法系还是英美法系，都存在普通刑事案件证明标准之外的轻微刑事案件的证明标准；从具体的证明对象上来看，量刑事实和程序性事实与定罪事实的证明标准相比，也存在一定的差异性。因此我国刑事程序分流机制的合理运行，必须依赖证明标准的差异化，而证明标准的差异化可以有选择地吸收、借鉴英美法系和大陆法系的经验。总体来看，将我国的证明标准划分为定罪事实证明标准、量刑事实证明标准和程序性事实证明标准较为科学，同时在继续坚持我国的"确实、充分"的前提下，将定罪事实的证明标准划分为5大层级，即死刑案件为第一层级，普通程序案件为第二层，三年有期徒刑以上刑罚简易程序案件为第三层级，三年有期徒刑以下刑罚的速裁程序案件作为第四层级，一年有期徒刑以下刑罚的速裁程序案件作为第五层级，而与量刑和程序有关的事实可以采取"优势证明"的证明标准。针对定罪事实的证明标准，在证明对象和取证标准上，可以适当区分，同时证明的标准和要求按照五大层级依次降低。首先，从理论层面，无论是大陆法

系还是英美法系的证明标准,在辩诉交易过程中或者简易程序案件的处理中都存在差异化的实践形态,无论是大陆法系对于严格证明与自由证明采取的不同证明标准,或者是英美法系对定罪事实和量刑事实采取的差异化的证明标准,均体现出了证明标准差异化执行的特征。法学理论中有原则就有例外,我国的"案件事实清楚,证据确实、充分"的证明标准在司法实践的具体运作中应当存在差异化的空间,在普通程序、简易程序与速裁程序、定罪事实与量刑事实的运用中也不可能统一标准。通过大量的司法实践表明,虽然判决文书上对于不同刑事案件的证明标准的表述均为"案件事实清楚,证据确实、充分",但是这种"确实、充分"的内涵与可能判处死刑的刑事案件和犯罪嫌疑人、被告人不认罪的普通刑事案件以及大量的适用简易程序和速裁程序的案件相比,实际上已经发生了较大的变化。因此证明标准的差异化具有较为扎实的实践基础。最后,从我国《刑事诉讼法》的立法条文来看,虽然明确规定"确实、充分"的证明标准,但是这并不意味着在每一个案件中都需要完全一致,也没有排除司法人员对个案中确实、充分的理解的差异化。[1]因此,在承认我国刑事诉讼证明标准的基础上,明确不同案件中的证明标准有一定的位阶,并没有突破法律的现有规定。

(二)定罪事实证明标准的五大层级

根据定罪事实的证明标准位阶,可以根据案件犯罪的严重程度和可能判处刑罚的轻重而呈现出不同的类型。可能判处死刑的案件和可能判处无期徒刑的案件的证明标准应当坚持从严把握。大量的司法实践的经验表明,可能判处死刑和无期徒刑

---

[1] 参见顾永忠:"从定罪的'证明标准'到定罪量刑的'证据标准'——新《刑事诉讼法》对定罪证明标准的丰富与发展",载《证据科学》2012年第2期。

的案件需要经过更加严格的审查和判断，随着死刑受到进一步的限制，无期徒刑或者终身监禁将替代死刑成为最严厉的刑罚，因此将可能判处无期徒刑或者死刑的案件列入证明标准的最高位阶具有合理性。2010年最高人民法院《关于办理死刑案件审查判断证据若干问题的规定》已经为办理这类案件的证据审查判断提供了明确的参照依据，甚至一些普通刑事案件的证明标准和证据审查判断的方法也参照该司法解释，因此对于这类案件的证明标准应当是相当明确的。对于被告人不认罪的普通程序案件的证明标准应当处于证明位阶的第二个层级。其中被告人不认罪的情况较为繁杂，第一种类型是指犯罪嫌疑人、被告人没有实施相应行为，存在被冤枉的可能，这种情况有一定特殊性，因此需要参照死刑案件的证明标准进行严格的审查判断；第二种类型是指犯罪嫌疑人、被告人实施了部分犯罪行为，在这种情况下，也应当采取较为严格的证明标准，但是应当过滤掉部分不是其实施的犯罪事实；第三种类型是被告人实施了犯罪，但是故意不认罪，这种情况下也要严格审查，需要以较为严格的证明标准办理案件。第三个层级主要是指可能判处三年有期徒刑以上刑罚的简易程序的案件。这种案件往往犯罪嫌疑人、被告人认罪悔罪态度较好，与不认罪的案件相比，在综合考量证明标准的问题上，可以适当降低证明要求。原因在于只要把握好认罪的自愿性，发生错案的可能性较小。但是这类案件仍然可能判处三年有期徒刑以上刑罚，因此对证明标准的理解也要高于三年有期徒刑以下刑罚的案件。第四个层级主要是指可能判处三年有期徒刑以下刑罚的速裁案件。此类案件属于典型的轻罪案件，也是基层公安司法机关处理数量最多的案件，如交通肇事、轻伤害案、盗窃案件、小额毒品等案件。由于这类案件是直接影响到程序分流机制运行的案件，对于此类案件

第六章 构造论：完善中国刑事程序分流机制的构想

的证明标准可以适度放宽，重点审查犯罪嫌疑人、被告人认罪的自愿性，对事实问题的认定标准也可以有别于前三者。最后一个层级属于可能判处一年有期徒刑以下刑罚的案件，即刑事速裁案件，这类案件事实清楚，情节简单，审理的重点在于犯罪嫌疑人、被告人的自愿性和从宽处罚的合理性，因此该类案件对于案件的客观真实不必过于苛求，并且该类案件具有进一步制度简化的空间，既然我国当前适用速裁程序的庭审被普遍反映流于形式，完全可以将其进一步简化，直接改造为符合我国基本国情的书面审理程序。

（三）量刑事实、程序事实证明标准的差异化

量刑事实以及程序性事实的证明问题可以结合域外司法实践的经验，采取优势证据的证明标准。我国的证明标准差异化除了定罪事实内部的差异化以外，还需要定罪、量刑与程序事实的证明差异化。而能够证明某一事实存在的可能性比不存在的可能性更大时，就基本符合"优势证据"证明要求。在我国程序性事实和量刑事实是否采取优势证据的证明标准，还应当以是否对犯罪嫌疑人、被告人有利为基本前提，我国司法解释并未提及罪轻事实的证明标准，因此司法实践中对被告人罪轻的事实采取优势证据的证明标准更加符合保障人权的精神。程序性事实也同样存在以对犯罪嫌疑人、被告人是否有利作为证明标准是否严格的依据，如非法证据排除和回避等问题，如果是对犯罪嫌疑人、被告人有利的程序事实，只需要达到优势证据即可。[1]

证明标准的层级化和差异化主要体现在公安司法机关对案件办理的证明标准的理解、对证据收集的要求以及对证明问题

---

[1] 参见闵春雷："论量刑证明"，载《吉林大学社会科学学报》2011年第1期。

的把握上，首先需要明确的是证明标准的差异化不仅仅是表述方式的差异，更是一种办案思路的重构，对证明标准的差异化处理，不仅仅在办案时的证据审查判断中体现出来，也可以通过证明对象和证明问题的范围体现，甚至可以通过判决文书的说理为个案是否达到相应证明标准作出解释。公安司法人员对于刑事案件的办理，只有明确区分不同犯罪类型和可能判处刑罚轻重的案件性质，区分不同的定罪事实、量刑事实和程序性事实的证明标准，才能真正从基层保障案件的繁简分流，从而保障程序分流机制的合理运行。

第三节　程序分流机制构建的实体法要件
——轻罪概念的重构与轻刑内涵的明确

程序分流机制主要由不同类型的办案程序和程序之间的相互运作为基础，程序之间的相互运作和转换不仅仅需要程序法的细化和完善，更需要实体法作为强有力的保障。由于程序分流机制的运作离不开刑事实体法的保障，而我国刑事实体法对于犯罪以及刑罚的定义仍然存在细化的空间，刑事诉讼程序分流机制的重点是针对轻微刑事案件的分流机制，因此为了解决轻微刑事案件的实体争议，实体法首先需要明确轻罪的概念，从而建立起科学的犯罪体系，以实体法的层级化促进程序适用的层级化，进而达到程序分流的效果。除了对轻微刑事犯罪的概念进行明确以外，还应当对轻微刑事犯罪的处罚方式作出明确，当前我国现有的刑罚种类和体系基本保持稳定，但是在犯罪圈不断扩大的情况下，就显得较为粗糙，司法实践中司法人员适用刑罚往往没有明确的依据，在认罪认罚从宽试点中，各地根据试点的需求创设了一些认罚从宽的条件，但是较为分散，还尚未形成体系，并且部分认罚从宽的条件还不能够达到促使

第六章 构造论:完善中国刑事程序分流机制的构想

犯罪人认罚的效果,因此构建符合轻罪的刑罚体系也是程序分流机制需要具备的重要实体法要素。

一、轻罪概念的重构

程序分流机制构建的目标就是打造一个层级化、多元化的诉讼程序,使得不同类型的犯罪都有符合自身特征的程序模式。而我国的实体法对犯罪的定义显然还没有达到层级化这一目标。重新构建我国犯罪的概念,对行政法和刑法中有关违法与犯罪的规定进行重组,能够达到统一实体法适用的目的。犯罪化和非犯罪化并行是刑法现代化的必然方向,我国刑法长期存在犯罪化的倾向,但是犯罪化往往针对某一具体行为和特定现象,缺乏一定的体系性,在"权力本位"的刑法观念下,犯罪化成了我国刑法的主流趋势,而随着社会的发展,非犯罪化也成为我国刑法必须考量的一个问题。在犯罪化与非犯罪化并行的大背景下,我国刑法从立法层面应当注重刑事法和行政法在社会秩序维护和管理功能的内在一致性,做到优化配置立法资源。[1] 不同类型法律之间的制裁功能应当体现出一定的层级性,但是我国目前的立法体现出各自为营的现状,实践中遇到难题往往采取颁布司法解释的方式解决争议,这种处理方式使得司法成为明确法律制裁功能的主要手段,并不完全符合刑事法的立法目的。行政不法和刑事不法是刑法理论的重点研究对象和长期存在的问题,我国只有进行立法层面的融合和重组,才能从立法层面明确犯罪圈的划定,完善刑事法的范围。我国行政法体系繁杂,而刑法相对统一,因此,从刑法层面对违法行为和犯罪行为进行重组和规制是一个较为科学的改革方向。从公民人权

---

[1] 参见陈兴良:《刑法的价值构造》,中国人民大学出版社2006年版,第312页。

保障的角度，我国的行政处罚包含了大量对公民人身自由进行约束和剥夺的条款，有些行政处罚与刑法规定的刑罚在严厉程度上相差无几，因此完全有必要也有可能将此类行政处罚与刑法中规定的轻罪进行整合和重组，从而科学界定两者的界限。只有从实体法层面达到行政执法和刑事司法的良性互动和衔接，才能保障程序法的顺畅运行，进而保障程序分流机制的案件流入机制的合理运行。

　　构建层次分明的刑罚体系，需要重新界定轻罪与重罪的概念和范围，统一行政执法机关与刑事司法机关在事实认定和法律适用中的标准。我国刑事实体法层面对轻罪和重罪的认识并不统一和明确，长期以来存在一定的争议，而实体法层面的争议和空白也直接影响到了行政执法和刑事司法的顺畅衔接，因此从实体法层面将轻罪和重罪进行重新界定和区分，并且将行政处罚中的行政拘留和大数额的罚款纳入到轻罪的范畴中，是一个较为理性的选择和尝试。纵观当今世界上法治较为完备国家的立法现状，无论是大陆法系轻罪、重罪及违警罪的划分还是英美法系中对罪行等级进行的精细化区分都是值得我们参考和借鉴的范例。其中对犯罪的概念进行重新界定和分层具有十分积极的法律效用和社会影响。首先，将犯罪具体化为轻罪和重罪，并将行政拘留和罚款纳入其中有利于行政处罚的司法化改造，让行政处罚转变为准司法程序，提升行政执法的证据标准和程序要求，为与刑事司法衔接打好基础，同时在向司法程序转化的同时也要考虑到其自身的特性，不应影响到行政处罚的效率。其次，重新界定我国刑事实体法中的轻罪和重罪的概念有利于刑罚裁量的统一适用。从落实宽严相济的刑事政策的角度，明确轻罪和重罪的界限有利于明确我国刑事政策中"从严"的方向和对象，从而也为"从宽"打下良好的基础，从科

第六章 构造论：完善中国刑事程序分流机制的构想

学立法和严格执法的角度，"轻罪"的范畴应当作扩大解释，这样更能够灵活和科学地落实刑事政策。如果法律上对轻罪和重罪作了明确的界定，立法者在为某一罪行配置法定刑时，就必须首先确定其是属于轻罪还是重罪范畴，轻罪配置轻罪的法定刑，重罪配置重罪的法定刑，这样在很大程度上就可以避免轻罪配置重罪之法定刑以及重罪配置轻罪之法定刑这种法定刑配置不均衡的现象。[1]立法工作牵一发而动全身，实体法中对轻罪和重罪的划分应当根据现有的立法基础做出微调。具体的实施步骤可以分为两个层面，第一个层面的工作就是明确轻罪和重罪的界限，如何界定轻罪和重罪是一个非常关键的问题，在中国轻罪和重罪更多停留在理论层面的探讨，实践中的做法和称呼并不统一，包括微罪、轻微犯罪、轻微刑事案件和轻型刑事案件等。根据笔者的初步统计，我国刑法分则中规定的犯罪最高刑在三年有期徒刑以下的罪名和包含三年有期徒刑以下罪名的数量和大致比例如下图：

分则	法定刑在三年以下	比例	法定刑含三年以下	比例	总计
第一章	0	0%	3	25%	25%
第二章	5	19%	12	46%	65%
第三章	10	11%	42	46%	57%
第四章	10	20%	16	31%	51%
第五章	0	0%	8	57%	57%
第六章	25	27%	38	42%	69%
第七章	4	29%	8	57%	86%

---

[1] 参见郑丽萍："轻罪重罪之法定界分"，载《中国法学》2013年第2期。

续表

分则	法定刑在三年以下	比例	法定刑含三年以下	比例	总计
第八章	2	13%	4	27%	40%
第九章	5	22%	9	39%	61%
第十章	2	6%	8	25%	31%

我国刑法分则中法定刑在三年有期徒刑以下刑罚的罪名和法定刑包含三年有期徒刑以下的罪名占了刑法分则的半数以上，这符合轻罪占到多数比例的基本原则。因此，从统一法律适用和不过度影响我国现行刑事立法的角度，将刑法分则中最高法定刑在三年有期徒刑以下刑罚的犯罪统一纳入到轻罪的范畴，是一个较为科学的选择。此外，对轻罪的界定除了以最高法定刑为主以外，也应当增设一些补充性规定，即"法定刑+情节"的立法调整模式，以便于将轻罪的范畴进行灵活的适用。比如具体犯罪的法定刑包含三年有期徒刑以下刑罚，并且犯罪嫌疑人确实有从轻、减轻、免除刑罚的事由并已查证属实，也可以纳入到轻罪的范畴；在轻罪和重罪的实体认定和程序选择的过程中，犯罪嫌疑人、被告人的认罪态度也可以成为一个重要的参考依据。在轻罪和重罪的法定界分过程中坚持"法定刑+情节"的立法调整模式，能够最大程度地优化该立法调整的法律效果，减少对现有法律系统的冲击和影响，具有较强的理论基础和实践操作可能性。从便利行政执法与刑事司法衔接的角度，在轻罪中应当增设一个独立的范畴，即微罪，将原本属于行政处罚的行政拘留和大数额的罚款整合至微罪的范畴，从实体法适用的角度，更能够达到统一和协调，避免了行政执法机关作出的行政处罚可能被刑罚折抵的问题，避免在司法程序终结前提前做出处罚决定。只有在实体法层面制定更具有层次性的裁

二、刑罚种类及量刑层级的轻刑化改造

自20世纪90年代以来，我国刑事立法遵循着"犯罪化"与"重刑化"的方向发展，也造就了我国刑法的"重罪重刑"的刑罚结构，并且在该结构下，法网的严密性不强，轻罪与重罪之间的比例明显失衡。随着犯罪圈的不断扩张，越来越多的轻罪也被纳入到刑法的规范以内。而随着大量的轻罪纳入到犯罪的概念范畴，现行刑罚的种类和体系也就有必要进行轻刑化的改造。从罪责刑相适应这一基本原则出发，我国的刑罚应当随着犯罪圈的不断扩大增设与轻罪特征相适应的轻刑。设置轻刑主要可以依靠两种方式，一种是以现有的法定刑为基础进行轻刑化改造，具体来说，前文明确将三年有期徒刑以下刑罚视为轻刑的刑罚种类，而我国除了危险驾驶罪的最高刑期为拘役，没有一个罪名的最高刑为管制。此外罚金作为一种重要的制裁犯罪的手段，在我国也仅仅是一种附加刑，这就使轻微刑事犯罪案件在适用罚金刑罚的同时必须与自由刑配合适用，不仅大幅度提高了轻微刑事案件的处罚力度，甚至导致一些轻罪的处罚重罪化，客观上加剧了轻罪和重罪的处罚失衡。[1]因此，针对我国现行刑法在法定刑刑种方面存在的问题，在处罚方式进行改革的过程中，首先应当考虑将罚金从附加刑上升为主刑，对于部分轻微刑事犯罪，如果适用罚金足够达到惩罚的目的，就无需配置自由刑，从而减轻对犯罪人员的惩罚力度，符合轻罪的属性；其次，丰富轻罪的类型，增设非刑罚处罚种类，并且在适用对象上不仅仅局限于被判处刑罚的犯罪嫌疑人，对附

---

[1] 参见陈志军：《短期自由刑的困境与出路》，中国政法大学出版社2015年版，第98页。

条件不起诉的犯罪嫌疑人，也可以参考非刑罚处罚措施的适用，进而拓宽轻刑化的适用。虽然我国刑事实体法针对法定刑的轻重以及法定刑档次的划分没有达成一致的结论，但是我国法定刑的轻重配置失衡、法定刑档次划分粗疏是客观存在的事实。因此，在我国刑法进行轻罪化改造的过程中，应当统筹规划，明确法定刑的轻重区分，同时细化法定刑的量刑档次，为轻罪的刑罚裁量创造较大的制度空间。具体而言，应当结合犯罪行为的性质以及社会危害性、犯罪嫌疑人、被告人认罪认罚的表现等要素进行综合考量，在刑罚体系中对法定刑最低刑期偏高、法定档次幅度较大以及法定刑档次规定粗糙的犯罪，均增设3年以下有期徒刑、拘役、管制的量刑档次，从而扩张认罪认罚从宽的范围，通过最小的立法修改成本实现轻罪范围扩张的目标。

第四节　重建普通程序内部制度的分流潜能

一、挖掘侦查阶段程序分流的基础性功能

（一）改革立案制度，探索在部分轻微刑事案件中推行"立案登记+书面审理"的诉讼模式

立案登记制度已经在民事诉讼中普遍推广，并取得较为积极的社会效果，其中也适用于刑事自诉案件。立案登记制度是否适用于刑事公诉程序在我国仍然处于有争议的问题，在我国，立案意味着国家追诉权力的正式启动，因此立案制度在刑事诉讼中依然拥有较强的国家权威性，民事诉讼基于其私力救济的性质，可以适度降低国家权力的介入，而刑事诉讼随着经济社会的发展，已经具备在部分领域降低国家权威的介入的条件，尤其是轻微刑事案件的程序启动，通过立案登记制度完成对案件事实发现的条件已经基本具备。

第六章　构造论：完善中国刑事程序分流机制的构想

首先，我国刑事立案制度的缺陷决定了立案登记制度对于轻微刑事案件的办理具有改良空间。影响刑事公诉程序启动的主要制度就是立案程序，然而我国立案程序由于其制度本身存在的缺陷导致在司法程序中存在一些不可逾越的障碍，同时立案程序的变革直接影响到当事人的诉权。因此在轻微刑事案件的诉讼启动机制上应当关注的第一个问题是重新审视立案程序在刑事诉讼中的地位，以充分尊重当事人诉权为视角进行权衡和变革。我国《刑事诉讼法》经过两次大幅度修改，已经初步建立了符合中国国情同时又与国际接轨的诉讼模式，但是在诉讼的启动阶段，立案程序的法律规定没有任何变化。该程序因其立法相对粗疏，并且相关执法细则也存在漏洞，直接影响到诉讼启动。我国立案制度中"迅速"认定犯罪事实是否存在的立法要求某种程度上已经偏离了人类认识客观事物的过程以及司法本身的运行规律[1]；同时"迅速"作出是否立案的决定也直接影响到刑事司法资源是否能够及时有效投入地到具体的每一个案件中；最后"迅速"一词本身的内涵并不明确，司法实践中所适用文件的法律效力仍需要进一步提升。[2]因此，立案程序直接影响到诉讼的启动，而尤其在经当事人申请启动的诉讼程序中，立案程序没有体现出对当事人诉权的尊重，影响了程序分流机制的运行效果。

其次，对于轻微刑事案件，尤其是犯罪嫌疑人认罪的案件，

---

[1]　我国《刑事诉讼法》第112条规定："人民法院、人民检察院或者公安机关对于报案、控告、举报和自首等材料，应当按照管辖范围，迅速进行审查，认为有犯罪事实需要追究刑事责任的时候，应当立案；认为没有犯罪事实，或者犯罪事实显著轻微，不需要追究刑事责任的时候，不予立案，并且将不立案的原因通知控告人。"

[2]　参见李步云、李先波主编：《警察执法与人权保护》，湖南大学出版社2013年版，第115页。

立案前的初查工作已经能够完成轻微刑事案件的事实发现，因此立案审查制度不利于诉讼流程的简化。轻微刑事案件的诉讼程序启动具备的科学性和及时性是当事人诉权的体现，尤其是在经申请启动的公诉程序中。但目前我国"以公诉为主，以自诉为辅"的诉讼模式存在一些值得改进的地方，比如自诉案件的范畴略显宽泛，自诉案件收集证据、调查证据存在瓶颈等，影响了当事人诉权的实现。而在诉讼启动阶段，我国当前的立案审查制度直接体现出以"影响力"优先的启动机制，法律效果层面则为以"确实证据材料"优先的启动机制。[1]我国在侦查阶段事实认定主要遵循"立案前的初步侦查"和"立案后的全面侦查"相结合的模式，在这种模式下，一方面难以厘清"侦查"与"初查"的法律关系，另一方面不利于检察院的提前介入。一种可以预期的选择是以立案登记制度为前提，以检察官提前介入为基础，以充分发挥侦查职能为保障的侦查模式。在案件办理的过程中，需要根据案件的情节进行繁简分流，不应当将立案程序的筛查和过滤价值变异为影响诉讼启动的障碍。从具体的制度设计来看，对于轻微刑事案件，往往案情并不复杂，取证工作也不需要限制公民的人身权利和财产权利，对于当事人认罪的案件，在初查阶段基本上就可以将案情查清，因此立案启动之前的初查阶段就足够胜任事实认定功能。

再次，立案登记制仅仅降低了案件流入门槛，但是诉讼的全程简化仍需要以书面审理为保障。对于立案程序在程序分流机制中的作用，基于前文的描述，应当重视其在诉讼启动阶段的分流功能，而当前的立案审查制度使得立案的标准过高，对于轻微刑事案件的分流往往起到了限制和约束作用。对于轻微

---

[1] 参见卢永红："我国刑事立案条件的冲突与立法完善"，载《人民检察》2016年第5期。

第六章 构造论：完善中国刑事程序分流机制的构想

刑事案件，立案之前的初查工作就已经足够胜任对案件事实的查明职能，由于轻微刑事案件又是以犯罪嫌疑人认罪认罚为基础和前提的，不轻易采取立案措施也能够成为犯罪嫌疑人认罪的一个协商筹码，并且在立案之前的初查过程中，可以包含加害人和被害人和解和协商的程序，因此对于轻微刑事案件的诉讼程序，应当注重立案程序的制度改良对轻微刑事案件的分流处理。由于当前我国刑事诉讼依然采取了立案审查制度，将立案制度作为是否对公民的人身自由和财产权进行限制的重要区分，而轻微刑事案件并不需要以控制当事人人身自由和财产权利为必要条件。尤其对于犯罪嫌疑人认罪的案件，在刑事立案以后根据常理也可以采取取保候审等强制措施，作为嫌疑人认罪和积极赔付的代价。因此立案审查制度在轻微刑事案件中并没有起到提升诉讼效率的作用，反而因为其层层审批的行政化运作和实践中不立案程序的不规范行使降低了诉讼效率，无法达到程序分流的功能。因此对于轻微刑事案件，应当参考刑事自诉案件，由立案审查制度改为立案登记制度，发挥立案登记制度的案件信息收集和事实查明功能，淡化刑事立案的追诉倾向，从而为轻微刑事案件的办理创造更加宽松的制度空间。强化立案阶段的事实查明功能，使得在侦查阶段就能够对法律适用问题形成一个基本的意见，为审查起诉和审判阶段的定罪量刑打下坚实的基础，同时应当注意到立案登记制度对于诉讼流程的简化功能是有限的，需要以审查起诉和审判阶段的简化为配套机制，由于立案登记制度适用于情节简单、性质轻微的刑事案件，采取立案登记可以淡化犯罪标签，同时也可以避免盲目作出不立案决定，对于不属于刑事案件的类型及时分流。由于事实问题已经通过立案登记阶段的初查工作基本查清，因此审查起诉阶段的重心应当是犯罪嫌疑人认罪的自愿性，审判阶段应当以被告认罚的自愿性和可接受性为核心，所以推进以书面审理为主的轻微刑事案件的审理模式是完全具备改良空间的。

最后，立案登记制度适用的刑事案件的范围不应过大，同时应当注重检察机关监督职能的适度提前。由于立案登记制度相对于立案审查制度来说更加灵活，因此从维护国家法律统一适用的角度来看，采取立案登记制度的案件范围不宜过大，可以参照速裁程序的适用范围。由于这类案件性质轻微，并且部分罪名与《中华人民共和国治安管理处罚法》等法律规定之间存在转换空间，采取立案登记制度能够更好地灵活处置立案阶段的程序分流，从而有利于立案制度分流功能的发挥。从长远来看，刑事案件的立案登记可以逐步扩大到可能判处三年以下有期徒刑刑罚的刑事案件，并且结合书面审理和有限的简易审理，打造符合我国特色的轻微刑事案件诉讼程序。

（二）完善撤销案件的内涵，部分释放侦查机关的案件分流权限

侦查阶段的程序分流除了依靠立案制度的改良释放制度活力以外，还应当发挥侦查阶段对案件的基础性分流工作。由于我国侦查阶段主要起到了事实认定的作用，而对于轻微刑事案件，完全可以在案件事实发现的过程中同步完成对认罪的自愿性和认罚的可接受性的处理，因此侦查阶段的分流需要以必要的制度保障为支撑。当前我国在侦查阶段的撤销案件制度从理论上并未完全具备分流案件的功效，司法实践对于撤销案件的标准过于严格，认罪认罚从宽制度中的撤销案件也需要以重大立功或者涉及重大国家利益为前提，且必须经过公安部或者最高人民检察院批准，不利于撤销案件制度的行使，进而限制了其分流的潜能。挖掘侦查阶段的程序分流功能总体来看符合刑事政策的轻缓化的发展趋势，因此在扩大侦查阶段程序分流功

第六章 构造论：完善中国刑事程序分流机制的构想

能的同时应当谨慎看待侦查阶段程序分流的适用对象、适用条件、适用程序以及推进的时机，从而将侦查阶段的程序分流功能最大程度地发挥。

我国在侦查阶段的程序设计并没有明确其分流机制和分流职能，因此讨论侦查阶段的程序分流职能需要客观看待侦查阶段事实上存在的分流潜力。我国公安机关拥有广泛的侦查权，《刑事诉讼法》有关移送审查起诉和撤销案件的规定都要求其将绝大多数案件移送检察机关审查起诉，没有自行分流案件的职能。而撤销案件也只是侦查阶段的一个终局性规定，对于撤销案件以后的处理，司法实践中的做法各异，而公安机关拥有的大量行政性权力事实上起到了分流处理的功能，如已经被废除的劳动教养制度，曾经作为犯罪嫌疑人、被告人行为已经构成犯罪但是情节轻微不需要判处刑罚的替代措施，客观上分担了普通诉讼程序的负担，并且事实上起到了将案件分流出刑事诉讼的功能，当前的治安管理处罚仍然继续扮演这样一个重要的角色和职能。然而侦查阶段的程序分流主要依靠非刑罚性措施，因此侦查阶段的程序分流应当是当事人的一种权利，而不是侦查机关掌握的权力。从完善案件分流的渠道来看，无论是曾经的劳动教养，还是现行的治安管理处罚均不能体现出刑事诉讼程序的现代化功能。[1]从具体的制度设计来看，完善侦查阶段的程序分流功能应当首先适当扩大侦查阶段程序分流适用案件的范围，原则上应当以轻微刑事案件为主，结合认罪认罚从宽试点的推进，将速裁程序案件作为侦查阶段适用程序分流的重点，赋予办案人员必要的自由裁量权；而对于可能判处三年以下有期徒刑的案件，仍然需要遵循严格的审批程序，尽量限制

---

[1] 参见王敏远：《刑事诉讼法学》（上），知识产权出版社2013年版，第182页。

侦查阶段的分流功能，但这并不意味着可能判处三年以下有期徒刑刑罚的案件在侦查阶段没有分流的可能，当前的重大立功和可能涉及国家利益的标准无疑限制了侦查阶段程序分流功能的发挥。对于可能判处三年以下有期徒刑的案件，也可以相应地在认罪认罚从宽试点的推进过程中，探索将未成年人等社会弱势群体的案件纳入到侦查阶段的分流范围。对于未成年人等犯罪嫌疑人，其生理和心理的发育仍然不够健全，认知和行为能力还有待进一步提高；对于其他弱势群体，一味强调打击犯罪职能，不利于其接受刑事处罚以后重新回归社会，甚至可能起到反作用，使其再次走上犯罪的道路。为了保障对未成年人等弱势群体的特别保护，可以将未成年人等群体可能判处三年以下有期徒刑刑罚的刑事案件在侦查阶段适用程序分流，适当放宽适用条件和审批程序，让案件及时流转出刑事诉讼。

除了细化和明确侦查阶段分流的适用对象以外，还应当明确侦查阶段程序分流的适用条件。侦查阶段程序分流的适用条件的细化也是制度设计中不能忽视的环节之一。结合我国的基本国情，应当将侦查阶段程序分流的规定更加具体化和明确化。首先，侦查阶段的程序分流必须具备明确的实体条件。而实体条件又包括事实和证据两大要素，侦查机关对部分案件进行程序分流必须以有明确证据证明犯罪嫌疑人实施了犯罪事实为基本前提，而犯罪嫌疑人的犯罪事实的发现途径又主要包括当事人自愿认罪和侦查机关主动发现犯罪事实，对于前者，适用程序分流的审批条件应当比后者要宽松，体现自愿认罪的优势。在证据条件上，应当注意在证明标准的问题上，可以根据案件的情节和犯罪嫌疑人的认罪态度差异化执行。明确了程序分流的基本适用条件以后，还应当注重侦查阶段适用程序分流的附带条件。所谓附带条件是指在侦查阶段适用程序分流的案件除

第六章 构造论：完善中国刑事程序分流机制的构想

了应当满足基本的事实和证据条件以外，还应当遵守公安司法机关赋予的符合案件办理条件的附带义务。我国侦查阶段适用程序分流措施，满足了普通民众朴素的正义观念以及在侦查阶段的强烈的报复倾向，而适用附加条件的做法一方面可以加强侦查阶段适用程序分流的可接受性，另一方面附加的条件事实上起到了促使被追诉方认识自身行为后果、防止其重新实施犯罪的效果。此外，对于社会而言，附带条件往往以经济层面的补偿或者为社会做出必要的服务为前提，能够适当修复被犯罪破坏的社会关系。侦查机关在作出程序分流的决定以后，侦查办案主体不再仅仅承担打击犯罪的职能，同样需要承担必要的执行义务。在履行附带条件的具体方式方法上，可以参考检察院的附条件不起诉制度。

由于侦查阶段的程序分流是侦查机关单方作出的，应当以必要的监督和制约机制为保障，此外，研究侦查阶段的程序分流应当注重撤销案件制度内涵的扩展。侦查阶段的程序分流措施可以根据案件性质的需要，设置必要的司法审查和监督机制。如程序分流决定作出后的检察机关的知情权，被害人的救济性权利等，都必须围绕着完善监督的角度开展，并且对于轻微刑事案件的程序分流，应当注重案件相关信息的公开机制，以信息公开倒逼程序公正。此外，撤销案件的制度内涵可以作出一定程度的扩大，侦查阶段的撤销案件制度可以作为程序分流机制的一种补充手段，其中撤销案件的适用条件也可以在原有的《刑事诉讼法》第15条以外作出必要的扩充，以撤销案件为制度载体，作为程序分流的重要标志。公安司法机关在办案过程中对撤销案件制度缺乏正确的理解和不必要的人为控制，导致了该制度的分流功能很难充分发挥。一种惯性思维将撤销案件理解为立案环节发生了错误，而将当事人尤其是犯罪嫌疑人的认罪认罚以及被害人的谅解作为撤销案件的条件，往往能够成为程序分流机制的重要激励机制。[1]在条件成熟的情况下，赋予侦查机关对于部分轻微刑事案件的终局性处置权也是具有探讨空间的，当然当前我国还存在大量的以行政方式剥夺公民人身权利和财产权利的现象，等到我国刑事实体法和程序法将所有的涉及剥夺公民人身权利和财产权利的行为都纳入到司法程序以后，再探讨侦查机关的微罪处分权，更具有实践意义。但是从长远角度来看，在刑事司法程序中赋予侦查机关必要的微罪处分权和适度的程序分流职能是大势所趋。

二、发挥审查起诉阶段程序分流的核心职能

审查起诉程序是程序分流的核心阶段，程序分流效果的好坏直接取决于审查起诉阶段的案件流转。审查起诉阶段一方面影响了案件是否进入审判程序，另一方面，审查起诉阶段的不起诉制度能够成为程序分流机制的核心制度载体。为了更好地发挥审查起诉阶段程序分流的核心功能，需要对不起诉制度中的一些理论和实践存在的缺陷进行分析，从而探索符合我国国情的程序分流机制。

（一）完善不起诉制度的理论框架和法定种类，将附条件不起诉常态化

首先，将附条件不起诉制度常态化是一种必然趋势，不起诉制度的内涵和层级需要进一步优化，进而为审查起诉阶段的程序分流确定理论基础。我国刑事诉讼中的四种不起诉类型中，具有灵活属性的附条件不起诉制度却又因为适用条件的局限性无法扩大适用范围，因此没起到有效的分流效果。而法定不起

---

[1] 杨宇冠等：《公正高效权威视野下的刑事司法制度研究》，中国人民公安大学出版社2013年版，第367页。

诉与酌定不起诉的界限较为模糊，影响了司法人员的适用，为了规避法律风险，检察人员往往采取提起公诉的方式，依靠审判阶段进一步判明事实，然而这种求稳的做法无法有效起到程序分流的效果。证据不足不起诉事实上又起到了"酌定"作出不起诉决定的效果，由于酌定不起诉的条件较为苛刻，检察人员只能以主观裁量的证据不足不起诉事实上代替了相对不起诉。从理论层面来看，法定不起诉与证据不足不起诉较为刚性，从法律条文的角度来看基本排除了裁量的因素，而事实上法定不起诉与证据不足不起诉都有裁量的空间，之所以造成这种现象，是因为当前的不起诉制度存在理论上的缺失。我国现行的不起诉制度人为割裂成三个部分，意图通过对裁量权的制约规范审查起诉行为，然而司法具有动态性，任何简单的二元划分在司法实践中必然面对无法操作的现实。[1]此外，法定不起诉、酌定不起诉和证据不足不起诉事实上也不是一种理论体系，而是一种司法的技术性手段，因此在司法实践中不可避免地导致不同人员在操作制度中的差异性，立法者限制起诉裁量权的意图在实践中落空。因此，不起诉制度的内在缺陷影响了程序分流的实施效果。

从程序分流机制构建的角度看，完善刑事诉讼审查起诉阶段的程序分流仍然应当限制起诉裁量权，但是限制起诉裁量权的重心并不是具体案件的"起诉"或者"不起诉"，而是不起诉的决定作出后如何确定附加的条件，从而保障案件的非刑事化处理。因此游离于传统不起诉制度中的附条件不起诉制度更加灵活，更有利于不起诉人的监督和教育，并且附带的条件直接影响到改造的效果，客观上起到了"分流"案件的效果，一

---

[1] 徐鹤喃等：《检察改革与刑事诉讼法修改问题研究》，中国检察出版社2015年版，第221页。

方面可以减轻司法机关的负担，另一方面能够帮助被不起诉人更好地融入社会；同时附条件不起诉的决定作出前必须征求被害人意见，所依附的条件必须包括赔礼道歉和经济赔偿等，因此有利于社会关系的修复；最后，由于附条件不起诉有一定的考察期间，在客观上给检察官行使自由裁量权提供了更大的空间。相对于附条件不起诉，酌定不起诉占用的司法资源相对较小，事实上属于一种可以确认犯罪事实但是没有附带条件的不起诉，而证据不足不起诉属于不能确认犯罪事实但是没有附带条件的不起诉，因此从程序分流的角度，在符合酌定不起诉条件的情况下，酌定不起诉产生的作用往往较为直接，但是因为其直接将嫌疑人分流出刑事诉讼程序，从而没有缓冲，不利于社会关系的修复，同时酌定不起诉对于检察机关而言又存在一定的风险，因此附条件不起诉的常态化是不起诉制度程序分流的关键。将我国的不起诉制度进行重构式的改革能够从根本上保障程序分流机制的运行，将附条件不起诉制度作为我国四大不起诉种类之一，将检察官的自由裁量权由"是否起诉"转变为"不起诉以后应当附带怎样的条件更符合案件的处理"。其中证据不足不起诉需要附带更加严格的条件，而酌定不起诉可以不用或者较少附带条件。

　　附条件不起诉制度的运行还应当严格限制撤回起诉制度的适用，防止程序倒流。改革当前的撤回起诉制度，将撤回起诉制度划分为有利于被告人的撤回起诉制度和不利于被告人的撤回起诉制度具有十分积极的意义，由于撤回起诉制度主要适用于开庭审理阶段，因此对于撤回起诉制度的提出应当区分必要的时机，如在正式开庭审理之前提出的，如果确实是有利于被告人的撤回起诉，人民法院应当准许，且不允许检察机关再次起诉，将附条件不起诉制度作为撤回起诉的衔接制度，真正起到对被告人有利的目的；对于在法庭审理过程中提出的撤回起诉，人民法院原则上不能允许，除非撤回起诉确实有利于保护被告人的基本权利，如果检察机关强行撤诉的，应当直接作出检察机关指控事实不成立的无罪判决。将不起诉程序内涵范围的扩大与撤回起诉制度的改良结合起来，将撤回起诉制度严格限制在仅仅适用于对被告人有利的情形，能够更好地发挥审查起诉的程序分流职能。

（二）扩大附条件不起诉制度的适用主体范围

附条件不起诉制度除了应当成为不起诉制度的一种常用方式以外，其适用对象的大小也直接影响到程序分流机制的运行效果。关于附条件不起诉制度的适用对象，首先是必须明确主体的范围，然后是案件类型和量刑要求。我国的附条件不起诉制度存在一定的缺陷，主要体现在：①将适用对象局限于未成年人，排除了老年人、学生、妇女等主体，这些主体和未成年犯罪嫌疑人一样社会危害相对有限，且不适宜长期面临刑事诉讼的压力；②刑法分则第四、五、六章的规定事实上排除了与侵犯公民人身权利、民主权利、财产权利、妨害社会管理秩序这几类犯罪危害程度相差不大的其他类型犯罪的附条件不起诉的适用；③可能判处 1 年以下有期徒刑刑罚的案件的数量相对有限，司法实践能够同时满足这些条件的案件的数量往往较少，因此扩大附条件不起诉制度的适用范围显得十分必要。

我国附条件不起诉制度的适用范围过于狭窄，不利于发挥其功效，因此为了更好释放附条件不起诉制度的适用，优化其程序分流的效果，应当扩大其适用对象。[1]首先，需要将当前的适用对象，即适用于未成年犯罪嫌疑人这一条件进行改革，

---

[1] 参见宋英辉：《论检察》，中国检察出版社 2014 年版，第 342 页。

由于未成年人仅仅体现出了年龄要素，对社会危害性要素的显现还不够全面，因此老年人、在校学生、怀孕、过失犯罪、初犯等类型都可以纳入到附条件不起诉制度的范畴。随着司法理念逐步朝着轻刑化的方向发展，我国的刑事诉讼程序也理应体现更多的人文关怀的要素，无论是未成年犯罪嫌疑人还是成年犯罪嫌疑人，都具有通过对自身行为的反省和改造获得从宽处理的需要。附条件不起诉制度已经在未成年人刑事司法程序中积累了一定的经验，完全有必要也有可能通过立法修改将该项制度的对象扩展到成年人，在扩展适用对象的过程中，应当充分考虑到成年人犯罪的复杂性以及多样性，并且设置与之相对应的附带条件。[1]其次，需要注意的是，在涉及的罪名层面不能仅仅依照刑法分则的规定，而应当将可以适用附条件不起诉的情形适用于绝大多数的犯罪类型。同时也需要设置一些例外，这些例外情况一律不得适用附条件不起诉制度，如曾经故意犯罪被判处刑罚的，曾经多次受到治安管理处罚的，有组织犯罪或者集团犯罪的主犯，所涉及的犯罪性质极其严重等。最后，在刑罚裁量上，附条件不起诉的适用应当结合当前认罪认罚从宽试点的精神，将范围扩大到可能判处3年以下有期徒刑、拘役、管制、单处罚金的情形。

（三）完善考察帮教制度和附带条件，优化案件分流的出口

考察帮教制度作为附条件不起诉制度的关键环节，是决定是否最终提起公诉的核心要素。根据我国《刑事诉讼法》的明文规定，人民检察院作为附条件不起诉的考察主体，需要肩负起考察、教育矫正犯罪嫌疑人的工作。然而履行监管和矫正的职责需要一定的人力和物力为支撑，即一套完善的制度和专业

---

[1] 参见梁芙蓉：“附条件不起诉听取被害人意见的功能、嬗变与体系化”，载《华东政法大学学报》2018年第1期。

第六章 构造论：完善中国刑事程序分流机制的构想

的人才，仅仅依靠现有的检察资源来实施考察帮教制度无疑会给检察工作带来多重的困难。由于检察机关的职能和人手相对有限，并且缺乏必要的监督方式，监管无从落实。首先，为保障附条件不起诉制度中的被不起诉人重新回归社会，应当将其放入社会组织进行考察监督，让其在社会大环境中重新认识自己的行为对社会造成的损害，并且主动修复其伤害。在这一考察帮教的过程中，检察机关不能保障时刻关注被不起诉人的行为和动态，也不能及时了解其思想和心理，无法对附条件不起诉人在考察期间的表现作出全面和客观的评价。其次，基层检察机关普遍面临案多人少的现状，再把考察帮教的工作交由检察官实施，无疑加剧了案多人少的矛盾，并且检察机关帮教队伍的专业性仍然有待提高，不能保障教育和矫正的效果，部分帮教性工作专业性较强，超出了检察机关的义务范围。最后，对流动人口进行帮教考察工作琐碎且大量占用检察官的精力和时间，因此导致部分检察机关人员宁愿放弃附条件不起诉的方式而提起公诉，进而规避考察帮教的工作负担，影响了附条件不起诉的实施效果。[1]

附条件不起诉制度的"附带条件"作为该制度的核心内容，直接影响到了程序分流的实施效果。只有明确且精准规定犯罪嫌疑人应当履行的附带条件，且履行该附加条件能够起到对犯罪嫌疑人的矫正和改造效果，才能保障附带条件的有效性且能够预防其再次犯罪，保障对被害人或者被害地区起到修复作用。而我国对于附加条件的规定并不是十分明确，遵守法律、按时报告、接受矫正教育的规定无法体现差异化。对于接受矫正教育的方式仍然不够明确，且法律效力有限，容易导致附条件不

---

[1] 参见李玫瑾、靳高风主编：《未成年人犯罪与少年司法制度创新》，中国人民公安大学出版社 2014 年版，第 103 页。

起诉的附带条件无法起到良好的监督和矫正效果。由于轻微刑事案件的程序分流必须保障分流后的案件得到妥善处置，如果没有明确的附带条件则无法保障通过分流机制妥善处理案件，进而可能导致案件再次回流到普通诉讼程序。

　　健全考察帮教制度和明确附带条件能够有效激发附条件不起诉制度的分流活力，进而保障分流机制的运行效果。首先，既然检察机关无法有效保障考察帮教的效果，则应当扩大考察主体的范围，广泛吸收社会主体作为辅助司法机关履行职责的力量。其中将大部分的监督考察工作委托给社区、学校或其他具有管理职能的组织，检察机关则作为监督、指导、审查的角色，充分吸收社会工作者以及志愿者等民间力量参与考察帮教制度的落实，允许被害人有限度地参与考察，从而扩大考察帮教主体，强化社会的参与，使检察机关将工作重心放在事实认定和法律判断上，将帮助被不起诉人回归社会的工作交给更加专业的组织，从而解除作出附条件不起诉决定后的忧虑。其次，考察帮教的内容应当更加多元化。由于导致犯罪的因素具有多样性且犯罪嫌疑人的个体也存在较大的差异性，因此所附带的条件和考察帮教机制也不能千篇一律，应当针对个体差异进行区别化对待，才能真正起到相应的社会效果。因此考察主体在制度考察方案时一定要考虑到个体差异、犯罪情况制定个性化的方案，从而保障刑罚体系的个别预防和个案公正。最后，附条件不起诉的监督和考察应当随着立法的修改和完善纳入到社区矫正的范畴内。我国现行的由司法行政机关主导的社区矫正体系已经相对比较成熟，将犯罪嫌疑人交由社区矫正是一种较为可行的实施办法，由社区矫正机构综合的考察报告，作为检察机关作出是否起诉的重要依据，有效利用了现有的司法资源。对于附条件不起诉的附带条件，除了继续坚持《刑事诉讼法》

的四项基本条件和《人民检察院刑事诉讼规则》中罗列的六项考察条件以外,要达到良好的矫正效果仅仅依靠上述条件是远远不够的。附带条件的规定可以适度拓宽,可以根据具体案情增设一些灵活处置的措施。如矫正类的条件可以增设接受心理辅导,参加公益活动、义务劳动等;修复类的条件可以附加赔礼道歉、损害赔偿、恢复原状等;限制类可以包括区域限制、从业限制、治疗限制等;保护类附带条件可以参考被取保候审实施的义务。同时需要设置兜底条款,允许灵活性的符合个案特色的附带条件的存在,真正起到刑事案件的非刑事化处理效果,确保分流机制顺畅运行。

三、探索缺席审判和中国的处罚令制度,提升审判阶段的分流职能

我国刑事审判程序作为程序分流机制的补充,主要依托审判方式的多样性达到程序分流的效果,随着认罪认罚从宽试点的推进,对审判程序的简化要求也逐步提高,司法机关普遍反映审判程序可能因为程序简化沦为形式,庭审实质化的要求无法保障。针对轻微刑事案件的审理,尤其是被告人认罪且案件已经进入审判阶段的情况下,开庭审理的重心如果仍然参照传统的事实认定和法律判断,必然导致庭审的虚化,既然庭审已经没有再次简化的空间并且还存在可能被虚化的风险,那么如何改良判决作出的方式则具有相当积极的意义。如果说认罪认罚从宽的轻微刑事案件的审理重点在于当事人的自愿性,集中审理可以作为提升法庭审判效率的一种重要手段,那么是否有比集中审理更加便捷的方式达到简化审判程序、完善程序分流的效果?构建符合中国刑事司法实践的处罚令程序是一种具有可行性的尝试。

刑事处罚令程序主要是指针对性质较为轻微的案情，经过检察机关的申请，在审判阶段不经过当事人的陈述和开庭审理，由法官直接以书面方式对犯罪行为进行评价的程序。与普通刑事诉讼相比，处罚令程序对于提升诉讼的便捷性，对诉讼环节的流程的简化功能是十分突出的，通过处罚令程序能够迅速处理一些没必要通过开庭审理方式作出判决的轻微刑事案件，将诉讼各方迅速解脱出来，从而减轻审判机关的负担，完善程序分流机制。我国的诉讼制度强调国家政策，是以国家权威为保障的模式，与大陆法系的诉讼模式具有天然的渊源，因此这也为我国借鉴大陆法系国家的审判方式提供了现实可能性。[1]此外，我国曾经出现的简化审模式也曾经在简化法庭流程上做出过努力，反映出司法机关的迫切需求。由于我国的诉讼模式与大陆法系的诉讼模式都对查明案件事实真相有着较强的需求，强调实体真实，重视打击犯罪价值和维护社会稳定的目的，因此处罚令程序在我国具有存在和发展的制度空间。我国与大陆法系国家的刑事诉讼法均将成文法典作为诉讼推进的依据，法律体系相对比较完善，强调统一法典的权威性，并且对法官的自由裁量权往往采取了一定的限制措施，虽然成文法一定程度上认可了依靠行政处罚对公民人身自由和财产权利直接作出决定的处理方式，但是从我国刑事诉讼法发展的趋势来看，收容审查、劳动教养等行政处罚的取消意味着未来司法程序和司法权力的扩张属于必然趋势，轻微违法犯罪行为最终也会随着社会的进步纳入到法治发展的轨道。因此构建符合我国国情的处罚令程序不仅仅具有现实的制度价值，对于未来行政处罚程序的司法改造，给予法官更多的裁量空间也有十分积极的意义，

---

[1] 施鹏鹏：《法律改革，走向新的程序平衡？》，中国政法大学出版社2013年版，第119页。

第六章 构造论：完善中国刑事程序分流机制的构想

那就有必要通过成文法增加审理的方式，给裁判者更多的选择。并且借鉴大陆法系国家的诉讼制度更容易因为法律移植而产生的水土不服的现象。我国的司法实践部门一直没有停止对轻微刑事案件办理模式的改革，在不影响实体公正的价值前提下通过各种改革尽量减少诉讼周期，这也与刑事处罚令的价值是一致的。即使将审前程序作为程序分流机制的核心环节之一，也无法避免在案件激增的事实情况下一些轻微刑事案件仍然无法通过审前阶段的程序分流，最终还是流入了审判阶段，而当前我国的审判模式主要包括普通程序和简易程序，两种类型的程序都需要经过开庭审理的方式，因此增加审判阶段的审理模式，能够有效起到程序分流的效果，因此增加处罚令程序能够成为加强我国程序分流机制的一个重要补充。从长远来看，处罚令程序制度的设立有利于未来刑事诉讼程序的进一步优化。有观点指出，我国并不具备运用处罚令的实际条件，因为我国大量的轻微违法行为通过治安管理处罚等行政处罚的方式制裁，压缩了处罚令程序的适用空间，但是处罚令程序的构建依然能够从刑事司法程序开始，通过提高管制、拘役、单处罚金等刑罚的适用建立处罚令程序，为未来对行政处罚的司法化改造奠定制度基础。

构建符合我国国情的处罚令程序首先需要明确处罚令程序的适用范围。由于我国刑事诉讼的处罚令程序事实上仍然处于速决程序，无需经过开庭审理，法官作出判决的依据和查明案件事实的方法仅限于对检察机关移送的案卷材料进行全面的书面审查，缺少控辩双方在开庭审理阶段的正面的对抗，在发现案件真相的功能上仅仅依靠对书面材料的审查和逻辑与经验的判断，相对于庭审程序已经大幅削弱。因此需要严格限制处罚令程序的适用范围，应当限制为由基层人民法院管辖的，案件事实清楚、证据确实充分的，并且开庭审理已经没有必要的轻微刑事案件的审理。由于刑事处罚令程序的高效和便捷，为了限制审判机关通过程序从简间接损害当事人权利，应当在处罚令制度推行的初期严格控制其适用范围，以防止审判机关盲目追求诉讼效率，从而影响了诉讼公正的价值。因此，应将处罚令的适用主要集中于可能判处管制、拘役、单处罚金或者免于刑事处罚的案件类型，也应当通过立法的方式明确规定不能适用处罚令程序处罚的类型，如当事人提出异议的，可能判处有期徒刑以上刑罚等案件，一方面需要构建处罚令程序，作为开庭审理的补充，另外一方面在制度设立的初期，应当严格控制处罚令程序的适用，从程序分流的角度来看，也应当设置必要的条件，允许在特定情况下将适用处罚令程序审理的案件改为开庭审理。

在处罚令程序的流程设置上，应当始终坚持对被告人基本权利的保障，不能因为程序的便捷性牺牲被告人利益。在处罚令程序设置的具体流程和环节上，在赋予检察机关建议权的同时应当赋予被告人对处罚令程序适用的选择权和异议权，作为法院是否适用处罚令程序的最终参考。[1]具体来说，可以从以下几个方面进行构建：第一，处罚令程序的启动方面，可以设置经申请启动和依职权启动，即检察机关在提起公诉的过程中发现案件情节轻微显著，没有开庭审理必要的，可以向人民法院提出适用处罚令程序的建议，并且及时告知被告人适用处罚令程序的程序要求以及相关的法律后果，让被告人充分知情。在提起公诉之前，被告人和辩护人认为案件没有必要开庭审理的，也能够提出处罚令程序的申请，但是应当以书面形式提出；

---

[1] 参见李倩："德国刑事诉讼快速审理程序及借鉴"，载《法律适用》2017年第19期。

第六章　构造论：完善中国刑事程序分流机制的构想

第二，需要明确检察机关的案卷材料的移送义务，包括案卷的证据材料、采取处罚令程序的建议、有关量刑的建议以及被告人和辩护人的书面意见应当在提交审查起诉时一并交由人民法院；第三，处罚令决定的作出可以由法院根据案件情况决定，人民法院接受相关案卷材料以后，可以由单人实施处罚令程序的决定，也可以采取组成合议庭的方式作出处罚令的决定；第四，处罚令程序与普通程序的转化问题上，可以赋予人民法院将其转化为普通程序处理的权力，并且书面通知检察院和被告人，有异议的，应当及时提出；第五，对处罚令程序的救济权利，如果被告人对处罚令程序作出的判决有异议，应当在十五日以内以书面方式向签发处罚令的法院提出异议，法院根据被告人的认罪情况，选择采取简易程序或者普通程序进行审理，如果被告人没有提出异议，处罚令程序生效并且具有可执行性，被告人不能向上级法院提出上诉；第六，对于处罚令程序的审理期限，应当在检察机关移送审查起诉之日起10日内作出，特殊情况需要延长的，可以延长至一个月。

从程序分流机制构建的角度，刑事处罚令程序对于我国构建多元化的审判程序具有较为积极的意义，提高了审判阶段的分流功能。科学合理适用处罚令程序可以有效整合当前的司法资源，将流入到审判阶段的轻微刑事案件合理"分流"，通过书面审理的方式将其过滤出法庭审理的正式程序，对于程序分流机制的构建具有十分积极的意义，通过处罚令程序将被告人从繁琐的审判程序中解脱出来，降低审判程序对被告人的负担，最终保障了被告人的基本权利。从长远角度来看，处罚令程序是有效适应犯罪圈不断扩大、案件数量激增的程序应对措施，当大量轻微刑事案件涌入到刑事诉讼程序当中，审判程序的功能就不再像普通程序一样起到中心作用，而是作为审前程序分流机制运行不顺畅时的一种补充,将因各种原因流入到法庭审理阶段的案件进行快捷处理的一种方式,起到了良好的分流效果。并且处罚令程序基于其灵活性和较强的包容性,能够为未来行政处罚等行政执法行为的司法化改造留下较好的制度衔接,保障司法改革的平稳、有序的过渡。[1]通过处罚令程序不仅能够实现审判程序内部的分流处理,也为未来行政执法与刑事司法衔接的分流处理做好铺垫,因此构建符合我国国情的处罚令程序对于构建程序分流机制具有较好的促进作用。

四、以认罪认罚从宽法制化常态化为中心,推进诉讼流程的全程简化

认罪认罚从宽试点的最终目标是认罪认罚从宽制度的法制化和常态化,我国刑事程序法和刑事实体法已经具有部分认罪认罚从宽的功能,本次试点是为了进一步完善认罪认罚从宽制度的尝试,从程序分流的角度来看,认罪认罚从宽机制的明确对于案件的繁简分流起着关键性的作用,如果当事人发现自己认罪认罚的行为不仅仅是办案人员酌定的从宽处理的考量因素,而是法律明文规定的适用条款,那么程序分流机制也就随之建立和巩固。虽然我国的刑事实体法和程序法已经广泛存在有关认罪认罚从宽的规定,但是这些零散存在的规定并没有完全形成清晰的逻辑体系,并且分散法条之间的分工合作没有形成合力,进而影响刑事诉讼中的程序分流的效果。完善认罪认罚从宽制度不仅仅是实体法层面的从宽,更需要程序层面的从宽,而当前的简易程序、速裁程序以及和解程序的从宽方式依然无法满足犯罪嫌疑人认罪认罚从宽的需求,程序适用方面的从宽

---

[1] 参见高长见:《轻罪制度研究》,中国政法大学出版社2012年版,第255页。

第六章 构造论:完善中国刑事程序分流机制的构想

内涵仍然有进一步扩大的空间,在体系层面仍然不够完整,因此完善认罪认罚从宽制度需要重点关注程序从宽的内涵,使其促进程序分流机制的运行。从当前来看,我国的认罪认罚从宽主要围绕着轻罪案件处理,从长远角度,重罪案件也存在认罪认罚从宽的程序改造的空间,对于程序分流机制的构建也具有相当积极的意义。

第一,应当对侦查阶段适用认罪认罚从宽的正当性达成统一认识,从而实现试点改革的刑事诉讼程序的全覆盖,进而完善程序分流机制运行的层次性。随着试点的进一步开展,有一些人对于侦查阶段适用认罪认罚从宽试点的正当性提出质疑,主要基于如下理由:相对于审查起诉和审判阶段,侦查阶段的主要工作应当是收集证据、查明案件事实,进而达到认罪认罚从宽的基础前提,因此将认罪协商作为侦查机关的职能容易使侦查机关的工作偏离重心;此外,侦查机关也存在为了促成犯罪嫌疑人认罪而忽视收集犯罪嫌疑人无罪、罪轻证据的法定职责的风险,由于侦查机关的不公开性,可能促使侦查人员出于一些特殊目的,给犯罪嫌疑人施压,让其认罪,进而导致冤假错案的发生。从预防冤假错案发生的角度来看,该说法具有一定的合理性,即侦查阶段本身存在高度的不透明性和控辩双方的不对等性,因此认罪认罚从宽制度在侦查阶段容易演变为一项对犯罪嫌疑人不利的诉讼制度。[1]但是本观点也存在明显的缺陷,即认罪认罚从宽制度是一项系统性、集成性的制度,既包括实体法的内容,也包括程序法的内容,而侦查阶段是否能够适用认罪认罚协商制度虽然从正当性角度有探讨的空间,但仅仅是认罪认罚从宽的一个方面,或者说是一个局部,一个局

---

〔1〕 张耀湘:"认罪认罚从宽视野下的控辩关系",载《东南大学学报(哲学社会科学版)》2018年第S1期。

部存在争论空间的问题不影响将认罪认罚从宽这样一个系统化的制度适用于侦查阶段。从司法实践的角度来看，我国侦查阶段已经存在体现认罪认罚从宽制度的内容，即特别程序中的当事人和解的诉讼程序，侦查阶段可以适用当事人和解的诉讼程序，并且随着 2013 年《刑事诉讼法》的立法修改得以证实确立。所以无论从理论角度还是从司法实践的内涵来看，认罪认罚从宽适用于侦查阶段既有理论依据又有实践基础，只有确立认罪认罚从宽制度在侦查阶段适用的正当性，才能作为保障侦查阶段程序分流的基础，进而完善刑事程序分流机制的运行体系。

第二，通过认罪认罚从宽试点发挥自诉案件的分流价值和潜能，进而改良当事人和解诉讼程序的制度内涵。自诉案件基于其自身特色具有天然的融入认罪认罚从宽制度的基础，将自诉案件纳入认罪认罚从宽试点是基于其性质轻微且事实简单的特征，尤其是被害人有证据证明的轻微刑事案件，无论是自诉案件的自诉人选择直接向人民法院提起自诉还是选择向公安机关报案，通过加害人的认罪认罚获得人民法院审理方式的简化或者公安机关的程序上的从宽处理都是更为经济、理性的选择，因此将自诉案件纳入到认罪认罚从宽试点具有较强的可行性。其中，在具体的改良方式上，应当分为两类，其中针对告诉才处理的自诉案件，应当允许人民法院采用简易程序或者处罚令程序进行审理，被害人有证据证明的轻微刑事案件，也可以采取简易程序或者处罚令程序；对于其他流入公诉领域，最终由公安机关立案侦查的自诉案件，可以通过由加害人或者其近亲属向被害人真诚道歉并且做出合理赔偿的方式，进而达成与被害人的和解，并且事实上获得了被害人的谅解，允许在诉讼制度上给予侦查机关撤销案件的空间。虽然案件流入了侦查机关的公诉程序，但是案件性质本身没有发生变化，只是案件真相

第六章　构造论：完善中国刑事程序分流机制的构想

的查明功能由当事人转向公安机关，所以当国家专门机关完成了事实真相的发现以后，加害人履行了认罪、道歉或者赔偿义务并且取得加害人谅解，完全具备撤销案件的行使空间。其次，自诉案件中被害人有证据的轻微刑事案件在基层具有较高的发案率，可以预见未来也会成为轻微刑事案件的主流，在制度设计上认可公安机关对于流入公诉程序的自诉案件具有撤销案件的职能，能够大量节省司法资源，保障重大、疑难案件的办理，客观上也起到了良好的程序分流的效果，巩固了程序分流机制的运行。最后，这类案件往往属于情节较轻的纠纷，发生在关系紧密的人员之间，当加害人通过道歉、悔罪和赔偿取得被害人谅解后，公安机关撤销案件更加有利于化解社会矛盾。当前当事人和解的诉讼程序也应当适当扩大适用罪名的范围，并且赋予侦查机关在侦查阶段撤销案件的权力，从司法实践的角度，由于《刑事诉讼法》第15条存在兜底条款，不少地方的公安机关在处理这类轻伤害案件中，对这类案件已经采取撤销案件的方式，取得了良好的法律效果以及社会效果，立法机关应当重视基层实践取得的成果，通过立法修改对此进行确认。

第三，认罪认罚从宽的内涵需要进一步扩大，将刑事审判普通程序也纳入到认罪认罚从宽的范畴，进而打造层级更加分明的分流体系。当前我国审判阶段的认罪认罚从宽主要还是针对简易程序和速裁程序的探讨，对于刑事审判的普通程序是否适用认罪认罚从宽则关注有限，而事实上除了基层法院受理的简易程序和速裁程序以外，中级法院受理的不适宜采取简易程序的一审刑事案件，客观上都具备认罪认罚从宽制度的适用空间。虽然简易程序和速裁程序由于程序适用的简便性以及天然存在的从宽特征，与认罪认罚从宽制度具有高度的联系，但是这并不能否认刑事审判普通程序不具有适用认罪认罚从宽制度

·233·

的可行性。事实上，只要符合认罪认罚从宽制度的条件，就不应当受到审理程序本身的限制，只有这样才能充分保障被告人认罪认罚的自愿性，同时也保障了司法公正，才能客观上弥补审判程序分流机制运行的缺位，打破审判程序的分流局限。认罪认罚从宽适用于刑事诉讼的全过程并且在各个诉讼阶段的内部均应当有所体现。为了保障该制度运行的正当性，在审判阶段，认罪认罚从宽的程序处理机制应当在审理阶段得到充分显现，除了简易程序和速裁程序以及处罚令程序以外，普通程序同样也应当适用认罪认罚从宽，以被告人认罪为第一个层级的划分标准，作为程序分流的第一个参照要素，认罪以后的普通程序、简易程序、速裁程序等作为程序分流机制的第二个划分标准，强化层级性，并且促进不同诉讼程序之间的有序衔接，在程序多元化的前提下明确不同程序之间的界限。[1]

第五节　构建完善的普通程序外部分流模式

一、以非刑事司法化为核心，通过社会力量强化分流机制运行

程序分流机制的运行除了依靠国家权力保障的诉讼程序内部分流运行以外，还需要以社会力量作为程序分流机制的重要补充。其中普通刑事诉讼程序在不同诉讼阶段具有分流职能的诉讼制度，如不立案、撤销案件、不起诉和终止审理等都具有较强的诉讼分流功能，但是案件分流仅仅是制度运行的表现，还需要符合诉讼规律和司法的预期，因此分流以后的妥善处理

---

〔1〕 参见张佩如：" 认罪认罚' 程序从宽'机制构建"，载《中国检察官》2017年第11期。

第六章 构造论：完善中国刑事程序分流机制的构想

是程序分流机制外部需要重点关注的问题，诉讼程序内部分流属于国家权力的分层和细化，而诉讼程序外部分流则属于国家权力和社会职能的分工，虽然我国当前社会力量参与刑事诉讼的角色仍然是参与性和配合性的，但是从长远来看，建立完善的刑事诉讼外部分流机制对于轻微刑事案件的妥善处理有着非常积极的意义，对于轻微犯罪的非刑事化处理能够帮助犯罪嫌疑人、被告人尽早脱离刑事诉讼的负担以及加速与社会的融合，具有非常积极的社会意义。当前我国的刑拘直诉模式体现了对效率的高度追求，弱化了公、检、法三机关的流水作业，但是刑拘直诉模式能够在实践中出现，客观上也体现出对于轻微刑事案件，无论诉讼程序内部如何优化和改造，仍然摆脱不了依赖审前羁押和刑事判决的现象，恰恰证明了在轻微刑事案件中缺乏社会力量的参与，完全由国家权力介入虽然能够达到较好的法律效果，但是如果需要进一步增强处理轻微刑事案件的社会效果，国家权力就必须从轻微刑事案件中适当退出，吸收社会力量的参与，其中，社区矫正制度内涵的扩大是一个理性的制度选择。

第一，进一步明确社区矫正机制的理论定位，明确程序分流机制构建的理论框架。社区矫正作为舶来品，其英文名为"community correction"，中文翻译为社区矫正，这个翻译容易导致对社区矫正制度职能的片面性的理解，由于社区矫正作为监禁刑罚的替代措施，其对象是不需要羁押的罪犯，因此社区矫正制度一方面具有明确的惩罚性，即非监禁的刑罚替代措施，但是correction不仅仅具有惩罚的含义，还具有修复和修正的含义，从文本含义来看，社区矫正制度是一项综合性和系统性的制度，而不仅仅是一种刑罚替代措施或者单纯的社会福利体系，因此从理论层面厘清社区矫正制度的定位能够促使案件流出机制运行的合理和合法性，解决相关理论争议。社区矫正制度在我国主要蕴含了以下几个目的，一方面，通过社区矫正的方式限制犯罪人的人身自由，进而实施惩罚与教育职能，以达到特殊预防的社会效果；另一个方面，以社区矫正的方式，实现犯罪人的再社会化过程，通过社会资源的参与，从而矫治犯罪人的错误行为以及与之相对应的心理状态。因此社区矫正制度本身就是一个系统性且体系丰富的运行制度，将社区矫正制度看作单一的刑罚替代措施或者是社会福利保障都是十分片面的，不能全面评估社区矫正制度的理论定位。[1]作为一项综合性的制度，社区矫正至少具备四个方面的内涵：首先，社区矫正具有较强的惩罚性，因此是一种刑事处置的方式。社区矫正将犯罪人的服刑场所从监狱转向社会，本质上符合刑罚替代措施的特征，但是当前随着经济和社会的发展以及为了更好地实现对犯罪人再次回归社会的改造这一目的，对社区矫正制度进行全面的改良，如部分国家将未决犯也纳入到社区矫正的范畴，社区矫正的方式也愈发多元和个性化，因此社区矫正的内涵在逐步丰富的过程中，其理论定位也在扩大和延伸。我国引入社区矫正制度就是以替代刑罚为目的，因此社区矫正作为一种刑事处置措施符合该制度的功能定位，也能够较为合乎逻辑地将其纳入到程序分流机制的理论体系中。其次，社区矫正制度针对犯罪人员及其相关人员提供了一种特定的待遇。参与社区矫正的对象虽然实施了犯罪或者存在重大犯罪嫌疑，但是作为社区的一员，也应当享有一个公民应当享有的基本权利，如生存权、劳动权、接受教育权等，在社区矫正的执行过程中，这些基本的权利应当得到尊重和保障。所以社区矫正制度的参与者在接受惩罚和

---

〔1〕 王敏远等：《重构诉讼体制：以审判为中心的诉讼制度改革》，中国政法大学出版社2016年版，第39页。

第六章 构造论：完善中国刑事程序分流机制的构想

教育改造的过程中，还应当享有作为社区成员一份子的基本的保障，即一种待遇，这样才能在针对社区矫正人员的教育改造过程中，体现足够的人文关怀，在纠正其犯罪行为和心理的过程中又能够提供必要的救济和帮助，进而帮助其更好更早地融入社会。社区矫正制度除了履行教育改造功能以外，为被接受矫正对象提供基本的生活保障和技能培训也逐步成为社区矫正制度未来发展的方向，因此随着我国国力的增强，社区矫正制度的衍生性功能会进一步丰富，进而拓展该制度的理论空间。再次，社区矫正具有较强的综合性，能够起到刑事司法的辅助作用，社区矫正基于其多样性的特征，能够将更多的主体纳入到适用范围之中，与传统的依靠国家力量的矫正手段相比，社区矫正的非监禁性强调了在处置的过程中需要各种社会力量的参与，因此该项制度要求具备较强的包容性。最后，社区矫正制度的重要目标是帮助罪犯及相关人员尽快回归社会。再社会化是指一个人在脱离原来社会生活环境一段时间后，再进入到一个和他原来生活环境有着不同价值和规范的新环境中，他必须适应这种环境的价值观，重新学习和遵守这些规范，以顺利融入其中的过程。[1]罪犯以及相关人员的再社会化有利于帮助其重新塑造与原来的生活经验以及主观认知完全不同的价值理念。通过社区矫正制度，能够将相关人员人格不完整、心理产生偏差的状态进行重塑，帮助其塑造能够与社会制度相融合的思想状态。这样的举措能够进一步强调参与社区矫正人员的社会成员的资格，并且重新返回社会是其应当享有的基本权利，国家和社会必须对此问题给与足够的尊重和重视。通过社区矫正制度，能够帮助被矫正人员与社区之间重新塑造合理的关系，

---

[1] 殷建国主编：《现代警务研究》第7卷，群众出版社2015年版，第250页。

使其在重新融入社会各项活动的过程中，修复社会、家庭等各种关系，并且能够获得心理辅导、物质补偿、职业教育等综合性的社会服务，降低其因为曾经的犯罪经历可能遭受的敌意。并且帮助曾经犯过错误的公民重新回归社会既是全社会成员都应当履行和承担的义务，更是文明国家必须提供的一种制度保障。因此社区矫正制度进一步强调了国家和社会对事实犯罪人员和其他人员的教育和改造的职责。

第二，从社区矫正制度适用范围的扩大方式来看，应当朝着适用阶段提前和适用对象扩大以及功能拓展三个方向发展。社区矫正制度作为一项综合性的制度，能够有效与程序分流机制的构建融合在一起，为刑事案件中的轻微刑事案件的非刑事化处理搭建平台，有利于案件及时流转出刑事诉讼程序。为了完善刑事程序分流机制的功能和范畴，对社区矫正制度进行一定程度的改造，让该制度更具备综合性要素，进而符合社区矫正制度的理论定位。具体来看，社区矫正制度可以从三个方面进行改造和升级，进而成为刑事程序分流机制的案件流出平台。将轻微刑事案件及时流转出普通刑事诉讼程序并且尽快进入社区矫正的范畴，是程序分流机制内涵扩大的应有之义。社区矫正制度的改革需要遵循的首要目标需要扩大社区矫正的适用阶段，当前我国社区矫正的运行主要针对刑事诉讼完结以后的刑罚执行阶段，无法覆盖执行之前的任意一个阶段，具有一定的滞后性，存在"事后矫正"的现状。由于我国刑事诉讼的高羁押率成为刑事司法程序长期无法改变的顽疾，可以设想在刑事判决作出之前不能将犯罪嫌疑人、被告人及时融入社区进行监督和改造，这部分群体经过长期的羁押，对社会和犯罪行为的认识已经基本固化，等到执行刑罚阶段再开展社区矫正工作，其效果会受到一定程度的影响，因此将社区矫正制度的运用适

第六章　构造论：完善中国刑事程序分流机制的构想

度扩大到审前阶段是该制度未来发展和运行的方向。由于轻微刑事案件的犯罪嫌疑人、被告人的社会危害性较为有限，及时将这部分群体通过审前阶段的社区矫正及时让其融入社区，通过履行一定的社会服务的手段已经可以达到国家刑事司法目的的实现，并且能够避免长期羁押对其重新回归社会产生的影响。因此社区矫正从刑罚执行阶段提前到审前阶段是必然的选择，在具体提前的诉讼阶段来看，近期可以将社区矫正的实施首先作为审查起诉阶段相对不起诉和附条件不起诉决定作出的辅助手段，进而扩大社区矫正制度的适用范围，发挥审查起诉阶段对刑事程序分流机制的核心作用；从长远角度，随着社区之家等专业机构组织的成长以及国家司法资源的不断投入，以轻微刑事案件的非刑事化处理为目标，社区矫正制度可以适用于侦查、起诉、审判以及执行的任意一个阶段，该制度能够成为司法官员自由裁量的事项，进一步扩大该制度的适用诉讼阶段的灵活性。其次，随着适用阶段的提前，社区矫正制度的适用对象也应当进行扩大。由于社区矫正不仅仅具有惩罚性，还具备教育、监管和改造的职能。因此对于实施犯罪行为的犯罪人来说，社区矫正的惩罚性强于教育性，对于在审前阶段通过认罪认罚已经帮助公安司法机关完成案件事实真相查清的犯罪嫌疑和被告人，社区矫正的惩罚性相对降低而监管和教育职能会适度提高，因此社区矫正制度的适用对象可以扩展到犯罪嫌疑人和被告人，并且从程序分流机制构建的角度，社区矫正制度能够成为轻微刑事案件中犯罪嫌疑人、被告人认罪认罚的"从宽"手段之一，进而替代审前羁押，依靠社区监管和矫正职能帮助轻微刑事案件的犯罪嫌疑人、被告人尽快回归社会。[1]当前我国

---

〔1〕 李训虎："无社会危险性被追诉人羁押替代性措施强制适用之反思"，载《政治与法律》2018 年第 7 期。

部分地区实施的"刑拘直诉"试点就突出反映了国家专门机关程序分流外部运行机制的缺陷，即使是在刑事拘留的法定期限内，也会使得轻微刑事案件的犯罪嫌疑人面临长达 37 天的羁押，因此刑事诉讼程序内部分流机制已经面临发展的瓶颈，必须通过外部机制顺畅刑事案件的分流。再次，社区矫正制度的功能应当随着适用阶段的提前和适用对象的扩大而不断完善。我国不少地区承担社区矫正职能的组织的功能在不断完善，社区矫正的方式和方法也愈发多元，从刑事诉讼程序分流的角度来看，构建阶梯型的矫正和教育体系以及个性化的帮扶方案有利于刑事案件的非刑事化处理，如在惩罚性方面，刑罚执行阶段的社区矫正的严厉程度应当高于审前阶段，故意犯罪的矫正方式应当比过失犯罪、初犯要严格，等等；在教育帮扶措施上，应当充分吸收社会力量、民间志愿者等机构的参与，完善社区矫正制度的专业性和针对性。社区矫正除了惩罚性职能、教育性职能外，还可以进一步提高监管性职能，通过科学技术手段，实现监管水平的提升，从长远来看，社区矫正也能够为非羁押性强制措施提供案件分流的入口，减少当前专门机关对羁押性强制措施的依赖。

二、从互联网法院到在线司法平台：刑事案件的线上与线下分流

我国刑事程序分流机制理应采取以普通程序内部分流为主导、以轻微刑事案件的非刑事化处理为补充的方式改革。但是，随着科学技术的不断发展，尤其是互联网法院的产生，未来刑事程序分流机制的第三个分支产生了巨大的遐想空间，即线上程序与线下程序的分流。线下程序就是指普通刑事诉讼程序为主体的诉讼模式，线上程序就是依托互联网技术的诉讼模式。

第六章 构造论：完善中国刑事程序分流机制的构想

互联网技术的发展，使得互联网日益成为人们生活中的一部分，2017年杭州设立了我国首家互联网法院[1]，将主要管辖互联网民事案件和部分行政案件，虽然互联网法院管辖的范围并未涉及刑事案件，但是从互联网法院在审理模式上的标准化和结构化的优势，能够统一法律适用和程序设计的标准，极大提高了诉讼效率并且同时减轻了当事人的诉讼负担。通过互联网法院的设立可以看出，未来互联网法院受理案件的范围的扩大是不可逆转的趋势，之所以探索互联网法院的未来发展，也是因为探索未来刑事程序分流机制的发展走向的需要。[2]

由于轻微刑事案件的社会危害性相对有限，其与民事案件的办理具有天然的一致性。当事人通过传统的维权方式必然产生人力和财力的消耗，并且不利于案件的高效处理。而通过互联网诉讼程序，一方面能够通过特定技术固定案件的相关证据材料，另一方面诉讼流程的推进也以线上技术为载体确认案件的证据资格以及证明价值，通过互联网诉讼程序，案件的证据材料和当事人的诉求能够通过网络直接得到固定以及相应的分析，通过特定的数据库平台进行保存，网络诉讼模式依托互联网技术，能够保障证据收集、固定和审查判断的快速形成。因此从纠纷解决的运行成本和证据审查判断的便利性来看，互联网法院以及线上诉讼程序是互联网技术融入司法的必然产物。当前互联网法院在办理互联网案件上发挥了巨大的优势，从未来的发展来看，随着刑事司法改革过程中的认罪认罚从宽试点的推进，以及持续开展的以审判为中心的诉讼制度改革的深入，

---

[1] "全国首家互联网法院落户杭州'键对键'打官司"，载《中国法院网》，https://www.chinacourt.org/article/detail/2017/08/id/2969278.shtml，最后访问时间：2018年3月1日。

[2] 于志刚、李怀胜："杭州互联网法院的历史意义、司法责任与时代使命"，载《比较法研究》2018年第3期。

线上诉讼程序作为线下诉讼程序的补充甚至是替代产品的可能性大大加强,由于轻微刑事案件以加害人自愿认罪为前提,因此案件的办理具备流程化的可能性,在认罚的方式以及程序简化的形式上来看,互联网技术能够统一程序适用标准和认罚从宽的标准考量,将简单、重复的劳动集中于互联网技术来承担,而办案人员的重心则在于加害人认罪认罚的自愿性和被害人对判罚的可接受性上,进而大幅度降低办案人员的负担,同时转变了轻微刑事案件的办案重心。并且每一起轻微刑事案件的办理都能够成为增强互联网数据库的信息储备,进而加强我国对社会治安形势的管控,因此线上程序和线下程序的分流前景可期。

由于互联网法院提供的网上法庭以及网上诉讼程序的便利性,一旦该技术和制度进行推广,能够极大激发公民的维权意识,群众潜在的维权意识和诉求基于成本的考量会大大降低,进而能够极大促进社会公正,互联网法院能够最广泛维护普通群众的基本权益。互联网法院的设立以及刑事诉讼的线上程序能够集中案件的侦查、起诉、审判的基本流程以及法律咨询、权利义务告知、协商、调解、附带民事诉讼等诸多功能于一个软件平台,通过在线手段进行无缝对接,进而保障诉讼进程的一致性以及法律适用的统一性,最大程度避免了司法不公。以互联网法院为基础设立的互联网诉讼程序,能够极大地过滤普通、轻微刑事案件进入正式法庭审判的数量,起到了良好的程序分流的功能。当前我国的互联网法院主要的业务范围是涉及互联网的民商事案件,但是随着以互联网法院为代表的在线司法平台的完善,所有案件的类型(理所应当涵盖刑事案件)都能够通过该平台进行办理,这将对我国的刑事司法制度起到巨大的促进作用。需要注意的是,在线司法与传统司法程序是和

第六章 构造论：完善中国刑事程序分流机制的构想

谐共存的关系，在线刑事司法程序有着较强的去中心化特征，但也与普通程序中心化地位相互促进，形成多中心的格局，在线司法程序在运行的过程中不会排斥线下司法程序，并且普通刑事诉讼程序始终是线上司法程序无法推进时的补充。部分线上司法程序因无法进一步推进而转为线下程序，也是应有之义。通过线上程序可以尽量缩短当事人面对面沟通的次数和时间，并且会见以及与司法人员的沟通都需要在线程序的安排。线上和线下的相互包容是在线司法程序持续保持活力的基础，在保持互联网在线司法程序高效、便捷、透明的优势的前提下，充分尊重当事人的诉讼习惯和意愿，并且考虑到法律职业人员的需求，使得在线司法程序成为群众广泛接受和法律职业人员普遍认同的新的分流方式。

刑事案件具有较强的国家追诉性，因此其进入在线司法程序的范围应当受到一定的限制，第一，应当将互联网法院以及在线司法程序的审理范围严格限制为轻微刑事案件的审理，对于一些涉及网络的刑事案件，如网络诈骗、利用互联网实施的诽谤行为等刑事案件，可以率先作为互联网法院的受理范围，由于这部分案件本身与网络具有较紧密的关系，并且在证据的审查标准等问题上能够达到相对的统一，因此将这部分案件作为互联网法院以及在线司法程序涉足刑事诉讼的试点具有较强的可行性。第二，随着互联网法院以及在线刑事司法平台的完善，刑事自诉案件理应成为互联网法院以及在线司法程序受理的重点，由于自诉案件的事实往往较为清楚，且社会危害有限，能够运用认罪认罚从宽试点进行高效解决，因此也为互联网法院和在线司法平台办理自诉案件提供了制度空间。第三，未来可以探索将可能判处1年以下有期徒刑刑罚符合刑事速裁程序的条件转为互联网在线司法平台，进而探索符合我国特色的快速审判程序，由于这类案件的事实认定较为简单，且办案程序较为统一，因此依托在线司法平台，能够极大提升这类案件的办案效率。

结 论

刑事诉讼程序的运行首先保障了刑事实体法的正确实施，并且在实施的过程中体现了程序正义的精神内涵以及保障人权的基本价值。通过刑事诉讼程序分流机制的构建和运行，诉讼程序的独立价值得到进一步彰显和认可，对于程序独立价值的探索也会逐步加深。刑事程序分流机制的构建能够有效促进诉讼资源的优化配置，进一步提升诉讼效率以及保障刑事诉讼程序适用的差异化和人性化，在体现刑事诉讼程序独立价值的方面发挥着关键的作用。

刑事程序分流机制不是一项孤立的制度，而是刑事诉讼程序运行过程中在各个诉讼阶段具有分流功能制度的集合体，因此刑事程序分流机制的构建需要梳理和整合诉讼过程中具有分流功能的各项制度，使其发挥最大的功效。并且刑事程序分流机制不能仅仅依靠刑事诉讼程序内部的运行实现，也需要刑事实体法的配合和支持，更需要依托证据制度的进一步发展。任何一项制度创新都不能孤立实现，处理法律系统内部提升的同时，探索如何使刑事诉讼程序以外的社会主体参与其中也是程序分流机制构建的重要发展方向。

在过去的几年，我国的刑事诉讼制度经历了速裁程序、认罪认罚从宽等系列试点及改革，也为我国刑事程序分流机制的构建提供了相当丰富且宝贵的理论以及实践基础，随着《刑事诉讼法》即将再次修改，刑事程序分流机制构建也会逐步完善。刑事程序分流机制除了顺畅国家权力的运行以外，也对诉讼参与人的基本权利起到了十分积极的保障作用。通过刑事程序分流机制的运行，被追诉者的诉讼参与权、程序选择权，以及诉求表达权得到了进一步的彰显，并由此对诉讼程序的进程产生了更加重要的影响，真正体现其诉讼主体的地位。通过程序分流机制的运行，使得刑事案件的办理不再千篇一律地以国家强制力为保障和前提，而是融入了更多的协商和意思自治的精神，体现了民主的要义。通过程序分流机制的运行，将不同案件通过差异化的程序进行办理不仅仅是一项诉讼制度的改革，更是国家权力和公民权利关系的重构，体现了新时代的法治精神。

随着互联网逐步成为日常生活的必需品，刑事诉讼制度的改革也越来越离不开依托互联网技术而产生和发展的新事物。从互联网法院的设立到线上与线下的分离，为刑事程序分流机制的运行提供了巨大的技术支持和发展空间，未来依托于新技术而开展的程序分流机制有条件对传统刑事诉讼程序产生深远影响，这更需要公安司法人员转变观念，积极应对。除了对新技术持开明态度，刑事程序分流机制的运行也离不开社会主体的积极参与，通过社会力量的融入，充分保障刑事程序分流机制运行过程中的法律效果和社会效果的协调一致，使得刑事程序分流机制的运行一方面保障国家刑罚权的实现，另一方面促进当事人尽快重新回归社会，实现双赢目标。

参考文献

一、著作类

[1]（东汉）班固著，顾延龙、王煦华选注：《汉书》，中华书局1962年版。

[2]（东汉）班固：《汉书·叙传·幽通赋》，中华书局出版社1962年版。

[3]庄适：《汉魏六朝文》，曹植《王仲宣诔》，崇文书局2014年版。

[4][南]布里舍里奇：《社会学原理》，贾春增等译，东方出版社1986年版。

[5]贾学胜：《司法上的非犯罪化研究》，暨南大学出版社2014年版。

[6]卞建林等：《中国司法制度基础理论研究》，中国人民公安大学出版社2013年版。

[7]张勤、彭文浩：《比较视野下的多元纠纷解决——理论与实践》，中国政法大学出版社2013年版。

[8]江必新：《良善司法的制度逻辑与理性构建》，中国法制出版社2014年版。

[9][德]马克思、恩格斯：《马克思恩格斯选集》，中共中央马克思恩格斯列宁斯大林著作编译局编译，人民出版社1995年版。

[10][日]西原春夫：《刑法总论》，王昭武译，成文堂1986年第8版。

[11][德]康德：《法的形而上学原理——权利的科学》，沈叔平译，商务印书馆1991年版。

[12][德]黑格尔：《法哲学原理》，范扬、张企泰译，商务印书馆1997年版。

[13][德]弗兰茨·冯·李斯特著，施密特修订：《德国刑法教科书（修

订译本)》,徐久生译,法律出版社2006年版。

[14] 赵秉志:《刑法基本理论专题研究》,法律出版社2005年版。

[15] [日]川出敏裕、金光旭:《刑事政策》,钱叶六等译,中国政法大学出版社2016年版。

[16] [法]卢梭:《社会契约论》,商务印书馆2011年版。

[17] 马克昌:《比较刑法原理——外国刑法学总论》,武汉大学出版社2012年版。

[18] [日]西原春夫:《日本刑法与中国刑法的本质差别》,黎宏译,载赵秉志主编:《刑法评论》(7),法律出版社2005年版。

[19] 吴立志:《恢复性司法基本理念研究》,中国政法大学出版社2012年版。

[20] D. A. Andrews, James Bonta, *An Alternative to Retribution*:*Restorative Justice*, Anderson Publishing, 2010.

[21] [英]麦克·马圭尔等:《牛津犯罪学指南》,刘仁文等译,中国人民公安大学出版社2012年版。

[22] [意]安娜·迈什蒂茨、西蒙娜·盖蒂:《欧洲青少年犯罪被害人——加害人调解15国概览及比较》,林乐鸣译,李志刚校,中国人民公安大学出版社2012年版。

[23] 王守安:《检察裁量制度的理论与实践》,中国人民公安大学出版社2011年版。

[24] 李乐平、吴小强、施飞:《未成年人刑事案件特别程序与社会化保护》,中国政法大学出版社2013年版。

[25] 卞建林:《刑事诉讼的现代化》,中国法制出版社2003年版。

[26] 田成有:《法官的法理 转型期中国法院的困局与变途中国法官的心路报告》,中国法制出版社2013年版。

[27] 范愉等:《多元化纠纷解决机制与和谐社会的构建》,经济科学出版社2011年版。

[28] 刘练军:《司法要论》,中国政法大学出版社2013年版。

[29] 黄文艾等:《中国刑事公诉制度的现状与反思》,中国检察出版社2009年版。

[30] 彭光灿:《公民社会视域下的社会管理创新研究》,知识产权出版社

2016年版。

[31] 陈文新：《当代中国政治资源配置研究》，武汉大学出版社 2014 年版。

[32] 孙云柏：《跨界的成功基因：传统企业的互联网转型关键点》，北京理工大学出版社 2016 年版。

[33] 江必新、程琥：《国家治理现代化与依法执政》，中国法制出版社 2016 年版。

[34] 潘金贵：《证据法学论丛》第 2 卷，中国检察出版社 2013 年版。

[35] 潘德斌等：《秩序与问题》，世界图书广东出版公司 2014 年版。

[36] 孙长永主编：《刑事司法论丛》第 2 卷，中国检察出版社 2014 年版。

[37] 姚建龙：《少年法院的学理论证与方案设计》，上海社会科学院出版社 2014 年版。

[38] 韩阳、高咏、孙连钟：《中美刑事诉讼制度比较研究》，中国法制出版社 2013 年版。

[39] 葛琳：《刑事和解研究》，中国人民公安大学出版社 2008 年版。

[40] 张大海：《新时期司法政策实证研究》，中国政法大学出版社 2014 年版。

[41] 江礼华、[加] 杨诚：《外国刑事诉讼制度微探》，法律出版社 2000 年版。

[42] 施鹏鹏：《法律改革，走向新的程序平衡?》，中国政法大学出版社 2013 年版。

[43] 孙春雨：《刑事和解办案机制理论与实务》，中国人民公安大学出版社 2013 年版。

[44] 卞建林、刘玫主编：《外国刑事诉讼法》，中国政法大学出版社 2008 年版。

[45] 宗玉琨编译：《德国刑事诉讼法典》，知识产权出版社 2013 年版。

[46] 孙锐：《冲突与调试：国家在刑事诉讼中的角色分析》，中国检察出版社 2012 年版。

[47] 罗大乐、贡绍海：《中国法律文化萃编》，山东人民出版社 2014 年版。

[48] 赵晓耕:《中国法律思想史》,北京交通大学出版社 2014 年版。

[49] 《老子·大学·中庸》,邓启铜注释,东南大学出版社 2010 年版。

[50] 杨鹤皋:《中国法律思想通史》上册,湘潭大学出版社 2011 年版。

[51] 赵运锋主编:《刑事政策学》,中国法制出版社 2014 年版。

[52] 赵秉志主编:《宽严相济刑事政策在死刑适用中的贯彻研究》,中国法制出版社 2015 年版。

[53] 谢鹏程:《论检察》,中国检察出版社 2014 年版。

[54] 陈卫东:《2012 刑事诉讼法修改条文理解与适用》,中国法制出版社 2012 年版。

[55] 林钰雄:《刑事诉讼法》(下册),中国人民大学出版社 2005 年版。

[56] 高丽蓉:《我国刑事司法改革研究》,中国检察出版社 2015 年版。

[57] 刘根菊等:《刑事诉讼程序改革之多维视角》,中国人民公安大学出版社 2006 年版。

[58] 肖波:《刑事庭审调查制度的正当性》,上海人民出版社 2015 年版。

[59] 杜辉:《刑事法视野中的出罪研究》,中国政法大学出版社 2012 年版。

[60] 樊崇义主编:《刑事诉讼法学》,中国政法大学出版社 2013 年版。

[61] 卞建林等:《中国司法制度基础理论研究》,中国人民公安大学出版社 2013 年版。

[62] 周剑云、谢杰:《金融刑法:问题、争议与分析》,上海人民出版社 2016 年版。

[63] 陈健民:《刑事诉讼法要论》,中国人民公安大学出版社 2009 年版。

[64] 吴卫军、肖仕卫:《刑事自诉制度研究——基于文本与实证的双重分析》,中国政法大学出版社 2014 年版。

[65] 孙春雨、王伟:《刑事和解制度专题整理》,中国人民公安大学出版社 2015 年版。

[66] 王耀世、侯东亮:《未成年人刑事案件社会·司法模式研究》,中国检察出版社 2015 年版。

[67] 陈卫东:《人民检察院刑事诉讼规则(试行)》析评,中国民主法制出版社 2013 年版。

［68］韩成军：《中国检察权配置问题研究》，中国检察出版社2012年版。
［69］王圆圆：《行政执法与刑事司法衔接研究——以食品安全两法衔接为视角》，中国政法大学出版社2016年版。
［70］汤啸天主编：《刑事诉讼研究的新视角》，上海人民出版社2008年版。
［71］蔡巍：《检察官自由裁量权比较研究》，中国检察出版社2009年版。
［72］欧渊华：《社区服刑人员教育矫正理论与实务》，中国法制出版社2016年版。
［73］陈光中、徐静村：《刑事诉讼法学》，中国政法大学出版社2015年版。
［74］陈兴良：《刑法的价值构造》，中国人民大学出版社2006年版。
［75］陈志军：《短期自由刑的困境与出路》，中国政法大学出版社2015年版。
［76］李步云、李先波主编：《警察执法与人权保护》，湖南大学出版社2013年版。
［77］王敏远：《刑事诉讼法学》（上），知识产权出版社2013年版。
［78］杨宇冠等：《公正高效权威视野下的刑事司法制度研究》，中国人民公安大学出版社2013年版。
［79］徐鹤喃：《检察改革与刑事诉讼法修改问题研究》，中国检察出版社2015年版。
［80］宋英辉：《论检察》，中国检察出版社2014年版。
［81］李玫瑾、靳高风主编：《未成年人犯罪与少年司法制度创新》，中国人民公安大学出版社2014年版。
［82］高长见：《轻罪制度研究》，中国政法大学出版社2012年版。
［83］王敏远等：《重构诉讼体制：以审判为中心的诉讼制度改革》，中国政法大学出版社2016年版。
［84］殷建国主编：《现代警务研究》第七卷，群众出版社2015年版。
［85］许福生：《刑事政策学》，中国民主法制出版社2006年版。

二、论文期刊类

［1］田夫：“从强制型到权威型：中国司法的范式转变——以法理学教材为主线”，载《法商研究》2017年第6期。

[2] 王友才:"试论刑罚目的观",载《法律科学》1993年第3期。

[3] 周少华:"刑罚目的观之理论清理",载《东方法学》2012年第1期。

[4] 谢杰、张建:"'去中心化'数字支付时代经济刑法的选择——基于比特币的法律与经济分析",载《法学》2014年第8期。

[5] 栾春晖:"从去中心化传播到再中心化传播",载《青年记者》2015年第30期。

[6] 张劲松:"去中心化:政府生态治理能力的现代化",载《甘肃社会科学》2016年第1期。

[7] 张康之、向玉琼:"网络空间中的政策问题建构",载《中国社会科学》2015年第2期。

[8] 陈瑞华:"论刑事诉讼的全流程简化——从刑事诉讼纵向构造角度的分析",载《华东政法大学学报》2017年第4期。

[9] 张桐:"'中心—边缘'结构及其消解:理解人类思维的新视角",载《西北大学学报(哲学社会科学版)》2017年第5期。

[10] 庞小菊:"司法体制改革背景下的诉讼分流——以非讼程序的诉讼分流功能为视角",载《清华法学》2016年第5期。

[11] 肯特·罗奇、刘晓兵、上官春光:"加拿大恢复性司法的制度化",载《国家检察官学院学报》2009年第4期。

[12] 甄贞:"英国附条件警告制度及其借鉴意义",载《法学家》2011年第4期。

[13] 孙国详:"刑事一体化视野下的恢复性司法",载《南京大学学报(哲学社会科学版)》2005年第4期。

[14] 卞建林、谢澍:"'以审判为中心'与刑事程序法治现代化",载《法治现代化研究》2017年第1期。

[15] 刘玫、鲁杨:"我国刑事诉讼简易程序再思考",载《法学杂志》2015年第11期。

[16] 谢登科:"论刑事简易程序扩大适用的困境与出路",载《河南师范大学学报(哲学社会科学版)》2015年第2期。

[17] 徐美君:"刑事诉讼普通程序简化审实证研究",载《现代法学》2007年第2期。

[18] 林少平、卢赛环:"理性的选择和现实的期待——对刑事案件普通程序简化审的思考",载《西南政法大学学报》2007年第1期。

[19] 刘广三、李艳霞:"我国刑事速裁程序试点的反思与重构",载《法学》2016年第2期。

[20] 汪建成:"以效率为价值导向的刑事速裁程序论纲",载《政法论坛》2016年第1期。

[21] 樊崇义:"刑事速裁程序:从'经验'到'理性'的转型",载《法律适用》2016年第4期。

[22] 陈瑞华:"'认罪认罚从宽'改革的理论反思——基于刑事速裁程序运行经验的考察",载《当代法学》2016年第4期。

[23] 陈卫东:"认罪认罚从宽制度研究",载《中国法学》2016年第2期。

[24] 陈光中:"认罪认罚从宽制度实施问题研究",载《法律适用》2016年第11期。

[25] 陈瑞华:"认罪认罚从宽制度的若干争议问题",载《中国法学》2017年第1期。

[26] 闵春雷:"认罪认罚案件中的有效辩护",载《当代法学》2017年第4期。

[27] 顾顺生、刘法泽:"'刑拘直诉'的方式值得商榷",载《人民检察》2016年第20期。

[28] 熊波:"认罪认罚从宽改革视阈下'刑拘直诉'制度之重塑",载《北京政法职业学院学报》2017年第2期。

[29] 陈瑞华:"论刑事诉讼的全流程简化——从刑事诉讼纵向构造角度的分析",载《华东政法大学学报》2017年第4期。

[30] 左卫民:"审判如何成为中心:误区与正道",载《法学》2016年第6期。

[31] 赵鹏:"酌定不起诉之现状考察及完善思考",载《法学》2011年第9期。

[32] 李奋飞:"我国'公诉转自诉制度'的结构性缺陷及其矫正",载《中国检察官》2006年第1期。

[33] 于志刚:"亲告罪的司法困境及其解决",载《法学》2008年第5期。

[34] 顾永忠:"关于'完善认罪认罚从宽制度'的几个理论问题",载《当代法学》2016年第6期。

[35] 刘学敏:"检察机关附条件不起诉裁量权运用之探讨",载《中国法学》2014年第6期。

[36] 万云松:"论撤回起诉的实践难题与理论破解",载《中国刑事法杂志》2014年第5期。

[37] 刘军:"刑法与行政法的一体化建构——兼论行政刑法理论的解释功能",载《当代法学》2008年第4期。

[38] 章剑生:"违反行政法义务的责任:在行政处罚与刑罚之间——基于《行政处罚法》第7条第2款之规定而展开的分析",载《行政法学研究》2011年第2期。

[39] 练育强:"人民检察院在'两法'衔接中职责之反思",载《政法论坛》2014年第6期。

[40] 李川:"修复、矫治与分控:社区矫正机能三重性辩证及其展开",载《中国法学》2015年第5期。

[41] 欧渊华:《社区服刑人员教育矫正理论与实务》,中国法制出版社2016年版。

[42] 沈柳兰:"我国非刑事化处置的路径选择与模式构建",载《中国刑事法杂志》2006年第1期。

[43] 李勇:"证明标准的差异化问题研究——从认罪认罚从宽制度说起",载《法治现代化研究》2017年第3期。

[44] 樊崇义:"客观真实管见——兼论刑事诉讼证明标准",载《中国法学》2000年第1期。

[45] 樊崇义、赵培显:"法律真实哲理思维",载《中国刑事法杂志》2017年第3期。

[46] 顾永忠:"从定罪的'证明标准'到定罪量刑的'证据标准'——新《刑事诉讼法》对定罪证明标准的丰富与发展",载《证据科学》2012年第2期。

[47] 闵春蕾:"论量刑证明",载《吉林大学社会科学学报》2011年第1期。

[48] 郑丽萍:"轻罪重罪之法定界分",载《中国法学》2013年第2期。

[49] 卢永红:"我国刑事立案条件的冲突与立法完善",载《人民检察》2016年第5期。

[50] 梁芙蓉:"附条件不起诉听取被害人意见的功能、嬗变与体系化",载《华东政法大学学报》2018年第1期。

[51] 李倩:"德国刑事诉讼快速审理程序及借鉴",载《法律适用》2017年第19期。

[52] 张耀湘:"认罪认罚从宽视野下的控辩关系",载《东南大学学报(哲学社会科学版)》2018年第S1期。

[53] 张佩如:"认罪认罚'程序从宽'机制构建",载《中国检察官》2017年第11期。

[54] 李训虎:"无社会危险性被追诉人羁押替代性措施强制适用之反思",载《政治与法律》2018年第7期。

[55] 于志刚、李环胜:"杭州互联网法院的历史意义、司法责任与时代使命",载《比较法研究》2018年第3期。

三、网址以及其他刑事程序分流机制的中国模式及构建研究

[1] 百度百科词条,https://baike.baidu.com/item/%E5%8E%BB%E4%B8%AD%E5%BF%83%E5%8C%96/8719532?fr=aladdin。

[2] 《中国统计年鉴2017年》第二十四章:公共管理、社会保障和社会组织。

[3] 《中国统计年鉴2007年》第二十三章:其他社会活动。

[4] 孟建柱2016年10月全国社会治安综合治理创新工作会议上的讲话。

[5] 卢金增、杨苹、郭晓云:"山东青岛市南区检察院'刑拘直诉'让轻刑案件办理提速",载《正义网》,http://www.jcrb.com/procuratorate/jcpd/201706/t20170615_1766076.html。

[6] 余建华:"全国首家互联网法院落户杭州",载《中国法院网》,https://www.chinacourt.org/article/detail/2017/08/id/2969278.shtml。